“深化三项社会基本医疗保险制度改革与反贫困研究”

贵州省哲学社会科学规划2012年度课题（课题编号：12GZYB25）

“少数民族山区因地制宜脱贫对策研究”贵州省科技厅软科学项目

（黔科合体R[2012]LKC2008号）

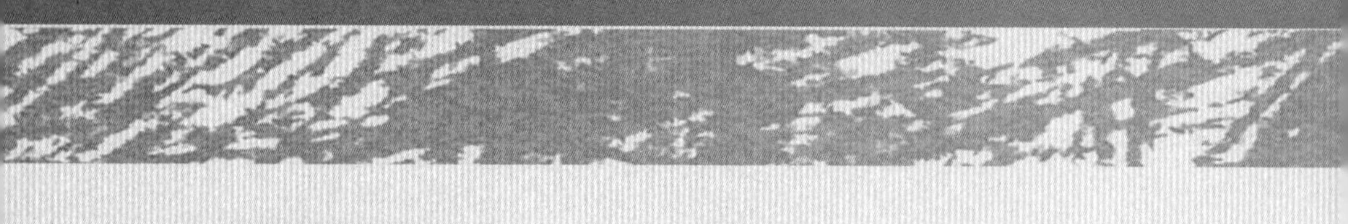

王飞跃 著
WANG FEIYUE

基本医疗保险制度的改革与反贫困研究

中国社会科学出版社

图书在版编目(CIP)数据

基本医疗保险制度的改革与反贫困研究/王飞跃著. —北京：中国社会科学出版社，2014.12

ISBN 978-7-5161-5136-5

Ⅰ.①基… Ⅱ.①王… Ⅲ.①医疗保险—保险改革—研究—中国 Ⅳ.①F842.684

中国版本图书馆 CIP 数据核字(2014)第 279837 号

出 版 人 赵剑英
责任编辑 郭晓鸿
特约编辑 王冬梅
责任校对 邓雨婷
责任印制 戴 宽

出 版 中国社会科学出版社
社 址 北京鼓楼西大街甲 158 号（邮编 100720）
网 址 http://www.csspw.cn
中文域名:中国社科网 010-64070619
发 行 部 010-84083685
门 市 部 010-84029450
经 销 新华书店及其他书店

印 刷 北京市大兴区新魏印刷厂
装 订 廊坊市广阳区广增装订厂
版 次 2014 年 12 月第 1 版
印 次 2014 年 12 月第 1 次印刷

开 本 710×1000 1/16
印 张 17.5
插 页 2
字 数 288 千字
定 价 56.00 元

目录

前　言

生命和健康权是人类的最基本人权，我国改革开放以来致力于探索与中国特色社会主义市场经济相适应的医疗保障制度，在经济社会发展取得举世瞩目成就的同时，也构建起了企业职工基本医疗保险制度、新型农村合作医疗保险制度和城镇居民医疗保险制度，统称为“三项”基本医疗保险制度。在实现计划经济体制下的“公费医疗”向市场经济体制下的“人人享有医疗保险”制度转轨的同时，构建起了世界上受益面最大的医疗保险网，为全面建成小康社会奠定了坚实的社会管理基础，也为人人享有健康保障权利和分享经济社会发展所取得的成果构建起了相应的制度安排。但由于我国幅员辽阔，是一个多民族的大家庭，由于历史和资源的原因，至今仍然有些地区还处于贫困状态，脱贫致富任务艰巨，尤其是集中连片特困地区要与全国同步进入小康社会还面临许多难题需要破解。2011 年 12 月 1 日，中共中央、国务院颁发了《中国农村扶贫开发纲要 2010—2020》，划定了全国十一个集中连片特困地区作为扶贫开发攻坚的主战场，其中有三个地区与贵州关联（武陵山区、乌蒙山区、滇桂黔石漠化区）。2012 年 9 月，我们的“少数民族山区因地制宜脱贫对策研究——以西部苗族、彝族为例”课题获贵州省软科学研究项目立项资助，通过调查研究我们分析了集中连片特困地区扶贫开发存在的“三难二困一缺”（开发难、集聚难、生态保护难，教育和人口的困扰，公共服务人员缺乏激励机制）的特点，同时还一定程度存在“因病致贫、因残致贫、因病返贫”，为了对此进行研究，我们又申报了“基本医疗保险制度改革与反贫困研究”课题，获得贵州省哲学社会科学 2012 年规划课题立项资助，基于上述两个项目的研究成果，我们结合基本医疗保险制度建设中存在的问题，进一步扩展了研究的内容，本书便是整个研究探索的成果。

该研究成果共分七章，第一章，从不同视角梳理了健康、医疗保险的相关理论及研究成果；第二章，企业职工医疗保障从“公费医疗”到“基本医疗保险”制度建立的历史沿革，并一定程度探讨了深化企业职工基本医疗保险制度的改革；第三章以贵州省威宁彝族回族苗族自治县为例，结合反贫困工作的开展，全面分析了新型农村合作医疗保险制度的建立和改革；第四章，城镇居民基本医疗保险制度的构建，并以贵州省黔南布依族苗族自治州和六盘水市钟山区为例进行分析探讨；第五章，探讨了“三项”基本医疗保险制度衔接机制；第六章，在分析贫困与反贫困理论与实践的基础上，以贵州为例具体探讨了基本医疗保险制度的反贫困效应；第七章，以“十二五”期间深化医疗卫生管理体制规划为基础，探讨基本医疗保险制度的深化改革。

本书的调研和撰写，得到了贵州省人力资源和社会保障厅政策法规处、威宁彝族回族苗族自治县、黔东南苗族侗族自治州的台江县各级政府的大力支持，尤其是威宁县的迤那镇、幺站镇、石门乡、板底乡和台江县的施洞镇、老屯乡和方召乡政府及村委会的配合与支持，在此表示特别感谢，同时还要感谢我的研究生，他们是2012级劳动经济学专业的田宋、2012级劳动与社会保障专业的魏艳、2012级保险专业学位的刘占浩、曹涵和2013级的袁世伟，他们不仅放弃宝贵的暑期不辞辛劳地与我一起深入到偏远贫困地区进行田野调查采集第一手资料，还撰写相应的研究报告初稿，为本书的最后完稿奠定了基础，尤其是田宋同学，还利用寒假为本成果的最终定稿做了大量的辅助工作。

社会基本医疗保险制度是一国社会保险体系中除基本养老制度之外，最为复杂的一项制度安排，涉及的利益关联是多维的，受制于学科方面的限制，有些领域尚未涉及，即便有所涉及，也是粗浅的，这里敬请专家、学者和读者批评指正。

贵州财经大学公共管理学院

王飞跃

2014年1月

第一章 社会医疗保险的原理

第一节 不同视角下的社会医疗保险

在整个80年代中，美国的健康医疗成本上升率大约是一般通货膨胀率的3倍，政府估计，这样的成本是美国国内生产总值（GDP）的15%，而且预计在2000年的时候将高达18%或更多。虽然美国健康医疗的花费比在其他主要国家中要高出25%，但仍有大约三千七百万的美国人尚没有健康医疗保障。飞涨的健康医疗费用已使得由企业主所支持的医疗计划之保费增加了20%或更多，也由于此，许多医疗成本分析及各种提供医疗方式的替代方案正积极进行研究。①

可见以“效率优先”而设计健康医疗保障制度的美国，在具体的实际运行中也面临除了财务上的压力之外的各种复杂的现实问题。而福利国家进入21世纪后，社会医疗保险制度的改革及发展已经成为社会稳定、经济复苏和政治博弈的焦点，新兴国家的社会医疗保险制度也在构建过程中面临各种新的挑战。中国“三项”基本社会医疗保险体系的构建，实现了“全民医保”的建设目标，成为当今世界上最为庞大的社会医疗保障体系，但也面临许多深层次的问题，有待进一步深化改革与发展。

工业化国家社会医疗保险制度的建立，为经济社会发展，人民生活水平的不断改善和提高，尤其是增进健康及公共卫生事业的发展，推动社会文明的发展进程，发挥了极其重要的保障功能，也形成了较为丰富

① ［美］肯尼思·布莱克等：《人寿保险》，洪志忠等译，北京大学出版社1999年版，第370页。

和完整的理论和实践运行体系。

一　经济学视角下的社会医疗保险

（一）社会医疗保险制度的经济理论渊源：福利经济学

1920 年英国经济学家庇古《福利经济学》一书的出版，不仅标志着福利经济学的诞生，也为社会保障制度的建立奠定了相应的理论基础。庇古的《福利经济学》在社会保障制度建立上的理论贡献在于：

1. 增加必要的货币补贴，改善劳动者的劳动条件，使劳动者的疾病、残疾、失业和养老能得到适当的物质帮助与社会服务。

2. 向收入高的富人征收累进所得税，向低收入劳动者和丧失劳动能力者增加失业补助和社会救济，以实现收入的均等化，以增加普遍的福利效果。

3. 实行普遍社会保障制度，或按最低收入进行普遍补贴的制度，通过有效的收入转移实现社会公平。

1929—1933 年美国大危机后，卡多尔、希克斯、勒纳、西托夫斯基等英美经济学家在意大利经济学家帕累托理论基础上，结合新的经济社会发展条件，创立了新福利经济学。主张将价值判断从福利经济学中剔除，代之以实证研究；将福利经济学建立在边际效用序数论的基础之上，而不是建立在边际效用基数论的基础之上；将交换与生产的最优条件作为福利经济学研究的中心问题，反对研究收入分配问题。主张福利经济学应当研究效率而不是研究公平，只有经济效率问题才是最大福利的内容。并认为经济效率是指社会经济达到帕累托最优状态所需具备的条件，包括交换的最优条件和生产的最优条件。为此提出了新福利经济学自身的福利命题：个人是他本人福利的最好判断者；社会福利取决于组成社会的所有个人的福利；如果至少有一个人的境况好起来，而没有一个人的境况坏下去，那么整个社会的境况就算好了起来。前两个命题是为了回避效用的计算与个人间福利的比较，从而回避收入分配问题。可见新福利经济学反对将高收入阶层的货币收入转移一部分给穷人的主张。

以柏格森、萨缪尔森为代表的社会福利函数论学派批判了新福利经济学的观点，柏格森在 1938 年发表的《福利经济学某些方面的重新论述》认为：新福利经济学将实证问题与规范问题、效率问题与公平问题分开的企图完全失败。萨缪尔森等人的社会福利函数论则认为，社会福利是社会所有个人购买的商品和提供的要素以及其他有关变量的函数，这些变量包括所有家庭或个人消费所有商品的数量，所有个人从事的每一种劳动的数量，所有资本投入的数量等。并指出帕累托最优状态不是一种而是多种。要达到唯一最优状态，除了交换与生产的最优条件，还必须具备福利应当在个人间进行合理分配的条件。经济效率是福利最大化的必要条件，而合理分配则是其保证条件。1951 年阿罗出版了《社会选择与个人价值》，提出经济学中的"阿罗不可能定理"。阿罗认为，社会福利函数必须在已知社会所有成员个人偏好次序的状况下，通过一定程序将各种各样的个人偏好次序归纳成为单一的社会偏好次序，才能从社会偏好中确定最优社会位置。但阿罗却证明不可能从个人偏好次序达到社会偏好次序，也就是不可能得出包括社会经济所有方面的社会福利函数。①

福利经济的产生与发展，不仅为丰富和完善福利经济的理论，为西方国家社会保障制度的建设提供了理论支撑和指导，也为新兴国家社会保障制度的建设，提供了理论借鉴。

（二）社会医疗保险的经济性质

关于社会医疗保险的经济性质，中国学者仇雨临主编的《医疗保险》一书，作了较为全面的概括。该书认为：社会医疗保险作为一种对疾病和意外伤害所造成的经济补偿方法，既是一种社会保障制度，又是一种分配制度，具有经济性质。其主要表现在：

第一，从社会再生产来看，医疗保险的实施可以使劳动者恢复劳动能力，从而直接参与劳动力的社会再生产过程，起到了保护和增强劳动能力的重要作用，成为整个社会再生产过程的重要组成部分。

第二，医疗保险在某种意义上是被保险人之间国民收入的再分配。通过风险分担，将筹集的保险基金用于帮助遭遇风险、发生经济困难的人，不仅减少了劳动者个人因疾病造成的经济损失，也减少了社会经济损失，有利于社会生产的正常进行。

第三，医疗保险能促进卫生保健资金的良性运作。在医疗保险基金运作中，通过集聚和融通资金，一方面为医疗保险机构提供足够的基金

① 李琼：《中国全面医疗保障实现路径研究》，人民出版社 2009 年版，第 7—9 页。

以满足劳动者基本医疗需求；另一方面，提高社会医疗保险基金的管理效率，将基金节约用于疾病预防或健康教育，从长远来看可能降低基金的消耗，保证基金可持续发展。[①]

（三）医疗服务市场分析

福利经济学的产生与发展不仅为市场化国家福利制度和福利社会的构建和发展奠定了理论基础，而且还推动了社会福利制度尤其是社会保障制度的建立与发展，并逐步构建起了较为完善的社会保障理论体系，形成了对社会医疗保险的理论分析，经济学界更多地从医疗保险市场分析开始，然后根据社会医疗保险的特征而进一步探讨。不论是古典自由主义还是新自由主义经济和公共经济学在医疗服务市场的分析方面，我们认为，美国学者小哈罗德·斯凯博等在《国际风险与保险》一书中作出的分析和理论阐述较为全面和具有代表性，认为医疗保险市场不完善性有如下几个方面：

1. 医疗服务的边际效益。医疗服务的买方（病人）并不能从提供人（医疗服务提供人）那里购买到“健康”本身，但他们可以购买医疗服务来维持或增进自己的健康，但是对健康的边际收益却难以估算。一些基本的，或者是预防性的治疗，如接种疫苗，它们给社会提供的边际收益远远超过那些价格高昂、技术程度较高的治疗所提供的边际收益。在接种疫苗等类似的基本医疗服务提供给社会时，社会的整体健康水平就会因为饮食状况、健身的普及推广或是吸烟人口减少等因素的改变而大大提高，这种提高作用比起只凭高科技医疗手段来获取健康水平来说要重要得多。因而对于整个社会来讲，求得一个适当的医疗服务的最优值极为困难。

2. 不对称信息和逆向选择。

（1）买卖双方之间。在医疗保险市场中，买方和卖方之间存在不对称信息。医疗服务的提供人对有关医疗服务的信息非常熟悉，但消费者却经常无法保证信息的真实性。当然对医生和医院方面来讲，向消费者提供详细的医疗服务资料成本过高，因而只能提供有关某一具体医疗方案的主要信息。并且，尽管消费者可以获得另外一种医疗方案的信息并因而能够选择一种他们偏好程度更大的方案，但消费者往往会因为没有

① 仇雨临主编：《医疗保险》，中国劳动社会保障出版社 2008 年版，第 15—16 页。

接受过医疗方面的专业训练，从而很难理解或评价各种不同医疗方案孰优孰劣。评价可选择方案的着眼点是服务质量，其衡量的指标有治疗成功率，治疗过程侵袭的程度，以及康复所需要时间的长短。此外，由于病人经常是在患病期间收集和分析信息，这就增加了他们在信息收集和评价方面的劣势。

（2）医疗服务价格。医疗服务的价格方面也存在着信息不对称。在大多数工业化国家，医疗服务消费者获得有关医疗服务价格信息的愿望并不强烈，因为第三方付款人（即公共或私营保险人）为其大部分医疗服务支付费用。即使是消费者打算参与医疗服务的定价机制，通常来说，他也很难预先确定医疗的总成本。在某种情况下，如果医师的收入并不因为提供医疗服务的多少或优劣而改变，就算是医师本人也不想知道医疗服务的价格是多少。例如收取固定薪金的医师就是如此。在另外一种情况下，消费者必须从提供人那里确定医疗价格，之后与保险人商定该费用有多少可以从保险人那里收回，这是一个相当麻烦的两阶段处理法。由于在理解医疗服务的本质方面和比较可替代服务的相对价格方面产生了不对称信息，从而限制了价格的合理确定和医疗服务的有效购买，因为消费者很难在完全占有信息的基础上作出价格和质量的权衡。

（3）保险人与被保险人之间。在保险人与被保险人之间，也存在信息不对称，被保险人比保险人更为了解自己的健康状况，保险人在这方面的信息劣势，可能会导致逆向选择（adverse select）。当被保险人有较一般健康风险水平稍高的风险，而保险人并没有意识到这种风险，因而没有要求足够高的保险费率时，便会发生所谓的逆向选择。逆向选择使得风险较低的被保险人对那些风险较高的被保险人进行某种形式的补贴，因而那些低风险的被保险人最终会因为其缴纳的保费与其健康水平相比过高而放弃投保一部分险种，或者干脆不再投保。

（4）逆向选择。在一个强调保险的统一性、可购买性和可获得性的医疗保险市场中（即追求使得每一个人都可以获得医疗保险），逆向选择成了考虑的一个重点。大多数工业化国家对全面保障实施强制执行，其目的就是避免逆向选择。举例来说，高风险的投保人可能负担不起高昂的保费，而低风险的个人可能会选择退保，因为实交保费与其健康状况相对应的应该缴纳的保费相比，往往高出许多。对全面保障进行强制执行，意味着医疗保险基金由所得税构成，从而各种健康状况和收入水平的被保险人之间可以进行“交叉互补”。但是，那些因为没有足够资金投保而不能获得医疗服务的个人很可能会更为偏好交叉补贴。

3. 道德风险。第三方付款人为医疗服务付款的方式，不仅降低了消费者寻求价格信息的积极性，还增加了潜在的道德风险。被保险人无须为接受的服务付款；或者付出的费用远低于服务的全部成本（例如：绝对免赔额或分摊医疗费用的情况）。当消费者的成本低于服务的价格时，消费者的需求会大于他们的实际需要，这是因为在其他条件不变时，价格下降，而需求上升。过多使用医疗服务可能导致医疗欺诈。还有，由于被保险人不用负担医疗费用的全部费用，他们的行为可能会发生某种扭曲。例如：被保险人可能不那么关心他们的身体状况，或者参加一些可能危害健康的活动。这种由道德风险产生的扩张性需求，比消费者自己付全额购买医疗服务时的需求要大。

4. 供给引致的需求。医疗市场的另一个重要特征是医疗服务的提供人不仅为消费者提供医疗服务，而且还向消费者建议应该消费什么。这与完全竞争的市场不同，医疗服务市场上的需求和供给在决定服务的数量与价格时并不是互相独立的。建议病人使用某种非必要的，但对提供人有经济利益的医疗服务，这样可能会构成医疗欺诈。这种供给引致的需求，加剧了医疗服务市场的信息与价格的扭曲，使得对医疗服务的需求，由于提供人出于经济利益的考虑，愿意过度提供服务而人为地增加了。

5. 市场进入障碍。与完全竞争的市场不同，医疗服务市场的进入常常会遇到障碍。医疗服务提供人必须严格符合资金、许可或其他限制市场进入的监管要求，例如：医院需要大量的资金来建造医疗设施、配置医疗设备；医师必须拥有医学文凭、资格证书或其他准予行医的许可文件。由于医疗服务提供人的特许专营权导致了进入障碍，这在有些医疗体系中导致了价格上升而服务质量下降的情况。

除上述较为系统的经济学分析外，本文还就文化背景、医疗技术的发展和医疗过失成本进行了经济学思考。

就文化背景而言，笔者认为：无论什么文化背景，总有许多人认为获得医疗服务是一项普遍适用的权利，而并非是那些能买得起服务的个别人的特权。对那些视医疗服务为普遍权利的人来说，把医疗市场和完全竞争市场相比是很不适当或者根本就不能接受的，因为在他们的逻辑中，每个人都应该免费地享有所有医疗服务。但是，医疗服务并不是免费的，由于个人收入的限制，必须在选择的范围内作出某种退而求其次的让步；也就是说，分配以某种形式发生了。比如说，有一部分人没有能够办理医疗保险（如贫困人口和失业人员），则其等待的时间可能会比较长（在这里，分配是以时间代价形式出现的），或者获得某种定性化了的、成熟的医疗技术或某种治疗措施的机会受到限制，尤其是对于那些年纪比较大的人来说（这里分配以限制范围的形式出现）。由于文化背景的不同而导致的对于医疗服务本质的种种理解，无论是普遍权利说抑或是特权说，或二者之间的某一种权衡，对一国医疗保障筹资体系的形成都极为重要。

就医疗技术发展而言，笔者认为：医疗保障市场的特点之一，就是医疗技术是在不断飞速发展着的，医疗设备的创办资本和维持运作的费用极为高昂。在一段时间内，新技术的价格会下降；但在医疗行业，新产品被不断开发出来，就需要不断投入新的资金。所以医疗服务的费用较高，某一方面也是因为新技术的开发成本比较高的缘故。医疗技术成本—收益分析操作起来有困难。评价收益，不仅要考虑诸如出生率的提高和死亡率的降低，以及住院期和康复期的缩短等因素，还要考虑生命周期的经济价值。有关寿命延长和生活质量的各种看法都会影响收益分析。不考虑这些困难，我们所做的总评价结果是技术进步和先进医疗技术的使用使这二者的总收益远大于其总成本。

就医疗过失而言，笔者认为：在美国，医疗服务费用提高的另外一个影响因素是有关医疗事故的诉讼案件大大增加。病人们越来越倾向于求诸法律诉讼来解决对医疗服务质量的不满。但是，对受害者而言，通过法院对医疗事故所进行的处理，并不是一种有效的救济方式。因为赔款中不仅包括肉体痛苦、精神创伤的赔偿还包括大量的律师费用。由于医疗事故案件的增多，会导致医师的医疗过失保险成本上升——这部分费用最终还是由医疗服务的消费者承担的。以诉讼求得救济这种趋势的增强，部分是因为病人—医师之间关系发生了变化。传统上，家庭医师负责提供较长一段时间内、各个方面的医疗服务，这样可以促进医师和病人之间的一种相互信任的关系；而今天，专科医师的数量大大超过了家庭医师的数量，病人由于不太熟悉他们，也就不太信任这些专科医师，从而在发生医疗事故时，或者即便是一些不合实际的要求未被满足时，病人也会诉讼。美国文化中“兴讼”的特质也助长了这一趋势的发展。

其他方面，医师很可能会开一些预防性的药物来避免医疗过失责任。他们经常做一些不太必要的实验或其他并非必要的行为来减少诉讼中的责任，这些所有多余的诊断治疗都增加了医疗的总成本。[①]

上述观点全面系统、深入透彻地分析了医疗服务市场各个组成要素的经济性质和面临的经济选择，揭示了各个要素在市场运行中的基本规律，一定程度上奠定了医疗服务公益性质的理论基础。

（四）制度经济学中的医疗服务分析

制度经济学对医疗服务的分析，比较系统的是中国学者朱俊生，他在《从社区融资到全民健康保障》中，用制度经济学观点分析了合作医疗制度在我国的兴衰，从而用制度经济学的视角诠释了医疗服务的经济学价值。基本内容如下：

1. 制度均衡。为什么传统的合作医疗能够实现较高的覆盖率？诺斯（1994）认为，“制度均衡指这样一种状态，在给定的一般条件下，现存制度安排的任何改变都不能给经济中任何一个或者任何个人的团体带来额外的收入。如果安排的调整已经获得了各种资源所产生的所有潜在收入的全部增量；或者这样的潜在利润存在，但是改变现实安排的成本超过了这些潜在利润；或者如不对制度环境作某些改变，就没有可能实现收入的重新分配，那么，这一状态就存在”。据此，学界将制度均衡定义为人们对既定安排和制度结构的一种满意或满意状态。中国的合作医疗在市场化改革开始之前取得奇迹般的绩效，并不是本身有何优越和创新之处，而是由于当时的外部环境，即全面侵入乡村的国家政权、强大的政治动员机制，全面控制农村经济社会的人民公社组织和计划经济体制下低成本的医疗服务递送体系，基本上解决了逆向选择和医疗成本的攀升问题，客观上提高了农村卫生服务的可及性和可得性，从而使“制度接受者”得到了实惠，即合作医疗制度实现了供求均衡，从而获得快速发展。

2. 制度非均衡与制度变革。合作医疗为什么会解体？制度非均衡是人们对现存制度的一种不满意或不满足，意欲改变而又尚未改变的状态。之所以出现不满意或不满足，是由于现行制度安排和制度结构的净效益

---

① ［美］小哈罗德·斯凯博等：《国际风险与保险》，荆涛、高荣、季燕梅等译，机械工业出版社 1999 年版，第 390—392 页。

小于另一种可能提供选择的制度安排和制度结构，也就是出现一个新的盈利机会，这时候就会产生新的潜在的制度需求和潜在的制度供给，并造成潜在的制度需求大于实际制度需求，潜在制度供给大于实际制度供给。人们为了捕捉这种新的盈利机会，就会意欲和力图改变原来的制度安排和制度结构，选择和建立一种新的更有效的制度。只是由于变革成本的存在以及外部效应和“搭便车”等原因，制度变革的动机和力量还不够强大，或者是只有变革的动机而无变革的力量，潜在的制度需求虽然能够变成现实的制度需求，但潜在的制度供给却不能变成现实的制度供给，因而出现“意欲改变而尚未改变”的制度状态。这就是制度非均衡。一种制度安排和制度机构从制度均衡到制度非均衡，进而发生变革，是内外多种因素共同作用的结果，合作医疗制度从制度非均衡而发生变革、解体，同样是多种因素共同作用的结果。从内在矛盾来看，合作医疗作为服务于汲取农业生产价值剩余，促进工业化积累，内生于垄断和中央集权官僚体制的自上而下的制度变迁不仅有内在的不稳定性，而且还存在以下制度缺陷：

第一，该制度的思想和做法同福利改革的个人自主权原则相冲突。雅诺什·科尔奈和翁笙和（2003）认为，福利部门改革的首要原则就是个人自主性，即要推进的变革必须扩大个人在福利服务领域的决策范围，减小政府的决策范围。但合作医疗是强制性的集体福利，服务于城市攫取农业剩余的需要，农民缺乏选择权。

第二，病人没有选择的自由。合作医疗制度建立严格的转诊制度，主要是赤脚医生充当着“看门人”的角色，决定是否进行诊断和治疗，以及是否将病人送往上一级医院做进一步的检查和治疗。

第三，如同计划经济时代的其他部门，农村医疗保健服务部门出现了长期短缺。短缺经济的典型症状尤其明显。

第四，这种家长制的保障和平等获得医疗服务也被腐败和特权严重地扭曲了，导致人们丧失了对制度公平的信心。

可见，计划经济时代的合作医疗虽然在低水平上保证了公平，作出了巨大贡献，但另一方面却又有太多的负面因素，即垄断和中央集权造成的短缺、强制性替代、病人丧失自主权、服务质量低下等。从而不断发生制度障碍和制度摩擦，使得制度的主要接受者——农民的不满逐渐积累起来，降低了合作医疗的运行效率，增加了制度成本，降低了制度效益。

从外部因素来看，改革开放以来，合作医疗所依附的政治动员式的集权体制，人民公社制度和计划经济下的医疗服务递送体系等制度环境均已消失，原本作为社会控制手段的合作医疗制度就难以运行了。

3. 制度供给不足。新时期为什么农村没有建立起相应的健康保障制度？制度供给不足是指制度供给不能满足社会对新制度的需求从而导致制度真空的存在或低效制度不能被替代。制度供给不足存在两种情形：一是制度的短期供给不足。在要素和产品相对价格等发生变动的情况下，制度变迁的需求曲线会右移，即产生对新制度服务的需求，但由于该制度实际供给的形成往往要经过一段时间，即诺斯所说的制度供给的“时滞”，从而造成制度的暂时供给不足。二是制度的长期供给不足，是指制度的供给长期不能满足社会对新制度的需求从而导致制度真空的存在或低效制度持久不能被替代。对于制度的长期供给不足，制度经济学认为主要有以下几个原因：

第一，个人或自愿团体在潜在利益的诱致下推动的制度变迁常常会导致外部效应和“搭便车”问题，这会导致制度长期供给不足。

第二，在潜在利润诱致的制度不能满足社会对有效制度的需求的情况下，政府的强制性制度变迁成为必然。应该说政府的强制性制度变迁确实在一定程度上能够弥补由潜在利润诱致的制度变迁导致的供给不足，在一国范围内的正式制度都是由国家的权力中心（政府或统治者）提供的。因此，由国家提供制度的制度市场带有明显的完全垄断性。新制度经济学家常把由国家及其政府进行制度供给的市场称为“政治市场”，并认为政治市场是典型的垄断性市场。诺斯（1994）明确指出，政治市场中的“统治者就像一个歧视性的垄断者一样行事”。拉坦（1994）也指出，“影响制度创新的需求与供给的力量是通过相对不完全的市场来操作的”。正像一般商品市场在垄断的情况下会出现供给不足和价格偏低的低效率情形一样，带有垄断性的政治制度市场同样会导致制度供给的低效率。由于政治市场中的统治者像一个歧视的垄断者一样行事，它为不同团体设定不同的产权和提供不同的制度供给，因此，有效的政治市场在现实中几乎不存在，这就解释了低效率制度会持续存在的原因。根据这个理论，一方面中央政府及市、县政府在提供基本公共产品职责上推卸责任；另一方面作为正式制度安排的乡政府和村委会、党支部本身的合法性问题没有解决，由它们提供完善的公共产品不太可能；特别是农民自治和自治组织没有得到发展，农村合作医疗对抗风险的潜在制度利润得不到通过诱致性制度变迁获得的机会。这导致农村健康保障制度的诱致性制度变迁和强制性制度变迁都没有发生。

4. 需求和供给。诱致性制度变迁不足。通过对农村合作医疗的供给与需求进行分析，笔者认为：发动和管理农村医疗保险制度是一项非常复杂的工作，涉及受益组合的设计、资金筹集、与卫生服务提供者签订合同、基金管理、质量和成本检测以及支付方式选择等。许多农村地区，特别是低收入地区，缺乏必要的组织能力。这样，新的可能的健康保障制度安排超过了制度环境所允许的范围，新的制度安排也就难以实现。而且，要进行诱致性制度变迁，就必须要使一套新的行为规则被接受和采用，个人之间就需要经过讨价还价的谈判并达成一致意见。但在农村健康保障制度变迁中，“初级行动团体”（无论是社区还是个人）面对呈现“原子”状态的农民，显然谈判成本过高，这往往使一些诱致性制度变迁无法产生。因此，农村健康保障制度的建立需要政府的财务支持和组织支持，即有赖于政府强制性制度变迁，以弥补制度供给的不足。

5. 强制性制度变迁。新型农村合作医疗。改革开放在全面激发农村的农户个体积极性的同时，对于公共产品的提供忽视了，由此导致的问题逐渐显现。随着城市居民生活的改善，城乡二元差距逐渐拉大。广大农村的绝大多数人口是统治稳固性乃至合法性的重要来源，稳定和使农民共享改革成果成为执政当局在改革进展到这个时期的新任务。具体到健康保障领域，基本健康保障作为一项基本物品，作为实施自由的“可能能力”必须得到最低水平的公共供给。

首先，它是经济增长的源泉，基本健康保障作为人力资本投入是值得的。事实上，由于农村健康保障制度长期缺失，因病致贫现象严重，人力资本损害严重，对农村居民的消费和生产产生了很大的负面影响，从而不利于提高效率。因此，从效率原则出发，农村健康保障制度应该重新安排。

其次，从统治者本身的稳固性乃至合法性而言，实施广泛的基本同质的覆盖农村人口的基本健康保障制度有助于执政当局获得政治支持，有助于减少潜在竞争者的竞争压力。

再次，由于我国长期的二元治理构架至今没有得到缓解，在农村地区实施广泛的健康保障制度有助于阻止二元分治的恶化事态，减少未来统治合法性可能遭遇的风险。新型农村合作医疗作为农村健康保障制度的强制性制度变迁正是在这种背景下发生的。[①]

之所以花较大的篇幅来介绍制度经济学对医疗服务的分析，一方面有利于对制度经济学在医疗服务方面作较为全面的系统认识；另一方面，也是最为重要的一面，当前我国社会保障理论界对我国目前构建的“社会统筹与个人账户”相结合的社会保险制度存在分歧，尤其是随着经济社会发展水平的不断提高，国家综合实力显著增强，德国具有福利性的社会保险制度模式的优势日益凸显，我国“个人账户”存在的问题显现，“个人账户”的去留问题，已经在学界开始引起了激烈的争论，也成为当今我国社会保险制度进一步深化发展的热点问题之一，对此观点，我们将在后面深化改革一章进行讨论，这里仅仅作为一个理论上的铺垫。

（五）健康经济学

作为国家医疗保障制度建立的重要理论依据，健康经济学产生的标志是美国著名经济学家、1972 年诺贝尔经济学获得者阿罗于 1963 年发表的论文《不确定性和福利经济学》。阿罗在这篇文章中运用福利经济学第一定理和第二定理界定了医疗服务市场与完全竞争市场的偏离，尤其是疾病发生的不确定性所带来的风险分担市场的缺失。以此为背景，着重讨论了下面几个问题：（1）医疗市场的特殊性。指出医疗需求是不稳定的，医生作为患者的代理人也是利润最大化的行为者。同时强调了医疗市场产出的不确定性，人身健康状态的不确定性以及医疗服务供给存在的进入障碍。（2）在确定性的假设下，他分析了医疗市场与完全竞争市场的差异，指出差异存在三个方面，即收益递增、进入障碍以及医疗定价行为的价格歧视。（3）在不确定假设下，比较了医疗市场与完全竞争市场的差异。运用期望效用函数描述了理想的保险原则（在风险规避的假设下），论述了道德风险、第三方支付和逆向选择对于医疗保险市场的影响，并建立了风险规避条件下最优保险的理论模型。在阿罗理论的基础上，经过众多经济学家的努力和不断探索，逐步建立起了完整的健康经济学体系。主要内容包括：

---

① 朱俊生：《从社区融资到全面健康保障》，中国劳动社会保障出版社 2008 年版，第 70—86 页。

1. 政策分析中的健康经济学。其代表人物是曾担任美国经济学会会长的著名经济学家、斯坦福大学教授维克托·R. 福克斯。其在著作《谁将生存？健康，经济学和社会选择》中指出，医疗对健康具有护理与诊断功能而非治疗功能，因为人类80%的疾病是自限性疾病，不需要借助特殊医疗手段便可以自行恢复；有10%的疾病医疗技术对此根本无计可施，医疗服务的边际效用微乎其微，但除了降低死亡率和发病率之外，更为重要的是它的护理作用和诊断功能，昂贵的医疗设施只能是增加患者的舒适度。同时他还通过比较美国西部两个临近的州——内华达州和犹他州的死亡率，考察了人民生活方式对健康的影响。福克斯认为人类行为从某种意义上讲是一种慢性自杀行为，人们都是在牺牲自己的健康来换取其他方面的收益，从而将卫生保健政策分析纳入了经济学的视角之中。此外，福克斯对美国老年人医疗保健的研究是极为精彩的。他指出美国65岁以上老年人消耗的卫生资源是其他年龄组总和的三倍，其中80岁以上老年人的医疗支出又占老年人医疗卫生支出的四分之三以上。由于老年人选举投票缺席率大大低于其他年龄组，因此政府的健康保障政策对老年群体尤其优厚。

2. 经济学中的健康经济学。1972年美国著名经济学家米切尔·格罗斯曼发表的《健康需求：理论与实证研究》奠定了健康经济学的需求理论。第一次构建了健康资本需求模型，把贝克尔（Becker）提出的家庭生产函数成功地引入到健康效用函数分析中，提出医疗保障需求是一种派生需求的观点，进而确立了消费行为的人力资本模型。格罗斯曼假定消费者个人为了决定他们最理想的健康状况，对能改善其健康状况的开支进行估价并与花费在其他商品上的开支比较。他假定消费者在健康生产函数上享有完全信息，从而可以计算出带有时间效用的最大值，并建立了健康需求的均衡模型。随后美国经济学家Acton（1975）和Nathanson C. A.（1977）在格罗斯曼需求模型的基础上，探讨了性别等其他非经济因素在医疗需求上的差异，进一步完善了格罗斯曼的医疗需求模型。

3. 经验研究中的健康经济学。这一理论的代表人物为西托夫斯基。他对医疗价格上涨因素进行的分析，选择了10种医疗保健服务价格在1951—1965年间的变化，对价格上涨因素加以分解，力求找出医疗技术进步对于医疗价格上涨带来影响。此外，兰德实验以及蓝盾健康保险计划研究作为20世纪七八十年代较为重要的研究成果，其中蓝盾健康保险研究对于健康服务需求弹性系数影响的研究结果被视为最优保险政策的“黄金率”。

4. 健康经济学的发展趋势。福克斯建议的健康经济学家未来有所建树的五个领域，被视为健康经济学发展的趋势。这五个领域包括：（1）对技术与偏好的内生化研究；（2）社会规范与职业规范对健康的影响；（3）委托—代理问题可以从两个层次加以拓展，一是传统的医生—患者的代理关系，二是医生—保险机构的代理关系；（4）行为经济学对于健康经济学的影响，尤其是对健康偏好稳定性受到质疑的问题；（5）对于生命质量的测度与分析。①

以上较为全面地介绍了健康经济学的基本内容及其未来发展的趋势，随着我国社会医疗保险制度的逐步建立和完善，对于社会医疗保险的经济性质，尤其是在社会主义市场经济体制下健康经济学作为一个关系全民医疗健康水平及状况的根本，也将会随之而展开，并逐步深入，且成为一个重要组成部分。同时这些理论的形成与发展，不仅构建了我国开展健康经济学研究的理论基础之一，也有利于指导健康经济学的深入研究和发展。

通过对经济学原理中的医疗健康服务和健康经济学理论的介绍，可以看出社会医疗保险制度建立的经济运行规律和其内在的经济本质和属性，不仅有利于在市场经济体制下，探讨社会医疗保险制度的经济影响和其运行的经济规律，还有利于该项制度遵循市场经济规律得以健康有序地建设和发展。

二　社会学视角下的社会医疗保险

（一）关于人的生命健康

根据百度文献作出的分析：生命健康权是公民的生命权和健康权两种权利的统称，是公民享有的最基本的人权。生命权是指公民享有的生命安全不被非法剥夺、危害的权利，健康权是指公民保护自己身体各器官、机能安全的权利。生命与健康是公民享有一切权利的基础，如果生命健康权得不到保障，那么公民的其他权利就无法实现或很难实现。生命健康权，是公民实行权利的基础。

---

① 李琼：《中国全面医疗保障实现路径研究》，人民出版社2009年版，第1—6页。

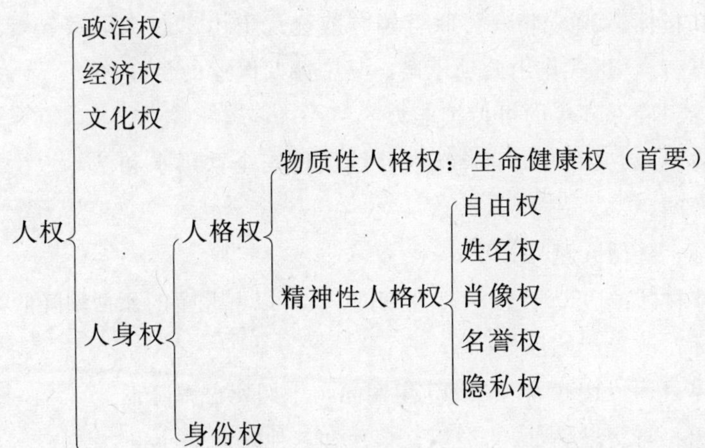

生命健康权，是指公民对自己的生命安全、身体组织、器官的完整和生理机能以及心理状态的健康所享有的权利，包括生命权、身体权和健康权。生命权是公民维护其生命安全利益的权利，主要表现为生命安全维护权，当他人非法侵害自身生命安全时，有权依法自卫和请求司法保护。健康权是公民维护其身体健康即生理机能正常运行、具有良好心理状态的权利。健康权的内容主要表现为健康维护权，有两层含义。其一，保持自己健康的权利。其二，健康利益维护权。当健康受到不法侵害时，受害人享有司法保护请求权。之所以要维护生命健康权是因为：首先，人最宝贵的是生命，健康是人们幸福生活乃至生命安全的重要前提；其次，生命健康权是公民参加一切社会活动、享有其他一切权利的基础；最后，生命一旦丧失，任何权利都失去了意义，生命健康权是公民最根本的人身权。①

为此，我国《宪法》第十四条、第四十五条规定，公民在年老、疾病或者丧失劳动能力的情况下，有从国家和社会获得物质帮助的权利；国家建立健全同经济发展水平相适应的社会保障制度。2011 年 7 月 1 日我国正式颁布和实施了《中华人民共和社会保险法》，使得《宪法》赋予每个公民的社会保障权利得以具体化和具有可操作性。

2000 年 9 月，在联合国千年首脑会议上，世界各国领导人就消除贫穷、饥饿、疾病、文盲、环境恶化和对妇女的歧视，商定了一套有时限

---

① 城之内客也：百度百科，生命健康权，2013 年 12 月 8 日，http：//baike. baidu. com/link? url = Dj7x _ 1ohLYdB _ xffmqjMvDbAkXeW _ m _ yZ1yBJNlzfFA80ym7tDqvDLGlbqQ6Ibx—，2013 年 12 月 9 日。

的目标和指标。2000年9月联合国首脑会议上由189个国家签署《联合国千年宣言》，正式作出此项承诺。其中涉及医疗的目标包括：

目标：确保环境的可持续能力。

具体目标：到2015年将无法持续获得安全饮用水和基本卫生设施的人口比率减半。

目标：降低儿童死亡率。

具体目标：1990年至2015年期间，5岁以下儿童的死亡率降低2/3。

目标：改善产妇保健。

具体目标：1990年至2015年期间，产妇死亡率降低3/4。

目标：与艾滋病毒/艾滋病，疟疾和其他疾病作斗争。

具体目标：到2015年，遏制并开始扭转艾滋病毒/艾滋病的蔓延。遏制并开始扭转疟疾和其他主要疾病的发病率。[①]

可见公共医疗卫生、妇幼保健及健康和相关疾病已经成为人类社会共同关心的重大社会问题。

2009年3月党中央、国务院颁布了《中共中央国务院关于深化医药卫生体制改革的意见》，新医改方案的基本框架是：一个中心，即以健康为中心；两个目标，即人人享有基本医疗卫生服务、建立全民基本健康保障体系；三大基石，即家庭医师制度、三级转诊制度、基本药物制度。

对于“人人享有健康保障”目标的理解包括如下方面：

1. 只有承认人人享有健康保障的目标尚未实现，才有可能实现真正的人人享有健康保障。

2. 人人享有健康保障目标只能是医生作为守门人体制下受控制的理性引导下的保健，而不是人人按需保健。

3. 人人享有健康保障目标的实现，非医界独立能支，但难辞其咎。

4. 人人享有健康保障不是一个经济平等权利问题，而是一个政治民主权利问题。

5. 人人享有健康保障不是一个经济发展水平的问题，而是一个进程性目标的确定问题。

6. 人人享有健康保障不是一个医事资源配置问题，而是一个医患关

① ［英］哈特利·迪安：《社会政策十讲》，伍经伦等译，上海人民出版社2009年版，第52页。

系和谐、配伍的问题。

7. 人人享有健康保障不是一个低层次的简陋摆设，而是一个充分有效的高质量、低成本保障体系。

8. 人人享有健康保障必须切实增加健康教育、预防医学、公共卫生政策方面的投入。

9. 人人享有健康保障必须以基础卫生保健为依托，以全科医生的普遍服务为前提。

10. 人人享有健康保障必须通过逐级向上转诊确保服务质量、通过反向转诊降低成本。

11. 人人享有健康保障需要富人救济穷人，但必须通过设立强制性缴费或者公共财政转移支付过渡。

12. 人人享有公共健康保障需要提高财务运作效率，由家庭医师承包经营其服务对象的健康，效果最好。

13. 加强与WHO（世界卫生组织）等机构的合作，强化公共卫生政策的交流、融通。①

显而易见，生命健康权作为一国公民的一项基本人权，如何给予保障并实现这一目标不仅是一国政府，也是整个国际社会面临的艰苦、复杂而又具体的系统工程。

（二）社会学理论

社会学中对社会保险的研究，在于社会制度中的社会保障制度的设立。认为“为劳动者提供报酬是由社会的经济制度所规定的，为无法劳动的人提供各种必要保障的制度就是建立社会保障制度”②，明确了社会保障制度建设的内容，同时还指出和分析了社会保障制度与经济制度、政治制度、社会如何协调发展。应该指出的是“在当今社会中，社会保障在许多国家都已经成为影响政治选举和各种政府决策的重要因素。因为社会保障制度和过程涉及社会中的阶级和阶层之间的利益关系，因此社会保障的发展程度越高，它在社会成员中引起的反应也就容易越大。并且，这种影响必然要反映到社会的政治过程中。在自由竞争选举的政治制度中，各政党的社会保障政策倾向往往明显影响着该政党在政治上

① 张越：《人人享有健康保障——〈中共中央 国务院关于深化医疗卫生体制改革的意见〉操作指南》，人民出版社2009年版，第23—24页。

② 彭华民等编：《社会学概论》，高等教育出版社2006年版，第284页。

的成败，同时各国政府和执政党也经常主动或被动地运用社会保障来调节社会中的各种利益关系，从而更好地维持社会稳定和政治稳定”[①]。可见在社会学视角下，社会保障制度已经越来越成为政治制度运行中的一个重要工具。

（三）社会政策学

在医疗领域，政策制定者面临的问题是，首要目标是确保国家效率，还是回应患者的需要和利益。以英国为例，1911 年开始实施的全民医疗保险计划仅仅补偿工人自己的治疗费用，而不惠及他或她的家庭成员，因为这一计划的首要目的是让生病的工人尽快复工，1948 年开始实施的全面保健服务则保障所有公民都能得到治疗，而后续的改革更是逐步让患者能选择接受治疗的地点和提供治疗的医务人员，不过，患者从来都没能力选择治疗的性质及程度。

配额提供医疗的机制已经演变了很长时间，但以公共方式提供的服务必然要反映政策的优先次序。这部分是由于一些可供选择的治疗方案比其他方案要昂贵很多，但同时它也反映了伦理争议。例如公共资金应该用于资助非必要的治疗，如整容术或生育治疗吗？它们应该用于资助有争议性的项目，如堕胎、遗传筛查以及协助安乐死吗？某些病人是否比其他人更应该获得治疗？最后一个要考虑的问题常常与治疗那些直接由于不健康的生活习惯所引发的疾病有关。然而更为重要的是，它也和应该优先给予谁有关，是给予比较年轻、聪明、对社会更有用的人，还是给予比较贫困、患重病和最弱势的人？一直以来，社会政策学的一个主要关注点就是，即使是在拥有先进医疗服务的发达国家，最富裕的和最贫困的社会——经济阶级的健康也存在突出和持久的差异，而富人和中产阶级也比穷人更多地受惠于医疗服务的程度。[②]

对于社会政策学的观点可以看出，社会医疗保险作为一项政策，一是在不同时期调整的对象不同；二是社会医疗保险资源的配置范围和层次；三是社会医疗保险如何实现社会公平的问题。从这三方面看，社会医疗保险制度不仅仅体现为一种社会福利的投放，更为重要的是实施该项制度的社会效用如何实现其最大化。

---

① 彭华民等编：《社会学概论》，高等教育出版社 2006 年版，第 296 页。

② ［英］哈特利·迪安：《社会政策十讲》，伍经伦等译，上海人民出版社 2009 年版，第 53—54 页。

社会保障作为社会政策被认为具有划时代的影响，并由此催生资本主义福利制度的是第二次世界大战后英国的《贝弗里奇报告》，1941 年 6 月受英国战后重建委员会的委托，英国经济学家贝弗里奇爵士负责对当时的国家社会保险方案及相关服务进行调查，并就战后重建社会保障计划进行构思设计，提出具体方案和建议。1942 年 11 月 20 日由贝弗里奇担任主席的“社会保险和相关服务部际协调委员会”提交了“社会保险和相关服务”的报告，即学界著名的《贝弗里奇报告》。《贝弗里奇报告》关于社会保障提出的“三条指导性原则”中的第二条原则是，“应当把社会保险看成是促进社会进步的系列政策之一。成熟的社会保险制度可以提供收入保障，这有助于消除贫困。但贫困仅仅是英国战后重建需要解决的五大问题之一，而且在某种程度上可以说是最容易解决的一个问题，其他问题包括疾病、愚昧、肮脏和懒散”。[①] 并在第六部分社会保障和社会政策的假定 B 中提出了全方位医疗和康复方案。该方案全面分析了国民缴纳保险费后，享受免费医疗服务和付费医疗服务的范围等。

（四）社会福利理论

“现在我们就以全民健康保险为例，来看看不同的理论传承对于这个问题会有何种看法，许多人都认为福利就是钱的问题（例如许多经济学家跟政府官员就是采此态度），但事实上问题是否就这么简单呢？当然不是，因为不同的意识形态影响了人们对于福利政策的选择，进而影响到整个国家福利制度的走向。假如你相信资本主义万能，一切的事情都可以交给市场来解决，那么你就不会赞成办老年退休年金保险、失业保险或者全民健康保险，因为这些事情可以交给市场来处理。医疗保险，那是个人的事情，个人可以依据自己的经济能力、健康状况、年龄等因素来投保，只要有需求，就有供给，政府根本不必作任何的医疗保险；假如要作的话，那么就必须采用收支平衡原则，也就是受益者付费的原则。但假如你是一个修正的社会主义者，那么就可能赞成采用公医制度来作为医疗保险，可以通过所得重新分配的方法而将社会的风险平均分摊给每一个人，而不是采用受益者付费的原则。假如你是一个激进的马克思主义者，那么对于医疗保险就可能采取非常不信任、怀疑的态度，认为

---

① 劳动和社会保障部社会保险研究所译：《贝弗里奇报告》，中国劳动社会保障出版社 2008 年版，第 3 页。

这又是一种糖衣毒药了。假如你是一个温和的马克思主义者，那么对于医疗保险可以有所怀疑，但可能认为这种制度多少有点进步，是到达共产主义的一种方法，如此的话，你可能赞成采用公医制度，并且希望一切的医疗都是免费的，而且对所有的人都一视同仁，并不会因为谁缴的保费比较高就可以享受比较好的医疗服务。至于经费，当然是从所得税跟公营事业所得而来。”

上述理论观点一定程度上体现了现实社会医疗保险制度的改革与构建。如我国改革开放前的“公费医疗”制度和改革开放后的“全民医疗”保险制度。又如美国白宫因奥巴马的“医改方案”而关门。奥巴马的医改方案的基本内容为：从 2014 年起，所有美国人都必须购买医保，雇主必须为雇员提供保险，否则将被罚款。医改法案把医保覆盖到全美国 3200 多万目前没有医保的人，从而实现全民医保的目标。而美国国会担心这样的医疗改革会加重政府财政负担，极大影响美国经济复苏，更担心会引起美国中产阶级因为医保金额降低而对政府不满与抗议。由于意见不一致美国政府预算未获通过，导致 2013 年 10 月 1 日美国白宫在 17 年后再次关门的事件，给美国造成了 14 亿美元的直接经济损失。可见，从社会政策视角来看，一国社会医疗保险制度从运行机制来看，除了依据相应的“主义”观点外，一定程度上还受政治斗争和经济发展水平的约束。也就是说在具体实践中，并非如理论分析那样泾渭分明。

社会福利在社会医疗保险方面讨论的一个焦点是关于良好的健康状况和对治疗的关注问题。美国学者戴安娜 · M. 迪尼托在《社会福利——政治与公共政策》中认为：医疗是人力的最基本需要，任何人都不应该因为缺乏获得医疗的经济资源而遭受疾病的痛苦或者死亡。但是美国人愿意或者说能够支付的医疗资源究竟是多少呢？如果医疗是一种稀有资源，那么我们究竟如何决定谁将会得到什么样的照顾以及如何得到？就像我们会看到的一样，这些在很大程度上来讲是政治问题，并不能够轻易地用理性的计划来解决。医疗是一个直接影响我们所有人的问题，不像其他工业化国家，美国没有国家健康保险计划。数年来，国会一直在辩论这个问题，辩论有关为穷人和老人的医疗提供资助的问题，并且只是为其提供适度的财物。接下来 1965 年，作为“伟大社会”计划的部分，为两个群体设立了主要的医疗计划，一个是穷人，另一个是老年人。这些计划非常重要，原因如下：

穷人和老年人在平均水平上，比一般人群需要更多的医疗关注；实际上，许多慢性病是直接与年龄有关的，而且与家庭收入成反比。

尽管一盎司的预防要胜于一磅的治疗，预防性的医疗服务对于许多人来讲还是罕见的。穷人在面对健康风险时，即使最小的支出也可能导致延缓治疗，直到健康问题发展为疾病。健康问题是造成失业和贫困的主要影响因素。

在贫困社区——老城区和乡村地区，医疗的传输系统（设施和人员）特别混乱，也很不充分。①

从上述分析，我们可以看出：一方面，健康与医疗之间的关系，充分的健康预防保障有利于医疗费用的降低。人的一生中，对医疗的需求在人生的不同阶段其水平是不尽相同的，这从某种意义上来说，表明了社会医疗保险在人生不同时期的运行规律，为社会医疗保险制度的设计提供了理论方面的指导；另一方面，不论是穷人还是富人，享受健康保障和医疗的权利都是一样的。因此，建立健康和医疗福利制度不仅可以保障每一个国民（而不论是穷人或是富人）拥有健康和医疗的权利，而且一定程度上可化解社会矛盾和规避政治斗争。全球工业化国家中，美国是唯一没有建立健康和医疗保障制度的国家，仅仅是有雇主和雇员协商参与商业医疗保险，其结果，不仅导致美国成为世界上医疗费用增长最快，占经济总量比重最高的国家，而且几千万穷人因缴不起商业保险费而得不到医疗的保障，使得医疗成为美国压力最大的社会福利问题之一，也是党派斗争的焦点、热点和敏感问题之一。

（五）社会与政治论

1998年诺贝尔经济学奖获得者、印度经济学家阿玛蒂亚·森突出以人为本的发展理念，提出了五种分析性自由理论，即政治、经济条件、社会机会、透明性担保以及防护性保障，其中就有三个涉及医疗保健和健康。他认为自由不是个抽象的概念，而是具有实质意义的定义，这种自由观涉及个人享有的“机会”，又涉及个人选择的“过程”。并强调，为了更好地发挥市场的作用，需要适当的公共政策（如学校教育、医疗保健和土地改革等）。而“社会机会”是指教育和保健方面的社会安排。

① ［美］戴安娜·M. 迪尼托：《社会福利——政治与公共政策》，中国人民大学出版社2007年版，第264—265页。

防护性保障是为了那些遭受天灾人祸或其他突出性困难（如失业、疾病等）者、贫困者及老人、残疾人提供的社会安全网。[①] 阿玛蒂亚·森的观点被视为社会医疗保险发展的新理论。

通过上述不同学科视角对社会医疗保险及相关理论的梳理和分析，可以看出社会医疗保险制度具有如下基本的特征。

首先，复杂性。这是指社会医疗保险制度建立取决于经济、社会和政治发展水平和建设状况，而且还要考虑人自身生存生理发育成长状况及所处的自然环境情况，以及社会保险制度自身建设需要对经济、社会发展和政治斗争的影响状况。

其次，综合性。上述的复杂性，决定了社会医疗保险的实施不只是考虑经济社会发展的需要而进行的一项制度设计，还包括医疗专业技术及其相关产业的发展水平，以及社会各个阶层对医疗及健康的生理成长的需要。

再次，动态性。伴随经济社会发展，生活水平及质量的不断提高，对医疗保障的需求不仅在于因疾病而引起的劳动能力丧失的恢复，即劳动力的保护问题，更是生命历程中一项基本权利的需求，这就要求有相应的医疗保障水平跟进和满足不断提高的生命健康保障权利的需求，从而增进人类社会文明的进程。这就使得社会医疗保险处于一种从疾病保障到医疗保障再到健康保障的不断提升的动态发展过程。

最后，自律性。整个社会医疗保险的服务质量、服务水平以及成本费用的控制都是建立在以医疗服务人员为中心的基础之上。因为医疗服务人员通过提供医疗服务而获取劳务报酬。一方面受利益驱使，会导致过度医疗费用的产生；另一方面，由于服务对象个体的差异性，又难判断服务的水平和质量。所以自律规范的建设是道德约束的根本保证，也是社会医疗保险制度建设健康有序发展的基础。

总之，通过多维视角对社会医疗保险制度进行理论分析，不仅有利于更加清晰地对社会医疗保险制度在更加广泛领域进行全面的认识，更有利于为社会医疗保险制度建设提供相应的理论支持并确保其健康规范地有效运行。

---

① 孙树菡主编：《社会保险学》，中国人民大学出版社 2012 年版，第 136—137 页。

第二节 社会医疗保险制度的基本范畴与原理

学理界的共识和社会医疗保险的实践都表明在整个社会保障体系构架中，社会医疗保险制度是除社会养老保险之外最为复杂的一项制度安排。因此，对社会医疗保险中的一些专业范畴给予相应的界定，并分析其相应的运行机制和原理，有利于对社会医疗保险制度建设进行较为准确的分析和研究。

一 疾病、医疗和健康及保险

现实生活中，虽然社会保险或是商业保险，或学理界对涉及人们患病保障常用疾病保险、医疗保险或健康保险予以概括，但具体到社会保险领域，在内容上却有很大的差别。

（一）关于疾病与疾病保险

“几千年以来，人类从未摆脱各类流行疾病的困扰。”[①] 根据文献，疾病是指“在一定病因作用下自稳调节紊乱而发生的异常生命活动过程，并引发一系列代谢、功能、结构的变化，表现为症状、体征和行为的异常。疾病是机体在一定的条件下，受病因损害作用后，因自稳调节紊乱而发生的异常生命活动过程。一定原因造成的生命存在的一种状态，在这种状态下，人体的形态和（或）功能发生一定的变化，正常的生命活动受到限制或破坏，或早或迟地表现出可觉察的症状，这种状态的结局可以是康复（恢复正常）或长期残存，甚至导致死亡”。[②] 教科书的解释为：“疾病是非健康状态的一种类型，或者说是一种较为严重的非健康状态，疾病与健康相互伴随，是一对矛盾。从生理或生物医学的角度看，疾病是一个医学概念，表明身体的某一部分或系统在功能上的缺失；从生态学的观点看，疾病是人与生态之间关系不适应和不协调的结果；从社会观点看，疾病是个体偏离了正常的身体或行为的状态；从保险学的角度看，疾病是人们不期望发生的非正常状态或损失，它的发生存在不确定

---

① ［美］马尔萨斯：《人口原理》，敦煌文艺出版社 2007 年版，第 221 页。

② Ourhealth：百度百科，疾病，2013 年 12 月 1 日，http：//baike.baidu.com/link? url=AGp93 _ e1q600TiKWKa5w8 - map3m9mhqj6n56p0Gz - gPxCzPgUvbNX98N1oVuFRb3，2013 年 12 月 20 日。

性，由此形成疾病风险。”[①] 可见不论疾病内容是什么或是什么样的一种状态，疾病对人来说其结果都是一样的，即人如果患上疾病，不仅会丧失劳动能力、失去经济收入，而且因医治的费用问题会造成个人或家庭的经济负担，严重的会导致个人和家庭的贫困，从而引发社会问题。

由于疾病的发生因个体差异而具有不确定性，因而产生了疾病风险。随着人类社会的发展，尤其是工业化后，传统的家庭保障方式逐步解体，取而代之的是日益多样的社会保障方式，疾病保险由此而产生。可见疾病保险是保险人与投保人之间因疾病风险事项约定的对价关系（一方承诺按约定缴费，另一方按约定给付），如果这种保险是由政府通过立法形式予以强制实施，则为社会疾病保险。可见疾病保险是投保人因疾病发生，而得到保险公司约定的给付金额。

（二）关于医疗与医疗保险

人的生命历程中，除了要面临疾病风险外，还将面临意外伤害、生育、积劳成疾等风险，如果不幸遭遇这些风险，同样会引起经济支出和收入的减少。由此可以看出医疗的内涵范围要比疾病的范围更加广泛。如果从保险的视角来看，医疗保险所承担的风险责任范围比疾病更加广泛。换句话说，医疗保险不仅承担因疾病而引发的治疗费用，而且因意外事故、职业上的积劳成疾以及生育等所发生的救治费用也在保险责任范围。从社会保险的角度看，国家通过立法方式强制实施“社会医疗保险”，其目的就是达到劳动者不会因疾病、生育、意外伤害等而致贫致穷，从而规避社会问题产生的同时，增进国民福利和健康水平。

（三）健康与健康保险

前面的分析中已经提及，生命健康是人的基本权利。什么叫健康，英国布里斯托大学社会医学系荣誉教授米尔德丽德·布拉克斯特所著的《健康是什么》中认为“健康就是没有疾病”。具体为“健康是一种结果，这种结果是由多种因素共同发挥作用形成的，包括生活水平、营养状况、生活方式、生活环境、工作环境、劳动强度、医疗水平等因素，医疗水平只是影响健康的因素之一，既不是重要因素，更不是唯一因素”。[②] 可见健康不仅包含疾病、伤害、生育，还包含着人一生的整个内在机理和

---

① 仇雨临：《医疗保险》，中国劳动社会保障出版社2008年版，第2页。

② 赵曼、吕国营：《社会医疗保险中的道德风险》，中国劳动社会保障出版社2007年版，第11页。

外在各种因素。因此，各种引发健康问题的因素都构成健康风险，以此风险为标的的保险责任即为健康保险。由此可以看出疾病、医疗和健康保险的区别在于保险企业和政府所承担的各种危害人的生命历程的风险责任范围不同。

从上述关于疾病、医疗、健康和保险的分析可以看出，社会保险究竟是采取疾病保险，还是医疗保险或健康保险，主要取决于一国经济、社会和政治制度建设状况及发展水平。如作为社会保险诞生的标志：1883年德国的俾斯麦政府颁布实施的《疾病保险法》，个人被强制参加疾病保险后，患疾病可以得到治疗和经济上的补偿。英国在作为福利国家构建蓝本的《贝弗里奇报告》的引领下，1948年颁布实施了《国民医疗保健服务法》，使得所有英国公民享有免费的医疗服务。

作出上述分析的目的在于：一国公民的健康保障，一方面作为社会保险建设的内容之一，从疾病保险到医疗保险再到健康保险的过程，完全取决于该国基本国情。另一方面，这一建设过程的实质是国家根据其经济发展水平对公民健康保障基本权利的推进和具体落实的过程。换句话说健康权作为一国公民的基本人权不是一蹴而就的，必须经历一个发展的历程。此外，美国学者认为健康是人力资本的构成部分，美国学者费雪估计美国的健康资本存量在1900年为2500亿元，丹尼逊在规模收益不变的假设下，估算出如果死亡率在1960—1970年期间下降10个百分点，则美国经济增长率可以提高0.02个百分点。而学者苗希金计算出了美国在1900—1960年期间，由于人口死亡率下降带来的经济收益约为8200亿元，从而提出了疾病对人力资本劳动生产率造成损失的“3D”框架，即死亡（Death）、疾病（Disability）和衰弱（Debility）[①]。也就是说健康不仅仅是个人权保障问题，它还包含着提升人力资本等重要的经济内容。

二　公费医疗（免费医疗）、基本医疗保险、大病保险和医疗救助制度

鉴于发达国家在社会医疗保险建设上的过度福利化，加上人口老年化程度的日益加深，给政府的健康支出造成了沉重的财政压力，巨额的

① 李琼：《中国全民医疗保障实现路径研究》，人民出版社2009年版，第2页。

医疗卫生赤字，倒逼福利国家实施一系列的改革，强调国家、集体（企业）和个人在社会医疗保险中的责任是总的发展趋势。在这一变革中，公费医疗、基本医疗保险、大病保险和医疗救助制度，便成为人们健康生活中的重要关切。

（一）公费医疗（免费医疗）

指政府利用财政税收收入为国家工作人员支付医疗费用的一种医疗保障形式。受益人在享受医疗保障的同时，并不承担缴费义务。公费医疗制度是中国医疗制度的组成部分，是根据1952年中华人民共和国政务院发布的《关于全国各级人民政府、党派、团体及所属事业单位的国家工作人员实行公费医疗预防的指示》建立起来的。公费医疗对象包括公务员、事业单位工作人员、公立医院职工、高校教职工等。开支范围涉及门诊、住院所需的诊疗费、手术费、住院费、门诊费或住院期间经医师处方的药费。20世纪90年代后，随着城镇职工医疗保险制度的确立和完善，公费医疗制度对象逐步纳入基本医疗保险范围。原有公费医疗制度将自动取消①。伴随我医疗制度的改革，加上构建全面医疗保障体系的发展目标，目前我国除个别省份的特殊情况外，基本上取消了公费医疗制度，全部纳入基本社会医疗保险体系。

（二）基本医疗保险制度

改革开放以来，我国确立了以经济发展为中心的工作重心，同时也在不断探讨与之相适应的医疗卫生体制。“以医养医”的医疗体制的基本框架虽然符合市场法则，但却忽视了医疗卫生事业的公益性，而且在实践中，引发的社会矛盾越来越突出，出现了严重的“水土不服”，于是各地区开始依据自身经济社会发展状况和水平开始实施医疗保险制度，这又使得整个医疗保险制度呈现出严重的“碎片化”状况。为此，2007年在人力资源和社会保障部、民政部等的大力支持下，由中国人民大学郑功成教授发起并组织、开展中国社会保障发展战略研究，“为真正构建起‘二免除一解除’（免除所有人的生存危机、疾病恐惧与解除所有人养老的后顾之忧）的中国社会保障大厦支柱提供决策依据”②，并形成了核心

① ECmastery：互动百科，公费医疗，2013年11月27日，http://www.baike.com/wiki/公费医疗？prd=so_1_doc，2013年12月25日。

② 郑功成主笔：《中国社会保障改革与发展战略——理念、目标与行动方案》，人民出版社2008年版，第2页。

研究成果《中国社会保障改革与发展战略——理念、目标与行动方案》，提出了我国社会保障制度建设“三步走”的发展战略，即：“第一步（2008—2012年）以现届政府任期为期，目标任务是构建起‘二免除一解除’的社会保障制度支架，为建设健全、完备的中国特色社会保障制度奠定坚实的基础；第二步（2013—2020年）以下届政府任期为起点，到2020年全面建设小康社会为终点，目标任务是实现中国特色社会保障制度全面定型、稳定发展；第三步（2021—2049年）以2021年为起点，到中华人民共和国建国一百周年（21世纪40年代末），目标任务是在进一步完善中国特色社会保障制度并实现这一制度可持续发展的同时，不断提高保障水平，确保国民的生活质量，全方位满足国民对社会保障及相关服务的需求，真正迈向中国特色社会主义福利社会。”① 可见目前基本医疗保险中的保“基本”是要通过建立统一的“社会统筹与个人账户相结合”的医疗保险制度来免除国民的“疾病恐惧”，可见疾病已经不仅仅是个人、家庭的经济问题，已经演变成为社会问题。基本医疗保险制度不仅是解决因疾病引起的经济上的负担，而且还要起到稳定社会的作用。仇雨临主编的《医疗保险》认为：“对于个体来说，基本医疗是指个体为了挽救生命、延长寿命、提高生存质量从而使个人效用最大化所需要利用和最优先利用的医疗服务或医疗措施。对于整个社会来说，基本医疗是指对改善全体社会公民健康、提高国民素质、推动社会发展贡献最大，最应该为全体公民所享受的医疗服务或医疗措施。基本医疗对于医疗服务机构供方来说，应该是有能力提供的；对医疗服务的需方（患者）来说，它应该是必需的；对保险方来说它应该是有能力支付的。从政策的执行层面上，对基本医疗的界定主要体现在政策规定的基本用药、基本诊疗技术、基本设施和基本服务上，但是在不同经济状况或不同时期，基本医疗的标准会随着社会的发展而改变，它与经济和社会发展水平相适应。”② 但在现实中，笔者认为我国基本医疗保险是医疗保险体系的基础，实行个人账户与统筹基金相结合的制度，能够保障广大参保人员的基本医疗需求。主要用于支付一般的门诊、急诊、住院费用。大额医疗费补充保险属于基本医疗保险的补充形式，是借鉴商业保险机制为职工建立的大额

---

① 郑功成主笔：《中国社会保障改革与发展战略——理念、目标与行动方案》，人民出版社2008年版，第45页。

② 仇雨临主编：《医疗保险》，中国劳动社会保障出版社2008年版，第18页。

医疗费补充保险形式。实践经验表明，它是参保人员必须参加的补充保险形式。资金主要用于支付基本医疗保险统筹基金最高支付限额以上部分的医疗费用。大额医疗费补充保险金由用人单位缴纳或由用人单位与其职工（包括退休人员）共同缴纳。由省社会医疗保险中心将费用集中向商业保险公司再投保，并监督赔付全过程。公务员医疗补助是国家公务员在参加基本医疗保险的基础上，国家为保障公务员医疗待遇水平不降低而建立的医疗补助制度。是对统筹基金最高支付限额以上部分的医疗费、住院和长期门诊慢性病医疗费个人负担的部分给予适当补助。原享受公费医疗的事业单位可参照此办法执行。企业补充医疗保险是指一些经济条件较好的企业在参加基本医疗保险的基础上，可以为职工和退休人员建立补充医疗保险。支付项目类似公务员医疗补助，但单位有更多的自主权，可见我国社会基本医疗保险制度包括以下几层基本内容。

首先，基本医疗保险制度的构建在于消除“疾病恐惧”，其根本在于建立“人人享有”疾病保障。只有人人都享有疾病保障，“恐惧”的心理才能从根本上解除，从而在确保社会稳定的同时，为健康保障事业的发展奠定相应的基础和发展平台。

其次，兼顾了公平与效率。保“基本”的根本在于“人人享有”疾病保障，实现社会的公平。因为市场法则是以效率为前提的，但是也不是万能的，市场失灵导致公共问题的产生，需要政府予以干预，解决公共问题，实现社会公平，在理论上和实践中在市场化国家已经表现得非常成熟、人尽皆知。

再次，保“基本”，一是取决于我国经济社会发展水平所决定的财政经济状况；二是基于福利国家的经验教训所作出的符合市场经济规律的制度安排。

最后，具有渐进性。根据“三步走”战略。基本医疗保险制度并非一成不变，它将根据我国经济社会发展的“两个百年”（即中国共产党建党百年、中华人民共和国建国百年）战略目标，最终实现具有中国社会主义建设特色的健康福利制度，而不仅是消除当前的“疾病恐惧”。

（三）大病医疗保险与医疗救助制度

2012 年 8 月 24 日，国家发展和改革委员会等六部委发布了《关于开展城乡居民大病保险工作的指导意见》，该《意见》将大病医疗保险从范围上界定为：大病保险的保障范围要与城镇居民医保、新农合相衔接。

城镇居民医保、新农合应按政策规定提供基本医疗保障。在此基础上，大病保险主要在参保（合）人患大病发生高额医疗费用的情况下，对城镇居民医保、新农合补偿后需个人负担的合规医疗费用给予保障。高额医疗费用，可以个人年度累计负担的合规医疗费用超过当地统计部门公布的上一年度城镇居民年人均可支配收入、农村居民年人均纯收入为判定标准，具体金额由地方政府确定。合规医疗费用，指实际发生的、合理的医疗费用（可规定不予支付的事项），具体由地方政府确定。各地也可以从个人负担较重的疾病病种起步开展大病保险。但关于什么是大病医疗保险，如何界定，学理界却有各自不同的见解。

《中国医疗保险》2013 年第 8 期，集中刊登了一些学者的观点。认为："世界卫生组织（WHO）将'大病'定义为：一个家庭强制性支出大于或等于扣除基本生活费（食品支出）后家庭剩余收入的 40%，也称家庭灾难性医疗支出。换算成国内相应的统计指标，对城镇职工而言，当个人负担的医疗费用达到城镇居民可支配收入时，就会发生灾难性医疗支出，因此，城镇居民年人均收入就是职工个人大病风险费用自负能力线。"[①]

而中南财经政法大学医疗保险研究所的吕国营则认为"基本医疗保险实质上就是大病基本医疗保险"。他分析道：

> 随着时间的推移，一些地方和部门对基本医疗保险的认识发生了偏差：一是把基本医疗保险中的"基本"二字误认为"小病"，把"保基本"误解为"保小病"。殊不知这里的"基本"二字是与"豪华"相对应的，基本医疗保险就是用基本药物、基本诊疗项目、基本医疗服务设施解决大病问题。换句话说，如果某人欲享受"豪华"药物、"豪华"诊疗项目、"豪华"医疗服务设施，请参加商业医疗保险；二是错误理解"普惠"，把"保小病"以便更多的人得到医疗保险的报销误解为"普惠"，撒胡椒面，也就是所谓的扩大"受益面"。殊不知，作为一种保险，社会医疗保险的普惠性在于广覆盖，是起点的普惠而非结果的普惠……换句话说，不生大病，谢天谢地，放心；生大病，有医疗保险，也放心；三是为了解决"参保积极性"

① 董曙辉：《发挥基本医保的主体作用，健全职工大病风险分担机制》，《中国医疗保险》2013 年第 8 期。

问题，不惜牺牲原则，通过“保小病”撒胡椒面来提高参保率。殊不知，逆向选择是商业医疗保险永恒的困境，社会医疗保险的强制性是解决逆向选择的有效方法。

他进一步认为“‘保小病’和撒胡椒面的做法，严重削弱了基本医疗保险‘保大病’的能力……更为严重的是如果真的建立一套独立的大病医疗保险制度，那将进一步掩盖基本医疗保险‘保大病’的本来面目，强化其‘保小病’的一面，最终断送来之不易的基本医疗保险制度”。

清华大学公共管理学院的杨燕绥认为：

何为大病没有科学定义，可指病症严重、治疗难度大、周期长、费用高的情况。我国建立居民基本医疗保险的目标应当可以分担大病风险，但由于我国医疗保险经营管理水平不高，尚停留在分担经济风险的阶段上，未能进入临床路径抑制道德风险，缺乏“好医生”培育机制，只得用“高门栏”的办法来保持基金自身平衡，甚至简单使用总额控制手段。部分地区基金结余较多。“管钱”重于“管人”，为此，一些地区的居民医疗保险政策设立了较高的起付线、较低的封顶线和有限的医疗服务目录，结果是将贫困却患有大病的居民排斥在外。尽管这种情况仅为万分之几，但负面的社会影响很大，大病及其因病返贫问题重新凸显出来。

南开大学卫生经济与医疗保障研究中心主任朱铭来认为：

重特大疾病保障制度的核心职责是解决少数“灾难性卫生支出”造成家庭经济困难的问题。从广义上讲，应该是一个多层次化解重特大疾病风险的保障体系，医疗救助、基本医疗保险、多种形式的补充保险，以及包含重大疾病的各种商业保险产品，都可以作为重特大疾病保障体系的组成部分。而目前按照国务院六部委文件要求，陆续出台方案并开始进行实践探索的“大病保险”，其保障对象主体界定为城乡基本医疗保险参保的居民，其融资主体是城乡基本医疗保险基金的结余部分，这就决定了现阶段的大病保险只能是基本医疗保险制度的完善和保障功能的延伸，而不是完全独立的一项新制度。

中国医疗保险研究会副会长、天津市医疗保险研究会会长王元认为：

在国家规范文件中，医疗保障出现了基本医疗保险、大病保险、重特大疾病保障和救助机制等概念。它们各自的内涵是什么，彼此是什么关系？……“大病保险”是基本医疗保险制度的应有内容和基本功能，基本医疗保险从实施之日起就明确建立以大病保障为主的保障体系，医保基金就是“保命钱”，“保命”就是“保大病”，“小病”不会殃及生命，也就没有必要去保。这是政府举办基本医疗保险的初衷。……建立“重特大疾病保障”是完善医疗保障体系的一项重要政策。重特大疾病不是一般的大病，一般的大病在基本医保中有保障了。重特大疾病是指少数人所发生的“灾难性卫生支出”，需要通过基本医保和医疗救助以及多种形式的补充医疗保险、社会慈善捐助等多渠道加以解决。但建立重特大疾病保障机制属于健全全民医保体系的一项重要内容，而绝非在基本医疗保险制度之外再建一个独立的“大病保险”制度，更不应该出现“政府办医保、大病交商保”等概念上的混淆和路径上的迷失，必须坚持政府主导的多层次医疗保障方式。

人力资源和社会保障部社会保障研究所的金维刚认为：

大病保险是基本医疗保险的新发展，是基本医疗保险的一个有机组成部分。因此，大病保险在性质上并不是一项独立的新险种。根据国际经验和未来发展趋势，随着基本医疗保险在重特大疾病保障方面的能力和作用不断提高，加上各类补充医疗保险的广泛建立，医疗救助力度逐步加大、商业保健保险的兴起和社会慈善事业的发展，目前正在试点的城乡居民大病保险作为基本医疗保险的延伸，将逐步融合于现有的基本医疗保险之中。

贵州省人力资源和社会保障厅（原贵州省社会保险事业局局长）石孝军认为：

究竟什么是“大病保险”，如何界定大病，“大病保险”制度应该怎样建立，各界反应不一。厘清大病保险，需从我国“多层次”的医疗保障体系说起。按照顶层设计，“多层次”的医疗保障体系分为基本医疗保障和补充保障两大层次。目前，我国基本保障层面的制度安排，分别为职工医疗保险、城镇居民医疗保险以及新农合。基本保障层面外，有重特大疾病保障机制和医疗救助机制，以及商业医疗保险作为补充。其中，城镇职工“大额医疗互助”以及“公务员医疗补助”，就是为解决职工和公务员发生超过基本医疗保险制度封顶线部分的医疗费用分担问题而建立的补充保险。医疗救助制度由民政部门组织实施，主要针对特殊困难人员，商业保险也有“大病保险”，由商业保险公司根据市场机制自主经营、自负盈亏。当被保险人患了规定的“大病”时，由保险公司给予适当经济补偿。因此，城乡居民大病保险制度，是指通过一定的筹资机制，对参保患者医疗费用高于基本医保待遇封顶线之上的部分费用进行保障的一种安排，是国家基本医疗保险制度的延伸和拓展，是对基本医疗保险的重要补充。①

以上之所以要全面介绍各位专家学者和实践工作者关于“大病保险”的观点，其目的就是要对“大病保险”及其相关的范畴有一个总体的认识，只有这样才能在理解范畴本身内涵的同时，对我国社会医疗保险发展的未来趋势有一个总体的判断。

关于医疗救助制度，在我国社会保障制度建设中，包括社会保险、社会救济和社会福利三个体系。社会保险制度是建立在国家、集体（企业）和个人缴费，即三方共同承担责任的基础之上，也就是说被保险人通过缴费享受基本社会保险服务，而社会救济制度则由政府或非政府组织承担资金来源，医疗救助制度就是其组成部分之一，其对象是那些因各种原因导致无能力缴纳或承担医疗保险费的贫困人群。也就是医疗救助制度安排使得贫困人群得到医疗保障，实现他们应该享有的健康保障权利，以增进全民的健康水平。

改革开放以来，与社会主义市场经济相适应的“三项”基本医疗保

① 董曙辉：《发挥基本医保的主体作用，健全职工大病风险分担机制》，《中国医疗保险》2013年第8期。

险制度建立，针对城乡贫困人口的医疗保障问题，国家民政部、卫生部、财政部于 2003 年 11 月 18 日共同发布了《关于实施农村医疗救助的意见》（民发〔2003〕158 号），指出：救助对象为农村五保户，农村贫困户家庭成员、地方政府规定的其他符合条件的农村贫困农民。救助对象的具体条件由地方民政部门会同财政、卫生部门制定，报同级人民政府批准。救助办法为：开展新型农村合作医疗的地区，资助医疗救助对象缴纳个人应负担的全部或部分资金，参加当地合作医疗，享受合作医疗待遇。因患大病经合作医疗补助后个人负担医疗费用过高，影响家庭基本生活的，再给予适当的医疗救助。尚未开展新型农村合作医疗的地区，对因患大病个人负担费用难以承担，影响家庭基本生活的，给予适当医疗救助。国家规定的特种传染病救治费用，按有关规定给予补助。医疗救助对象全年个人累计享受医疗救助金额原则上不超过当地规定的医疗救助标准。对于特殊困难人员，可适当提高医疗救助水平。

《关于实施农村医疗救助的意见》的实施标志着我国社会主义市场经济条件下的社会医疗救助制度的正式建立，2005 年 3 月 14 日国务院办公厅转发了《关于建立城市医疗救助制度试点工作意见的通知》（国办发〔2005〕10 号）。由此我国构建起了覆盖城乡的医疗救助制度，加上“三项”基本医疗保险制度，“人人享有健康保障”的基本制度构架全面建成，为全面建成小康社会奠定了坚实的社会管理基础。

针对上述介绍与分析，我们认为应该有如下几点要把握的。

首先，关于基本医疗社会保险制度的建立，我国是在借鉴和汲取各国成功的经验和教训的基础上，结合我国经济社会发展的水平，以及国内改革实践的现实而逐步建立起来的。“保基本”一方面是规避发达国家过度福利而造成的财政负担和医疗资源的浪费；另一方面，通过“个人账户与社会统筹”的方式实现社会的公平与效率，同时也是市场经济的构建所决定的。因此，“保基本”是“人人享有医疗保障”的起点，最终发展目标是实现“人人享有健康保障”的权利。具体到实施的实践中，“保基本”是由“三项基本医疗保险”制度（企业职工医疗保险制度、新型农村合作医疗保险制度和城镇居民医疗保险制度）各自所确定的“起付线”和“封顶线”所决定的，由此，不难看出，所谓“大病医疗保险”就是对治疗费用在“起付线”之上，超过“封顶线”部分按一定比例给予医疗支付，以此来遏制因病致贫和返贫的一项制度安排，实质上就是通过保险形式提升“基本医疗保障”的水平，这与重特大疾病是有经济量度上的区别的，重特大疾病往往会导致“灾难”性后果，正如世界卫生组织的定义一样，而现实中的“大病”通常是指基本医疗保险解决不了的一般经济负担。此外，有合同、有条款，而且只要参加了基本医疗保险的人都可享受，否认其制度性，是不符合客观实际的。

其次，我们认为我国现阶段医疗保障制度的深化发展应该是进一步完善和丰富已经构建起的医疗救助、基本医疗保险和补充医疗保险三大体系。如：在医疗救助方面如何根据我国城镇化进程整合城乡医疗救助制度安排，构建起统一的城乡医疗救助制度，以及与基本医疗保险制度的衔接安排和救助标准的指数化安排等；基本医疗保险制度如何根据《社会保险法》的要求，不断适应我国经济发展水平，完善医疗保险制度的相关规定、“三项”制度的转移衔接并逐步向统一制度过渡和省级统筹发展，以及“三大”目录（即《基本医疗保险药品目录》《城镇职工基本医疗保险诊疗项目目录》《城镇职工基本医疗保险医疗服务设施项目范围》）的范围扩大和水平提高、如何进一步理顺基本医疗保险管理体制及关系等；对于补充医疗保险制度，尤其是要构建雇主与雇员之间关于购买商业医疗保险的协商机制及制度和政策的规定和制定，如此等等。政府购买服务的根本在于降低行政及管理成本，提供公共服务的水平和效率，而不是仅仅为商业公司提供利润。根据我们对一些已经开展“大病保险”地区的调查，由于保险公司缺乏对“大病”的精算预测及受制于投资权限的制约（现行《保险法》规定只有保险总公司一级法人才有投资权限），各地设立的保险公司分公司只关心保费收入，一个保险年度下来，出现“支出＞收入”（按照现行保险企业财务核算规定，保险企业毛利＝保费收入＋其他收入－赔付支出－其他支出）便取消续保合同，使得“大病医疗保险”制度的试点陷入尴尬境地。

再次，对于“大病保险”安排的认识。保险原理告诉我们，保险之所以成为科学是基于概率理论中的“平均原则”（又叫“大数法则”）。保险的金融性质在于“千家万户帮一家”或“人人为我，我为人人”和金融投资，也就是说保险的利润来源主要是靠投资和提供补偿或给付所收取的服务报酬，而非保费收入减赔款（或给付）。因为保费构成中的纯费率部分，是保险公司承担的风险责任，而众所周知，风险事故的发生并不是均衡地分布在每一个财务核算年度，当年的保费收入有一定程度的结余，只能说明该年度的风险事故实际发生的概率低于预期的平均概率水平，但这并不排斥在未来年度发生高于或远远高于预期的平均风险事故。因此，将核算年度的保费收入结余进行分配，是违背保险自身运行规律的。根据这一原理，对于“大病医疗保险”的安排，我们认为是不科学的。如：根据《关于开展城乡居民大病保险工作的指导意见》（发改社会〔2012〕2605 号）的规定，城乡居民大病保险的资金来源：“从城镇居民医保基金、新农合基金中划出一定比例或额度作为大病保险资金。城镇居民医保和新农合基金有结余的地区，利用结余筹集大病保险资金；结余不足或没有结余的地区，在城镇居民医保、新农合年度提高筹资时统筹解决资金来源，逐步完善城镇居民医保、新农合多渠道筹资机制。”这里“城镇居民医保和新农合基金有结余的地区，利用结余筹集大病保险资金”的规定显然是与前述的保险规律不相适应的。因为，基本医疗保险基金的结余，主要是用来应对基本医疗保险事故中较大事故的发生，即便这种结余一定程度呈现长期化，那也必须用于及时调整并扩大“三项”基本目录的范围，或提高“封顶线”，以提高“三项基本医疗保险”的医疗保障水平，实现健康保障目标。而将其作为“大病”医疗保险费交给商业保险公司必然是两个结果。一是有利可图，保险公司就承保，那政府就成为保险公司实现利润的工具，这显然有失社会公允！二是无利可图，保险公司必然拒绝承保，那《关于开展城乡居民大病保险工作的指导意见》即为一纸空文。我们认为可行的做法是，在现行基本医疗保险制度的保障水平状态下，一旦发生“大病”类医疗保障风险事故，应该通过医疗救助制度或补充医疗保险制度予以安排。也就是说医疗救助制度不只是针对贫困阶层，针对“大病”或“遭遇灾难性”疾病也是其功能，而补充医疗保险制度安排本身就是满足基本医疗保险制度的不足而实施的。德国重视实体经济发展经验的根本就在于就业，而只要实现了充分就业，雇主和雇员就有缴费能力，有了缴费能力，美国的商业医疗保险模式就可借鉴，即通过医疗保险市场的方式来实现企业职工的医疗保险，从而提高医疗服务的水平和效率。这样的安排不仅有利于社会医疗保障各个体系之间的健康有序发展，而且还可以从根本上解决因地区经济发展不平衡而导致医疗保障制度建设长期处于“碎片化”发展状态的顽疾。

最后，我们认为整个社会保险制度的深化改革和发展，尤其是基本医疗保险都应该紧紧围绕2011年7月1日实施的《中华人民共和社会保险法》来开展。这部法律不只是标志我国公民社会保障权利得以具体化，更为重要的它是统领和整合我国社会保险制度“碎片化”、构建统一社会保险制度的基本法律规范。如果超越该法律规范，另起炉灶，又会回头走向“碎片化”道路，不利于整个制度建设按照预定的战略目标发展。更何况《社会保险法》中关于基本医疗保险制度的规定许多方面都仅仅只是原则性的，进一步研究发展的空间还很大。

第三节　基本医疗保险制度的数理精算模型分析

保险成为一门科学，在于建立在数学方法之上的精算技术的发展与应用，通过精算的精确定量计算，在确保保险业经营稳定的同时，实现风险管理和经营。在国外，国家对保险业进行有效调控管理的重要手段之一，是通过立法形式明确保险公司的经营报告必须有精算师的签字才有效。社会保险就是国家应用保险原理实施社会管理的重要形式之一。改革开放后，随着我国保险业的恢复和发展，借鉴国外成功经验和逐步与国际接轨的保险业，在实践和理论上也开始了探索。

一　精算在医疗保险中的应用方法

我国医疗保险精算的研究最早是在1987年，由潘川旭、杨树勤、李良军等对农村医疗保险精算方法进行了较深入的探讨。随着职工医疗保障制度改革的逐步深入，越来越多的管理者深刻认识到保险费科学测算的重要性，很多学者针对社会医疗保险的保费测算提出了一些简单实用的测算方法。周为等利用保险精算学中的损失分布理论对“大病统筹”型社会医疗保险的保费测算方法进行了较深入的探讨。陈滔对住院医疗保险中预期住院费用和住院天数的估计，高额医疗费用保险保费的计算方法提出了很多具有前沿性的论述。综合来看，目前国内医疗保险精算方法主要包括合成粗估法和分解粗估法。

（一）合成粗估法

该法是直接根据基线期职工医疗费用总额或人均医疗费并考虑其变动趋势测算出测算期的保险费。合成粗估法由于所需资料较少，计算简便，在职工医疗保险研究和实践领域都得到了广泛的应用，如杨树勤提出了平衡农村健康保险收支的粗估法，通过调节平衡系数 R 即可确定合适的补偿比例。李勇凯在提出的集资医疗报销比例的测算及选择方法中，考虑了投保人在不同级别医疗机构消费构成比的影响，可据此确定不同级别医疗机构的补偿比例。公式如下：

测算期医疗费总额＝基线期医疗费总额×补偿比例×医疗费增加系数

测算期人均保险费＝测算期医疗费总额÷测算期投保职工总数

测算期职工医疗保险筹资比例＝测算期医疗费总额÷测算期职工工资总额

表 1—3—1　　贵州省农民在各级医疗单位的医疗消费水平之比

	村卫生室	乡卫生院	县医院	县级以上医院
医疗消费总额之比	1	0.85	0.84	0.4
门诊医疗消费水平之比	1	0.76	0.36	0.27
住院医疗消费水平之比		1	2.5	0.37
2010 年贵州省农民人均医疗费用支出		1388.2385 元		

①求出参加集资医疗者年医疗消费总额

年医疗消费总额＝30290000×20＝605800000 元

②求出各级医疗单位的医疗消费水平

605800000÷（1＋0.85＋0.84＋0.4）＝196051779.9 元

村卫生室年医疗消费总额	196051779.9 元	
乡卫生院年医疗消费总额	166644012.9 元	
县医院年医疗消费总额	164683495.1 元	
县级以上医院年医疗消费总额	78420711.96 元	

③求出集资总额

公式为人均集资金额乘以参加集资医疗人数乘以 80%

20×30290000×0.8＝484640000 元

④定各级医疗单位报销比例方案

村卫生室	乡卫生院	县医院	县级以上医院	各种方案人均实际应支付的金额
60%	65%	48%	45%	101.7 元
50%	57%	48%	38%	91.75 元

根据合成粗估法，在不同的报销比例下，贵州农村合作医疗保险人均筹资标准分别为 101.7 元和 91.75 元。可以看出，这种合成粗估不仅操

作简单，而且一个直接的结果就是不论在哪一级医疗机构就医，只要提高补偿标准（报销比例）都会导致人均筹资标准的提高，这为国家、集体和个人分担筹资比例提供了简明的决策依据，做到量力而行，以确保制度财务的经营稳定性。

（二）分解粗估法

用陈智明在深圳市职工医疗保险中用门诊人次和次均费用测算医药费的方法，把医疗费用分解为医疗服务利用率和次均医疗费用（门诊和住院）两部分，分别估计测算期住院（或门诊）的利用率和次均住院（或门诊）费用，公式如下：

人均纯保险费＝住院（或门诊）利用率×次均住院（或门诊）费用×补偿比例

年人均保险费＝人均纯保险费×（1＋安全附加费率＋管理费用率）

表 1—3—2　　2010 年贵州省城镇职工医保参保人员门诊情况

人员类别	门急诊人次（万人）			次均门诊费用（元）		
	2010 年	2009 年	变动	2010 年	2009 年	变动
单位	万人次	万人次	(%)	元/人次	元/人次	(%)
合计	477	465	2.55	259.61	231.32	12.23
在职职工	305	287	6.2	121.43	118.15	2.78
退休人员	171	177	-3.34	138.18	113.17	22.1

表 1—3—3　　2010 年贵州省城镇职工医保参保人员住院情况

人员类别	住院人次（万人）			次均住院费用（元）		
	2010 年	2009 年	变动	2010 年	2009 年	变动
单位	日	日	(%)	元/人次	元/人次	(%)
合计	27.95	35.07	-21.7	5844.65	5190.59	12.6
在职职工	12.46	14.77	-15.64	4868.86	4042.53	20.44
退休人员	15.49	17.68	-12.39	6820.43	6338.65	7.6

根据贵州省社会保障统计公报，2010 年年底城镇医保参保人数达到了 293.5 万人，其中退休职工 88.2 万人，在职职工 205.3 万人。从而可以计算出 2010 年门诊和住院利用率分别为 1.63%和 0.095%，门诊人均纯保费＝1.63×259.61×0.08＝33.85 元；住院人均纯保费＝0.095×5844.65×0.08＝44.4 元。根据分解粗估法估计出每年人均纯保费为 78.27 元。这

一缴费标准高于目前城镇职工医疗保险缴费标准，根据《贵州省职工平均工资和企业离退休人员基本养老金通知》，2010年贵州省职工平均工资为2621.5元，按照2%的缴费标准，应缴纳52.43元，所以按照粗估法估计出来的缴费标准高于实际缴费标准。

这种估计方法可用来检测一个保险核算期内保险费率和所筹集基金的对比关系。如根据上述的测算，2010年贵州省实际发生的医疗费用按参保人员分摊，每一个人应缴纳78.27元，但依据现行医疗保险制度规定，职工的缴费率为工资的2%，按照平均工资标准，每人应该缴纳52.43元，也就是说，只考虑个人缴费，要使得该年度医保财务收支基本平衡，每个职工应该增加25.84元的缴费，否则这个缺口就必须由统筹基金和财政转移支付弥补才能保证整个医疗保障系统的支付。另一方面，通过这种方法，跟踪每一年度的变化，依据数理统计原理，可以科学地预测职工医疗保险费率和统筹基金及财政负担的基本趋势，从而为科学地安排医疗保险基金的运行奠定基础。

上述两种粗估法中，合成粗估法对数据和考核指标的要求不高，也较少涉及高深的数理统计知识和测算分析技巧，易于理解、测算简单，在实际工作中发挥了重要的作用。[①] 由于医疗费用由医疗服务利用率（赔付频率）和次均费用（赔付额）两个方面来决定，但两者的影响因素和变动趋势并不一致。根据基线期医疗费总额或人均医疗费进行保费测算的合成粗估法，没有分别考虑影响医疗服务利用率和医疗服务费用的因素及其作用，一般仅适用于社会医疗保险的开始阶段，而分解粗估法考虑了这两个方面，所以分解粗估法的精确度要高于合成粗估法。但分解粗估法尚未考虑到管理费、风险控制和保险因子等，在实际应用中还有待改善。

二　模型法

模型法是在农村医疗保险实验研究中，根据1982年Naihua Duan将多元回归模型引入医疗保险的保费测算法，提出用四部模型预测门诊、住院的利用率和费用。模型如下：

（1）门诊利用的概率模型：

$$\log\left(\frac{p_0}{1-p_0}\right)=\alpha_{01}+\beta_0 X+\varepsilon$$

① 陈智明：《医疗保险学概论》，海天出版社1995年版，第140—145页。

(2) 门诊利用者的费用模型：

$$\log\{Y_0\} = Z_0 = \alpha_{02} + \gamma_0 X + \varepsilon$$

(3) 住院利用的概率模型

$$\log\left(\frac{p_1}{1-p_1}\right) = \alpha_{11} + \beta_1 X + \varepsilon$$

(4) 住院利用者的费用模型

$$\log\{Y_1\} = Z_1 = \alpha_{12} + \gamma_1 X + \varepsilon$$

其中，P_0 是门诊利用的概率，P_1 是住院利用的概率，Y_0 是每个利用者的年门诊费用，Y_1 是每个利用者的年住院费用，则每人每年的医疗费用：$Y = P_0 Y_0 + P_1 Y_1$ 。李良军对 Naihua Duan 的方法作了简化，将医疗机构仅分为村乡和区县两个级别，每个级别分别应用四部模型，利用中国农村健康保险的实际运行资料拟合了农村健康保险医疗费用预测模型，并提出了利用模型法确定增加系数、保险因子和补偿比的方法。模型还分别给出了对各个项目的测算方法。

现以贵州省农村合作医疗保险为例：

贵州省 2010 年农村合作医疗保险医药费测算

估算 2010 年可用于支付的医药补偿费：

医药补偿费＝保险费－防保补偿－管理费－储备金

其中，保险费 2009 年人均收入的 1%—2%	1.8%	2063×0.018＝37.134 元
防保补偿按 2009 年情况估算	3 元	3 元
管理费＜保险费的 10%	8%	37.134×0.08＝2.97 元
储备金＜保险费的 10%	5%	37.134×0.05＝1.86 元

最后得出 2010 年可用于支付的医药补偿费为 29.304 元

测算医药费补偿比方案：

2010 年医药补偿费＝｛2009 年乡村门诊医药费［1＋2×（乡村门诊补偿比－0.2)］×村乡门诊补偿比＋2009 年区县门诊医药费［1＋1.3×（区县门诊补偿比－0.2)］×区县门诊补偿比＋2009 年乡住院医药费×［1＋1.19×（乡村住院补偿比－0.2)］×乡村住院补偿比＋2009 年区县住院医药费×［1＋1.1×（区县住院补偿比－0.2)］×区县住院补偿比｝×增加系数

其中，括号内的是保险因子，例如，“1＋2×（村乡门诊补偿比－0.2)”是乡村门诊保险因子。保险因子反映保险对人们求医行为和费用的刺激作用。一般是补偿比越高，人们求医行为和费用也会越多。“增加系数”主要反映医药价格的上涨，可用处方签重新划价来粗估。例如，在乡卫生院随机抽取 2008 年 8 月处方签 100 张，分别按 2009 年 8 月价格重新划价，得每张处方签平均费用，2008 年为 2.50 元，2009 年为 3.25 元，则 2009 年比 2008 年的增加系数为 3.25/2.50＝1.3。假定 2010 年亦按此速度递增，再加上 5％的安全系数，增加系数为 1.3＋0.05＝1.35。

为测算方便，可将式变换成：2010 年医药补偿费 ÷ 增加系数＝29.304÷1.35＝21.71 元

假定 2009 年按 20％低补偿比试运行的方法已获得人均医药费如下表 1—3—4 左栏，在此基础上测算几个能保证收支平衡的补偿方案，供决策者选用。

表 1—3—4　　不同补偿比方案下医药补偿费

2009 年人均医药费（元）	补偿比方案			
	（Ⅰ）	（Ⅱ）	（Ⅲ）	（Ⅳ）
门诊村、乡 7.08［1＋2（补偿比－0.2）］		0.45	0.4	0.3
区、县 11.83［1＋1.3（补偿比－0.2）］				
住院 乡 10.4［1＋1.19（补偿比－0.2）］	0.53	0.5	0.5	0.4
区、县 8.25［1＋1.1（补偿比－0.2）］	0.45		0.35	
2010 年医药补偿费（元）	24.99	24.73	33.63	21.24

根据决策者意图假定四个补偿比，方案Ⅰ只考虑补偿住院，并假定补偿比乡为 0.53、区县为 0.45，将 0.53 和 0.45 分别代入对应的式中，计算得知为 24.99。若该值与 21.71 相差太大，则需调整补偿比再试算。

增加系数的估计：也可用医药价格增长指数，但较麻烦。处方签重新划价法简单，若能多做几个时间段的抽样，则更为准确。

在未考虑增加系数的情况下，根据不同的补偿比所推算出的贵州省 2010 年农村合作医疗个人缴费保费分别为 24.99 元、24.73 元、33.63 元、21.24 元，这一数据与 2010 年贵州省农村合作医疗保险个人筹资 20 元标准比较接近。

模型法测算保险费分别考虑了医疗服务利用率和次均费用的影响因素及效果，测算结果较粗估法要精确得多，而且容易测算不同保险计划

下的保险费。[①] 但由于医疗费用的影响因素较多，各因素的作用难以用模型完全加以表达，有关影响因素的资料搜集也较为困难，建立模型需要一定的数理统计学知识，限制了它在实际工作中的推广和应用。

三　基于保险损失分布的保费测算方法

医疗保险的损失分布是指参加了保险的人群的医疗费用分布，由于存在保险的道德风险，这种费用通常比普通人群的医疗费用大。周为[②]（1998）以对成都“大病统筹”医疗保险在某医院的医疗费用理赔记录为基础，研究了医疗保险的损失分布模型以及模型的选择和参数估计方法，并通过建立医疗保险损失分布模型对医疗保险的纯保费进行测算。此后，又有部分学者对确定了损失分布的拟合方法作了进一步的研究。损失分布研究的基本原理如下。

（一）常用的医疗损失分布

损失分布是指每次发生保险事故的损失额 X 的概率分布。在医疗保险中，常用的损失分布类型有：Gamma 分布、Pareto 分布和对数正态分布。

这几个分布的共同点是其分布密度函数都是长尾的，趋于零的速度慢，但趋于零的速度各不相同。

1. Gamma 分布、Pareto 分布和对数正态分布的密度函数分别为：

Gamma 分布：

$$f(x)=\frac{\lambda^{a}}{\Gamma(a)}x^{a-1}\mathrm{e}^{-\lambda x},x>0$$

Pareto 分布：

$$f(x)=a\lambda(\lambda+x)^{-a-1},x>0,a>0,\lambda>0$$

对数正态分布：

$$f(x)=\frac{1}{\sqrt{2\pi}\sigma x}\mathrm{e}^{-\frac{(\ln x-\mu)^{2}}{2\sigma^{2}}},x>0,-\infty<\mu<+\infty,\sigma>0$$

2. 样本数据分析

在确定了医疗保险损失分布常用的经验分布函数后，首先要对所调研的样本数据进行分析，找清楚样本数据的分布函数与医疗保险的损失分布的分布函数之间的关系，周为在对医疗保险的损失分布研究中，通

① 李良军、杨树勤：《农村医疗保险的精算体系》，《现代预防医学》1994 年第 2 期。

② 周为：《应用医疗保险损失分布模型测算纯保费》，《中国卫生统计》1998 年第 5 期。

过对成都市“大病统筹”医疗保险的住院医疗费用的记录数据分析，发现其记录数据只反映高于社会医疗保险“基数”以上的住院医疗费用，因此在对经验分布函数拟合和选择之前，首先确立了有“基数”时的分布函数和没有基数时的分布函数之间的关系。

3. 经验分布函数的参数拟合估计

周为在对医疗保险的损失分布研究中，是用极小距离法来估计参数的。极小距离法是通过选择合适的参数 α_j（$j=1$，2，3，…）使所拟合的分布函数与经验分布函数之间距离的平方达到最小，即求方程：

$$k(\alpha_j) = \sum_{i=1}^{n} w(x_i)[F_X(x_i, \alpha_j) - \frac{n}{n+1} F_n(x_i)]^2$$

最小值其中，w（x_i）为加权函数，$F_n(x_i)$ 为经验分布函数，引入 $n/$（$n+1$）来减少经验分布函数的阶梯跳跃的影响。为了使分布函数在尾部的拟合效果更好。取权函数为：

$w(x_i) = \dfrac{n}{F_X(x_i)[1 - F_X(x_i)]}$ 求 k_{α_j} 的极小值即求非线性方程组 $\dfrac{\partial k}{\partial \alpha_j} = 0$ 的解，周为采用的是列维布格—麦奎尔特方法来解该方程的。

4. 模型的选择

模型的选择就是要从被拟合的分布中选择一个最优分布模型。作如下考虑：把进行极小距离估计时所用的目标函数 K 作为判断拟合优劣的标志，使 K 值越小的模型越好。

5. 模型的检验

采用的方法是受限期望函数（limited expected value function）比较法，即：选择的模型应使经验受限期望函数 $E_N(X)$ 与被拟合分布的受限期望函数 E［X；x］一致。

设 X 是一个随机变量，密度函数为 f（x），分布函数为 F（x），对于给定的实数 x，受限期望函数的定义为：

$$E[X;x] = \int_0^x wf(w)dw + x[1 - F(w)]$$

经验受限期望函数为：

$$E_n(X) = \frac{\sum_{x_i < x} x_i}{n} + [1 - F_n(x)]$$

（二）测算医疗保险的纯保费

确定了医疗保险的损失分布模型之后，就可以用以测算医疗保险的纯保费。在保险精算学中，常用频率表示每个暴露单位的索赔次数即索赔概率，用确率（severity）表示每次索赔的平均损失额，它是单个损失随机变量的期望值，纯保费则是频率与确率的乘积。

设 X 为医疗保险中的损失额，$f(x)$ 为其拟合分布密度函数，频率为 p，则其确率：$E(x)=\int_0^\infty xf(x)dx$

则其纯保费为 $p\times E(X)$，

$$p\times\int_0^\infty xf(x)dx$$

周为等对不同的补偿方式、通货膨胀对损失分布模型和纯保费测算的影响进行了讨论。

（三）参数估计在损失分布研究中的应用

陈滔[①]（2002）主要讨论已知样本数据服从某总体分布后，参数估计中常用的矩估计、变换的矩估计、极大似然估计和蒙特卡洛—马尔柯夫链（MCMC）方法在估计次均住院天数和住院费用时的应用。预付赔付额在住院费用保险中是住院发生概率与其住院费用的乘积，在住院津贴险中是与其住院天数及津贴额度的乘积，实际应用中住院发生概率常用人群住院率来代替，那么测算预付赔付额的关键就是对预期住院费用或天数进行估计。因为预期住院费用（天数）即次均住院费用（天数）常用样本均数来估计，因此利用医疗保险损失分布的理论，可以先由样本找出住院费用和天数服从的分布（即医疗保险的损失分布），再用常用的参数估计方法计算出总体均数和方差，这样计算出来的预期住院费用和天数，比简单地将样本均数作为预期住院费用和天数的结果更为精确。

四　高额医疗费用保险定价方法

（一）经验频数法

这两种方法主要用于高额医疗费用保险保费的测算，这是陈滔（2002）在《医疗保险精算和风险控制方法》一书中讨论的。

该方法又被称为赔偿成本法（Burning Cost Premium，简称 BCP

---

① 陈滔：《医疗保险精算和风险控制方法》，西南财经大学出版社 2002 年版，第 316—320 页。

法)。用基线期职工年度医疗费用超过高额医疗费用保险的起付线并低于赔付上限的实际发生频率和实际费用作为测算期发生概率和费用的预测值，同时考虑医疗费年增加系数和保险因子。因此，高额医疗费用保险年人均纯保险费的测算公式如下：

$$CP=\frac{[C_{(P_1,P_2)}+P_2\times N_{P_2,\infty}-P_1\times N_{P_1,P_\infty}]\times(1-R)\times i\times t}{N}$$

其中 P_1 为起付线，P_2 为赔付上限，$C_{(P_1,P_2)}$ 为 P_1 到 P_2 之间的总索赔额，$N_{(P_2,\infty)}$ 为索赔额超过 P_2 的总人数，R 为自付比例，i 为医疗费增长系数，t 为保险因子。

表 1—3—5　　2002 年成都市部分企业在职职工住院费用分布表

费用组段	组中值	职工人数	合计费用（万元）
0	0.025	104461	0.59
0.05	0.075	135	10.89
0.1	0.15	699	109.66
0.2	0.25	820	205.99
0.3	0.35	799	275.34
0.4	0.45	595	265.07
0.5	0.75	925	622.68
1	1.25	208	265.65
1.5	1.75	98	173.82
2	2.25	63	141.55
2.5	2.75	28	77.71
3	3.25	34	110.94
3.5	3.75	16	60.5161
4	4.25	20	84.28
4.5	4.75	11	51.92
5	5.5	15	82.55
6	6.5	18	117.86
7	7.5	7	51.75
8	8.5	8	67.67
9	9.5	3	28.38
10	10.5	0	0
11	11.5	5	58.6

续表

费用组段	组中值	职工人数	合计费用（万元）
12	12.5	0	0
13	13.5	1	13.99
14	14.5	2	28.47
15	15	6	146.18
合计		108977	3052.0561

根据成都市基本医疗的政策规定，在一个自然年度内基本医疗统筹基金为参保人员个人支付的医疗费用累计最高限额为不超过成都市职工平均工资的4倍，2003年最高支付限额为44200元，设计的高额医疗费用保费起付线为45000元，最高赔付限额为15万元，补偿比例为90%，医疗费用增加系数为25%，保险因子1.0，安全储备金为纯保费的50%，附加保费为总保费的20%。

$$CP = \frac{(C_{(P_1,P_2)} + P_2 \times N_{P_2,\infty} - P_1 \times N_{P_1,P_\infty}) \times (1-R) \times i \times t}{N}$$

其中 P_1 为起付线，P_2 为赔付上限，$C_{(P_1,P_2)}$ 为 P_1 到 P_2 之间的总索赔额，$N_{(P_2,\infty)}$ 为索赔额超过的总人数，R 为自付比例，i 为医疗费增长系数，t 为保险因子。起付线和赔付上限（4.5万至15万元）间的费用总计为647.433－4.5×76＝305.433万元，所以人均纯保费为（3054330÷108957）×（1.25）^{4}×1.0×0.9＝61.59元，即2006年成都在职职工高额医疗费用保险年人均纯保费为61.59元，考虑50%风险附加和20%费用附加为：61.59×1.5÷（1－0.2）＝115.49元。

（二）限制性Pareto分布法

高额医疗费用分布大都符合Pareto分布，可以利用限制性Pareto分布法来测算高额医疗费用的纯保险费。方法是先确定考察基线费用的下限和上限，假定 A 为下限，B 为上限，再给出职工年度医疗费用在 AB 间的Pareto概率密度函数和分布函数：

$$f(x) = \frac{-\alpha}{B^{-a} - A^{-a}} x^{-(a+t)}, a \neq 1, 0 \leqslant A \leqslant X \leqslant B$$

$$F(x) = \frac{x^{-a} - A - a}{B^{-a} - A^{-a}}, a \neq 1, 0 \leqslant A \leqslant X \leqslant B$$

其中 α 为Pareto分布的形状参数，若 P_1 为起付线，P_2 为赔付上限，由此得出 P_1 和 P_2 之间的Pareto分布的条件期望 $u(P_1, P_2)$

$$u(P_1,P_2)=\frac{\int_{P_1}^{p_2}(x-P_1)f(x)dx+\int_{P_2}^{B}(P_2-P_1)f(x)dx}{\int_{p_1}^{B}f(x)dx}$$

$$\frac{\int_{P_1}^{P_2}xf(x)dx+\int_{P_2}^{B}P_2 f(x)dx-\int_{p_1}^{B}P_1 f(x)dx}{\int_{P_1}^{B}f(x)dx}$$

假定 N_A 为超过 A 的预期频数，则超过任意值 K（$K\geqslant A$）的频数 N_K 为：

$$N_K=N_A\int_{K}^{B}f(x)dx=N_A\frac{B^{-a}-K^{-a}}{B^{-a}-A^{-a}}$$

若 N 为参保总人数，则年人均保费 $P_{(p_1,p_2)}$ 为：

$$P_{(P_1,P_2)}=\frac{N_{P_1}\cdot U(P_1,P_2)}{N}=\frac{1}{N}\cdot N_A\cdot\frac{B^{-a}-K^{-a}}{B^{-a}-A^{-a}}$$

$$\frac{\int_{P_1}^{P_2}(x-P_1)f(x)dx+\int_{P_2}^{B}(P_2-P_1)f(x)dx}{\int_{P_1}^{B}f(x)dx}$$

$$=\frac{N_A}{N(B^{-a}-A^{-a})}\left\{(P_2-P_1)B^{-a}-\frac{1}{1-a}(P_2^{1-a}-P_1^{1-a})\right\}$$

（三）极值理论法

极值理论的方法和模型基本原理。极值理论研究的是超过阈值 u 的那些损失的分布，它具有超越样本数据的估计能力并能准确描述分布尾部的分位数。在国外有学者用极值理论来拟合大额医疗费用的索赔分布，其特点是发生的概率小、额度大，具有后尾性，因而符合极值理论的应用条件，本书主要介绍 POT 模型。① POT 模型是假设损失 X 的分布函数为 F（x），定义 $F_u(y)$ 为随机变量 Y 超过阈值 u 的条件分布函数，它可以表示如下：

$$F_u(y)=prob(X-u\leqslant y\mid X>u),0\leqslant y\leqslant X_F-U$$

其中 $y=X-u$ 是超量损失，根据条件概率公式我们可以看到：

$$F_u(y)=\frac{F(u+y)-F(u)}{1-F(u)}=\frac{F(x)-F(u)}{1-F(u)}\Rightarrow F(x)=F_u(y)[1-F(u)]+$$

① 陈滔：《健康保险保精算：模型、方法和应用》，西南财经大学出版社 2002 年版，第 310—315 页。

$F(u), y \geqslant u$

对于一大类分布 F 的条件超量分布函数 $F_u(y)$，存在一个 $G'_{\varepsilon,\sigma}(y)$ 使得：

$$F_u(y) \approx G'_{\varepsilon,\sigma}(y) = \begin{cases} 1-e^{-y/\sigma}, \varepsilon = 0, \\ 1-(1+\frac{\varepsilon}{\sigma}y)^{-1/\varepsilon}, \varepsilon \neq 0, \end{cases} \quad 0 \leqslant y \leqslant X_F - U$$

当 $\varepsilon>0$ 时，$y \in [0, \infty]$；当 $\varepsilon < 0$ 时，$y \in [0, -\frac{\sigma}{\varepsilon}]$。分布函数 $G'_{\varepsilon,\sigma}(y)$ 被称为广义 Pareto 分布。期中 ε 为形状参数，σ 为尺度参数。

根据广义 Pareto 分布函数我们可以得到其概率密度函数为：

$$g'_{\varepsilon,\sigma}(y) = \begin{cases} \frac{1}{\sigma}(1+\frac{\varepsilon}{\sigma}y)^{-(1+\frac{1}{\varepsilon})}, \varepsilon \neq 0, \\ \frac{1}{\sigma}e^{-y/\sigma}, \varepsilon = 0, \end{cases}$$

若赔付上限为 $R+u$，则广义 Pareto 分布的条件期望 $E(X-u|X>u)$ 可以由下式算出：

$$E(X-u|X>u) = E(Y|X-u) = \frac{\int_0^R yf_{\varepsilon,\sigma}(y)dy}{1-F(u)}$$

$$= \frac{\int_0^R y(\frac{1}{\sigma})(1+\frac{\varepsilon y}{\sigma})^{-1/\varepsilon-1}dy}{1-F(u)} = \frac{\varepsilon R(1+\frac{\varepsilon R}{\sigma})^{\frac{-1}{\varepsilon}} - \frac{\sigma}{\varepsilon-1}}{1-F(u)}$$

假定 N_u 为超过阈值 u 的预期频数，N 为参保职工总数，则 N_u 为：

$$N_u = N\int_u^{R+u} g_{\varepsilon,\sigma,u}(x|x \geqslant u)dx = N\int_0^R f_{\varepsilon,\sigma}(y)dy = N(1+\frac{\varepsilon R}{\sigma})^{-\frac{1}{\varepsilon}}$$

仍假设补偿比例为 c，则年人均保费 P 为：

$$P = \frac{N_u}{N}cE(X-u \middle| X \geqslant u) = \frac{N[1-F(u)]}{N}\frac{\varepsilon R(1+\frac{\varepsilon R}{\sigma})^{-\frac{1}{\varepsilon}} - \frac{\sigma}{\varepsilon-1}}{1-F(u)}$$

$$= c\,\varepsilon R(1+\frac{\varepsilon R}{\sigma})^{-\frac{1}{\varepsilon}} - \frac{c\sigma}{\varepsilon-1}$$

由于我国大额医疗保险仍然处于试点过程中且时间不长，缺乏相应的数据统计资料，难以对上述模型进行验证，这里只能是作简单的理论介绍。通过上述的介绍和分析，我们认为：

首先，在医疗保险的精算模型方面，已经建立起了一个由简单到复杂的体系，可以满足不同统筹层次、不同基本医疗保险体系（企业职工基本医疗保险、新型农村合作医疗保险、城镇居民基本医疗保险以及机关事业单位医疗保险）的科学决策和分析的需要。不论是简单还是复杂的精算模型，用于基本医疗保险制度的分析中，有利于医疗保险基金运行的科学决策，以确保健康、安全、有效运行。

其次，从上述精算模型中可以看出，在基本医疗保险制度运行中，构建起相应的数据统计资料，是对整个制度实施有效的精算的基础。而我国“三项”基本医疗保险制度建设的时间毕竟不长，加上长期处于“碎片化”状态，而且统筹层次参差不齐和管理体制不统一，没有构建起统一的考核指标体系，使得整个医疗保险的精算难以真实反映医疗水平的状况。因此，不断提高基本医疗保险制度的统筹层次，理顺管理体制，构建起统一的基本医疗保险制度的考核指标体系，是保险精算技术得以应用的保证。

最后，应该清晰地认识到社会医疗保险既是一项社会管理政策和制度，也是一门技术，加强技术的推广和应用，是保证政策和制度得以科学有效贯彻和执行的根本，而技术的应用则取决于专业人才的培养，因此我们认为当前基本医疗保险建设中不仅仅只是解决经办人员不足的问题，更重要的是构建起一支懂精算的专业技术人员队伍，以满足整个制度体系深化发展的需要。

第二章　企业职工基本医疗保险的构建与深化

1998年12月14日国务院颁布实施的《关于建立城镇职工基本医疗保险制度的决定》标志着我国社会主义市场经济体制下的医疗保险事业正式开始建立。经过十几年的改革发展，以2011年7月1日颁布实施的《中华人民共和国社会保险法》为标志，包括基本医疗社会保险在内的社会保险制度框架已基本完成。但因地区经济发展水平不一致，职工收入水平不同等多种客观因素的存在，造成现行的基本医疗保险制度在各地都有不同的水平与标志，依法构建起统一的基本医疗保险制度还有很多难题需要解决。在社保"制度覆盖"向"人人覆盖"的进程中如何进一步完善基本医疗保险制度，使医疗保险制度的实施更具科学性，保障职工的权益等成为当今研究的重点。

第一节　企业职工基本医疗保障制度的沿革

我国企业职工基本医疗保险制度的建立是伴随我国社会主义建设的历程而逐步建立起来的，在目前实施的企业职工基本医疗保险之前的计划经济时期就开始了企业职工医疗保障制度的建设。归纳起来主要经历了如下的发展和探索历程。

一　计划经济体制下的企业职工医疗保障制度时期（1950—1980年）

新中国成立伊始，党和政府非常重视保护劳动者健康的工作，按照计划经济的发展要求，在较短的时期内就建立起了较为完善的劳保医疗制度。

（一）企业职工医疗保障的建立（1950—1965年）

1949年9月新中国成立前夕召开的中国人民政治协商会议通过具有

临时宪法作用的《共同纲领》，针对当时民众中传染病、寄生虫疾病等疾病肆虐，营养不良、人口平均寿命不到35岁的实情，《共同纲领》第23条就提出要在企业中逐步实现劳动保险制度，为以后在全国建立统一的劳动保险制度确立了法律依据。

1951年2月26日，中央人民政府政务院[①]公布（同年3月24日劳动部公布实施细则）并试行中国第一部全国统一的社会保险条规，即《中华人民共和国劳动保险条例》（以下简称《劳动保险条例》）。其范围和对象是全民所有制企业和城镇集体所有制企业的职工及离退休人员。其基本内容主要有以下两个方面。

1. 职工因负伤应在企业医疗所、医院医治的，发生的全部诊疗费、药费、住院费、住院时的膳费、就医路费由企业负担。医疗期间的工资照常发放。

2. 职工因病或者非因工负伤住院，发生的诊疗费、住院费、手术费及普通药费由企业负担；贵重药费、住院的膳费及就医路费由本人负担。

关于支付范围其他规定还有：除了职工医疗费外，还要支付职工供养的直系亲属的医疗补助费、企业医务人员工资、医务经费和因工负伤就医的路费等。

一定程度上说《劳动保险条例》的颁布实施标志着我国企业职工医疗保障制度的建立[②]。

1951年3月贵州省开始执行《劳动保险条例》，省劳动局对全省100人以上的厂矿企业做劳动保险登记工作，申请登记的有28个单位，其中职工5516人。根据生产正常、经济情况良好、工会基层组织较健全、厂内或厂矿所在地设有医疗机构等条件，批准确定执行《劳动保险条例》的单位。[③] 这些单位包含国营企业8个，公私合营企业7个，私营企业6个，到1952年经省劳动局批准实行《劳动保险条例》的共有29个单位，其中职工8230人。

---

① 1954年之前为政务院，其后改为国务院。

② 郑功成等：《中国社会保障制度变迁与评估》，中国人民大学出版社2002年版，第78页。

③ 这些单位包含贵阳电厂、贵州人民印刷公司、贵州制鬃厂、遵义酒精厂、贵阳汽车修配厂、贵州机械厂、贵州锰铁厂、翁井煤矿、西南工业部六一五纱厂、贵州烟草公司、贵州火柴公司、贵州玻璃厂、贵州水泥公司、黔元造纸厂、利亚烟草公司、一中烟厂、南明烟草公司、西南联合烟厂、裕康猪鬃公司、清山矿业药品工厂等21个单位，共有职工4908人。

1952年贵州省内有50人以上、99人以下的企业单位35个，其中工厂32个（国营15个，职工3465人；私营17个，职工2233人），国营商店3个，职工574人。按地区分，贵阳市13个，其他地市22个，都先后订立劳动保险集体合同，由企业行政直接支付职工的医疗保险费用。对不满50人的私营企业职工的医疗保险问题，劳资双方协商解决。此项医疗保险制度的设立和实施，使职工遇到疾病时，可按《劳动保险条例》的规定，享受免费医疗等。这一系列的举措受到广大职工的拥护，大大调动了贵州省境内工人的生产积极性①。

1953年1月2日，中央政务院根据社会经济建设的发展，又颁布《关于中华人民共和国劳动保险条例若干修正的决定》，劳动部随之发布修正了有关劳动保险待遇的通知。修改后的条例扩大了劳动保险的覆盖范围，提高了若干劳动保险的待遇。劳保医疗费用在1953年以前全部由企业负担，1953年改为根据行业性质分别按工资总额的5%—7%提取。劳保医疗待遇的主要内容包括：

1. 职工医疗或非因工负伤，所需诊费、手术费、住院费及普通药费，均由企业负担，贵重药费、住院的膳食费及就医路费由本人负担，若本人经济状况确有困难，可由劳动保险基金项下酌予补助。

2. 职工因病或非因工负伤停止工作医疗时，其停止工作医疗期间，连续在6个月以内者，按其在本企业工龄的长短，由企业发给病假工资，数额为本人工资的60%—100%；停止工作医疗时间在6个月以上的，改由劳动保险基金项下按月给付疾病救济费，数额为本人工资的40%—60%，直至能工作或确定为残废或死亡为止。

3. 职工因病或非因工负伤医疗终结确定为残废，完全丧失劳动能力退职后，病伤假期工资或疾病救济费停发，改由劳动保险项下发给非因工负伤残废救济费，残废救济费的确定标准是：饮食起居需要人扶助者为本人工资的50%，饮食起居不需要人扶助者为本人工资的40%，至恢复劳动能力或死亡时止。

4. 职工供养的直系亲属患病时，可在企业医疗所、医院、特约医院

---

① 贵阳文通书局印刷厂的切书工人，由原来每天仅能切纸7.2万张提高到24.9万张，排字也由原来规定的50字/时，提高到130字/时，工人效率普遍提高一到二倍，且质量好，顾客满意度高。同时工厂也涌现一批生产积极分子。——引自郑功成等《中国社会保障制度变迁与评估》，中国人民大学出版社2002年版，第78页。

或特约中西医师处免费诊治，手术费及普通药费，由企业负担1/2。

1954年8月1日，依据中央及贵州省《关于劳动保险业务移交工会统一管理的通知》，贵州省劳动局着手将劳动保险业务交省总工会办理①。

截至1956年年底，全国被劳动保险制度覆盖的职工达到1600万人，签订集体劳动合同的职工有700万人，实际有2300万人参与劳动保险制度。

1958年11月12日，全国总工会领导同志到贵州省做工作指示，指出由于人民公社的发展，工会已经结束其历史使命。同年，11月27日贵州省委根据省总工会党组的专题报告，作出决定将省委工交部和省总工会合并之后成立工会工作处。1958年根据省委指示，将劳动保险的工作移交到省劳动局办理。

截至1960年贵州省实行劳动保险条例的企业单位已达204个，其中贵阳市133个，包括省、市级企业；各地、州（市）71个。1961—1963年，经省劳动局批准实行劳动保险的企业单位有73个。工会于1963年恢复，行使批准企业实行劳动保险、现行劳动保险法令的解释、处理有关劳动保险事件的申诉及批准订立劳动保险集体合同等工作。劳动部门主要负责监督劳动保险金的缴纳和检查劳动保险业务的执行情况。

1965年，中央给卫生部党委作出批示，要求"公费医疗制度应做适当改革，劳保医疗制度的执行也应适当整顿"，以此为契机，有关政府部门开始着手两项制度的改革工作，在1965年和1966年两年时间内，财政部、卫生部、劳动部和全国总工会相继发出通知，针对各项制度存在的问题提出了指示，相关省市部门，初步落实整顿方针和指示精神，但总体改变不大。

从上述对企业职工医疗保障制度的介绍，我们可以看出：

首先，企业职工医疗保障制度建立的目的是为迅速恢复国民经济，解决职工健康等问题提供一份保障，是当时国家计划经济体制的产物。《劳动保险条例》确立了以企业单方付费制为基础的现收现付筹资机制②。企业职工的各项社会保险待遇的费用，全部由实行《劳动保险条例》的企业负担，其中一部分由企业直接支付，另一部分由企业缴纳社

① 贵州省地方志编纂委员会编：《贵州省志·劳动志》，贵州人民出版社1994年版，第170页。
② 陈佳贵、罗斯纳等：《中国城市社会保障的改革》第11辑，2002年，第66页。

会保险基金，交由工会组织管理。其具体办法为，当初企业雇主根据本企业工资总额的3%缴纳劳动保险金，基金实行分级管理、全国统一调剂的办法。企业缴纳的保险费的70%留在企业，用于支付劳动保险（包括医疗），30%由国家总基金来统筹支付全国。中华总工会既管理地方保险费用支付的指导工作，同时也管理全国总基金。在很大程度上，总基金在扮演着预备金的角色①。在职工医疗保险制度初创阶段，逐步形成以国家统筹、社会补充调剂及单位保险结合为特征的统一医疗保险体系。对促进国民经济迅速恢复和发展，职工的身体健康和社会安定，起到了积极保障作用。保险的互助互济功能得到了有效的发挥，在促进国家大规模的经济建设方面以及其他方面都起到了十分重要的作用。

其次，由于企业职工医疗保障制度是建立在计划经济体制的建立和完善之上的，因此，职工的医疗保障也呈现福利化发展趋势。而且医疗保障的建立和发展是作为整个社会主义劳动保障的内容而进行的。

再次，鉴于计划经济的有效运行是建立在全民所有制的基础之上的，集体和私人企业经过进行社会主义改造所占比例日益降低，国营企业开始逐步履行社会事务职责，并逐步演变成“麻雀虽小，肝胆俱全”的格局，企业职工的医疗保障能力也就取决于企业规模的大小和社会服务机构的能力，如大型企业都开办了食堂、医院、中小学校、幼儿园等。因此，尽管人人都有医疗保障，但保障的能力和水平因所处的企业大小及所有制的不同，而又有所差异。

总之，新中国成立以后在计划经济体制下，逐步建立起了与之相适应的企业职工医疗保障制度，对于调动和激发职工的社会主义建设热情、保障职工健康发挥了应有的作用。

（二）企业职工医疗保障调整和停滞时期（1966—1977年）

1966年“文化大革命”开始后，全国经济陷入停滞阶段，劳动部门遭到严重冲击。企业的各项制度处在荒废的状态。企业与工厂生产处在混乱状态，企业工人的医疗保障无法正常提供。

1. 对企业职工医疗保障制度的调整

针对国家和企业对劳保医疗担负的责任过多，医疗费用负担过大等

① 王东进：《中国社会保障制度的改革与发展》，法律出版社2000年版，第53—55页。

情况。1966 年 4 月劳动部和全国总工会颁发了《关于改进企业职工劳保医疗制度几个问题的通知》，对劳保制度又作了如下新的规定。

(1) 企业职工患病或非因工负伤，在指定的医院（包括分设和独立的门诊）或本单位附设的医院医疗时，其所需的挂号费和出诊费，均由职工个人负担。

(2) 企业职工患病或因工负伤，在指定医院或本单位附设的医院、医务室（所）、保健室（站）医疗时，所需的贵重药费，由企业负担，但服用营养滋补药品（包括药用食品）的费用，应由职工个人负担。

(3) 企业职工因工负伤或患职业病住院，医疗期间的膳费，由本人负担 1/3，企业负担 2/3。

(4)《中华人民共和国劳动保险条例》规定享受医疗待遇的职工供养的直系亲属患病医疗时，除了手术费和药费仍然实行半费外，挂号费、检查费、化验费等均由个人负担。

(5) 企业职工实行计划生育手术时，所需医疗费用由企业负担，住院膳费由个人负担。因病手术的输血费、理疗费、X 光透视费等问题，全国总工会劳动保险部在《劳动保险问题解答》中规定：凡经医师决定治疗时所需的输血费、理疗费、X 光透视费等均由企业行政负担。

此外国务院还对因病或非因工负伤的临时工人及农民工医疗待遇作了明确规定：临时工患病或非因工负伤，停工医疗期限按其在本企业工作的时间确定，最长不能超过 3 个月。在医疗期内其医疗待遇，应当与合同工人同等对待；农民工患病或非因工负伤，企业应当根据劳动合同期限的长短给其 3—6 个月的停工医疗期。停工医疗期的医疗待遇和病假工资与城镇合同制工人相同。停工医疗期满后不能从事原工作，被解除劳动合同的，由企业发给相当于本人 3—6 个月的标准工资的医疗补助费。①

上述调整，一方面，在一定程度上，明确了职工在医疗保障服务方面应该承担的责任，在缓解企业社会负担压力、节约医疗资源的同时，也明确了职工的责任；另一方面，解决了企业灵活用工方面存在的医疗保障问题，明确了企业和灵活用工之间的医疗保障责任。

1967 年后原由各级工会组织管理的劳动保险基金，在 1969 年后不再

---

① 这是临时工、农民工等医疗保险在政策上的开端。

筹集，企业职工的医疗费用由各企业自己负担，在税前提取[①]，其经费是按企业工资总额的一定比例连同职工福利基金混合一并提取，按当时工资总额的11%比例提取职工福利基金[②]，列入成本；超支部分在企业税后利润公积金中提取，列在成本之外。提取之后由企业行政自行管理。

这一时期，企业职工医疗制度虽然仍由国家政府负责和主导，但工作重心已经发生转移，变成了企业办社会的状态，医疗保险变成由企业全面提供的单位保险。这样不仅造成该时期的企业职工医疗保障方面无章可循的局面，也加大了后来改革的难度。

1969年财政部颁发《关于国营企业财务工作中几项制度的改革意见(草案)》，企业职工医疗保险从此失去固有的统筹调剂功能，由原来全国统一的社会保障变成企业保障，造成企业职工医疗费用负担加重，矛盾凸显，由于职工可以长期领病号工资，而不上班，更加加重了职工医疗费用难以支付的局面。与企业职工医疗保险一样，整个医疗保险制度遭到严重破坏。

1970年由于政治运动，撤销了劳动部、工会等部门，导致医疗保险工作处于无人管理状态。[③]

2. 企业职工保障调整和停滞时期的认识

在“文化大革命”阶段，经济社会建设处于停滞不前，甚至倒退阶段。企业职工的医疗保障制度也遭到破坏，整个制度的状况概括起来有如下几个方面的特征。

首先，企业职工医疗保障制度的调整，满足了企业职工和临时用工的医疗保障，劳动者得到了更为充分的保障，也保障了企业发展对劳动力的需求。

其次，企业为主体的职工医疗保障制度得到了进一步的确立和完善。企业职工的医疗保障完全由企业负担，企业办社会的情况更为突出。

---

① 1969年财政部颁发《关于国营企业财务工作中几项制度的改革意见（草案）》规定国营企业一律停止提取劳动保险金，企业的长期病号工资和其他劳保开支，改在营业外支出。——参见刘传济、孙光德《社会保险与职工福利》，劳动人事出版社1987年版，第34页。

② 在1953年前，劳保医疗经费全部由企业行政负担，1953年改为根据行业性质分别按工资总额比例提取。

③ 劳动部业务并入国家计划委员会劳动局，1975年9月国家设立劳动总局，但仍由国家计划委员会代为管理。——参见郑功成等《中国社会保障制度变迁与评估》，中国人民大学出版社2002年版，第81页。

最后，医疗保障制度的问题开始凸显。一是企业出现了“吃长期病号工资”的现象；二是企业负担日益加重；三是由于对集体企业、个体工商户的劳动者没有具体的医疗保障安排，使得非国营企业职工被排斥在制度之外。

（三）企业职工医疗保障的恢复与改革（1978—1980 年）

1978 年后，我国开始了经济体制改革，但由于社会保障制度建设和调整滞后于经济调整和体制改革。因此为了适应新时期的需要，国家开始制定和颁布相关法律法规来修复和调整企业职工基本医疗制度。可见 1978 年“文化大革命”结束到 1980 年医疗保险开始的改革，这期间可以认为是企业职工基本医疗保险改革前的过渡期。

1. 企业职工基本医疗保险制度改革前过渡期的社会背景

1978 年中国社会保障的制度背景有了重大变化。思想上的“拨乱反正”；经济上，党的十一届三中全会宣告中国将以经济建设为中心，翻开了中国改革开放的历史新篇章，使得传统的企业职工医疗保险制度逐步失去了自身存在的基础。按福利原则设置的医疗机构，在国家无法继续大量投入来保持其发展速度时，其实际运行与财政能力发生了明显矛盾和困难。

此外，为了适应改革开放之初的“计划经济为主，市场调节为辅”的发展形势需要，1979 年 7 月国家劳动总局设置了保险福利局，全国各地劳动部门相继设立保险福利处（科）。并且鉴于在劳动保险工作中，各级劳动部门与工会的关系密切，于 1980 年劳动部、全国总工会联合下发《关于整顿与加强劳动保险工作的通知》，要求各级劳动部门应督促检查企业单位对劳动保险法规的执行，并解释劳动保险法令。各级工会应督促检查基层劳动保险业务，处理日常管理工作中的问题。劳动部门和工会均应贯彻执行国家有关劳动保险的政策、法令，受理职工申诉，处理重大问题应互相商量，妥善解决。为此贵州省劳动局和省工会派人到各市、县调查职工病假工资、因工负伤住院伙食费补助等情况。通过这一系列的措施，在“文革”十年遭到破坏的职工劳动保障制度逐步得以恢复；而另一方面，由于 1969 年 2 月财政部颁发的《意见》，医疗保险成为企业自保，一部分医疗费用还列在营业外支出，进入企业成本，随着医疗费用的逐年增加和大部分企业在特殊时期的收入减少，以及企业办社会现象的存在，企业负担日益加重。

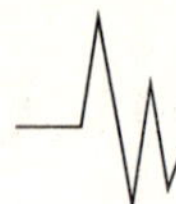

2. 企业职工医疗保障制度改革前面临的问题

我国在计划经济体制下，建立起来的企业职工的医疗保障制度，对防病治病，保证职工身体健康，解除企业职工在医疗上的需求，促进社会主义建设事业的发展，保障社会稳定，发挥了重要的作用。但是，这项制度是建立在原有的计划经济体制基础上的，随着经济体制改革的不断深入发展，原有的医疗保障制度难以适应和满足经济快速发展而引起的社会发展的新需要，存在如下两个方面的突出问题：

一是，劳保医疗没有体现出企业之间的风险分担。医疗经费以企业为单位提取，自行管理、使用，实际是“企业自我保险”，而企业承受医疗风险的能力有限，尤其是中小企业、亏损企业和老企业更是如此。且企业根据种类不同负担也不同，这不符合以公平竞争为特征的经济改革发展的要求。

二是，一切医疗费用都由国家与单位包下来，不与个人挂钩的“一大二公”思想，刺激了消费者不合理医疗需求的增加，一定程度造成了医疗资源的浪费。比如，一些享受待遇人员不管病情是否需要，一味要求多开药，吃好药，要求做不必要的检查和治疗；有的人看病拿药不吃或者吃不完，随意丢弃等。再加上补偿机制和价格机制的消极作用，导致医疗服务机构不关心医疗费用的高低，一些医疗单位在医疗活动中，缺乏经济观念，甚至有的单位随意扩大享受医疗费用报销范围，进而导致医疗费用增长过快。

二　企业职工基本医疗保险制度改革探索期（1981—1998年）

我国目前融入全球经济一体化，并取得举世瞩目成就的社会主义市场经济体制，是在以邓小平等为核心的几代党中央的英明决策下，不断克服“左”的思想，通过“摸着石头过河”的改革原则，借鉴市场化国家成功经验而不断实践探索建立起来的。从1979年党的“十一届三中全会”前的“计划经济”，到此后的“计划经济为主，市场调节为辅”，再到“有计划的商品经济”，最终到1993年党的“十三大”正式确立的具有中国特色社会主义的市场经济，就反映了这一改革发展的历程，也为与之相适应的社会保障制度的建立奠定了相应的社会和物质基础。同时，具有中国特色社会主义市场经济体制下的基本社会保险制度的建立与发展，也客观地反映了这一探索、借鉴、改革和发展的过程。

就医疗保障制度而言，尽管改革开放伊始，通过“拨乱反正”，使得“文革”十年遭到破坏的各项制度得以逐步恢复，加上改革开放出现的新情况、新问题，计划经济体制下构建的制度弊端也开始凸显，主要表现为：一是职工医疗费用仍然由国家和单位包揽，缺乏合理的医疗费用筹措机制和稳定的资金来源；二是医疗费用增长过快，原有构架的医疗保障机制难以为继。1981 年 2 月，国务院批转卫生部文件，允许这些医疗机构试验按成本收费，并特许其实行公费与自费双轨制，开启了突破原有医疗体制的改革；三是医疗保障管理和服务的社会化程度低，体制外人员的医疗保障缺乏相应的制度安排，急需相应的医疗保障制度为改革保驾护航，如何适应形势改革和理顺原有体制，并扩大制度覆盖来满足社会的需求，成为当时医疗保障面临的重大问题。为此我们把这一时期的改革具体细分为如下几个阶段来客观反映整个社会基本医疗保险制度的改革与形成。

（一）第一阶段：计划经济为主，市场调节为辅阶段（1981—1984 年）

1979 年，一方面，政治上的“拨乱反正”，昭雪了新中国成立以来的各种冤假错案；另一方面，农村土地承包制度的普遍实施，极大地激活了农村劳动生产率，经济领域出现了投资、消费热，以至于国家财政出现了新中国成立以来的第一次 92 亿的巨额赤字，“赤字有害论”和“赤字无害论”成为当时经济领域讨论的热点。1980 年年底到 1981 年年初的经济过热，引起了各种不同的看法，为了统一改革开放的思想，陈云同志在 1982 年 1 月 25 日召集了部分领导人谈话，指出“一年之计在于春，今天要讲的就是怎样坚持以计划经济为主、市场调节为辅……”。陈云同志的谈话，第二天被《人民日报》发表。1982 年 9 月，党的十二大报告中进一步明确了“计划经济为主、市场调节为辅”的经济管理原则，指出：“正确贯彻计划经济为主、市场调节为辅的原则，是经济体制改革中的一个根本性的问题。我们要正确划分指令性计划、指导性计划和市场调节各自的范围和界限。”正式明确了这一时期的改革方向和原则。

在此改革的总体原则下，针对职工医疗保障方面的改革也逐步展开。1981 年 4 月 6 日，国务院发布了《国家工作人员病假期间生活待遇的规定》。这个规定，主要是提高待遇标准。原来规定病假连续在一个月以内的，照发工资；超过一个月在六个月以内的，按工作年限长短发给本人工资的70%—100%。新规定改为病假在两个月以内，照发工资；超过两个月的，从第三个月起，按工作年限长短发给本人工资的90%—100%；病假超过六个月的，从第七个月起，按照工作年限的长短，发给本人工资的70%—80%。

在对国有企业职工医疗保障制度改革的同时，也开始关注未实行医疗保障的1000多万集体职工的医疗待遇问题。1980年2月，财政部、国家劳动总局发出《关于城镇集体所有制企业职工的社会工资福利标准和列支问题的通知》，规定城镇集体所有制企业职工的社会保险费用，从1980年1月1日起，凡经省、自治区、直辖市劳动部门和主管部门批准，征得税务部门同意，企业条件允许的，都可以改按在营业外或其他费用项目下列支。1982年12月劳动人事部在四川省南充市召开关于建立城镇集体职工社会保险制度的座谈会，交流了经验，对全国各地试办城镇集体职工的社会保险起了推动作用。

1982年，国家机关机构改革时，国家劳动总局、国家人事局等部门合并，成立了劳动人事部。国务院在关于各部委的分工中明确规定，社会保险工作由劳动人事部综合管理。

1983年4月14日，国务院颁布了《关于城镇集体所有制经济若干政策问题的暂行规定》。这一文件规定：城镇集体所有制企业要根据自身的经济条件，量力而行，提取一定数额的社会保险基金，逐步建立社会保险制度，社会保险基金要在征收所得税前提取，要专项存储，专款专用。

（二）第二阶段，有计划的商品经济发展阶段（1985—1993年）

1984年10月20日中国共产党召开了十二届三中全会，会议通过了《中共中央关于经济体制改革的决定》。提出“计划经济是公有制基础上的有计划的商品经济，必须自觉运用价值规律；商品经济的充分发展是社会经济发展的不可逾越的阶段”，并认为：“企业应有的多项自主权，应使企业真正成为相对独立的经济实体，能够自主经营、自负盈亏，成为具有一定权利和义务的法人。”同时也针对价格体系和分配制度的改革提出了具体指导意见，认为“价格体系的改革是整个经济体制改革成败的关键。应建立合理的价格体系，充分重视经济杠杆的作用；建立多种形式的经济责任制，认真贯彻按劳分配原则。应使企业职工的工资奖金同企业的经济效益更好地挂起钩来，企业内部的工资制度应充分体现差别”。《中共中央关于经济体制改革的决定》是指导中国改革开放，进一步深化经济体制改革的纲领性文件，并在思想上肃清了社会主义经济建设只能是“一大二公”的极“左”思想的影响。“承包制”作为“有计划商品经济”的具体体现和突出特征，在全国全行业全面铺开，企业职工医疗保障制度也在“承包制”的指引下，开始了进一步的改革。

伴随经济体制改革的不断深入，国家经济在不断发展，人民生活水平有了显著提升，职工医疗费用也水涨船高，而源于计划经济体制下的医疗体制基本没有个人负担付费的机制，加上经济体制改革的推进和国营企业预算软约束逐渐硬化，进而使企业逐步转化为相对独立的经济实体，企业保障体制下的企业负担日益加重。可以说经济体制改革的不断深化发展动摇了传统医疗保障的制度基础，为了解决医疗保障领域日益突出的问题，1984 年 4 月 28 日，卫生部、财政部发出《关于进一步加强公费医疗管理的通知》，指出：“公费医疗制度的改革势在必行，在保证看好病的前提下，各种改革办法都可以试验，在具体管理办法上，可以考虑与享受单位、医疗单位或个人适当挂钩。”《通知》下发后，一些省市在部分医疗单位试行了公费医疗经费与享受待遇人适当挂钩的办法。不少企业开始效仿这种办法，自发改进原有由单位包办一切的医疗保险制度，试行劳保医疗费用与个人挂钩。[①] 例如，有些企业实行医疗费用定额包干管理，将医疗定额发给职工本人，剩余归己，超支自理。虽然这种方式后来遭到中央政府的否决，但诸如按比例报销和将医疗经费拨付给企业医院承包使用等其他方式得到劳动人事部的肯定，并作为成功经验加以广泛推行。

伴随有计划商品经济的发展，1986 年 7 月 12 日，国务院颁布《国营企业实行劳动合同制暂行规定》[②]，决定从 10 月 1 日起开始实施，这是对用工制度的重大改革，标志着第一次个人缴费制度的建立。实行城镇企业职工个人缴纳社会保险费用的制度，使医疗保险金开始由企业完全负担向多方负担转变，进入深层次改革探索时期。随着劳动合同制的扩大，由劳动合同制职工开始的国家、企业、职工三方负担医疗费用的做法被

---

① 宋晓梧、张中俊、郑定栓：《中国社会保障制度建设 20 年》，中州古籍出版社 1998 年版，第 104 页。

② 该规定要求国营企业新招收的员工一律实行劳动合同制，实行劳动合同制工人医疗保险费用的社会统筹，要求企业按照劳动合同制工人工资总额的 15％左右，劳动合同制工人按照不超过本人标准工资的 3％缴纳退休统筹养老费。

逐步推广到全部国有企业职工[①]。1986年12月2日，全国人大常委会第十八次会议通过《中华人民共和国企业破产法（试行）》，并于1988年11月1日生效，标志着我国企业破产制度的初步确立，“皮之不存，毛将焉附”，该项法规的实施动摇了传统企业包办生、老、病、死、残的制度基础，职工的医疗保障成为亟待解决的新社会保险问题[②]。为此，关于医疗保障的改革试点和实施办法也相继展开。具体进程如下：

1987年开始试行职工大病医疗费用社会统筹。1987年5月，北京市东城区蔬菜公司首创“大病医疗统筹”办法。丹东、四平、黄石、株洲等试点城市继续探索，随后在全国逐渐推广。

1988年3月25日，经国务院批准，成立了由卫生部牵头，国家体改委、劳动部、卫生部、财政部、医药管理局等八部门参加的医疗制度改革研讨小组，其任务是负责提出劳保医疗制度改革方案并指导医疗改革试点。同年7月，该小组推出《职工医疗保险制度改革设想（草案）》。这标志着中国政府开始对机关事业单位的公费医疗制度和国有企业的劳保医疗制度进行改革。

1990年11月28日，劳动部召开首次全国部分省、市劳保医疗制度改革工作座谈会，会议确定劳保医疗的改革方向是：体现社会主义制度优越性和对劳动者加以保护的前提下，实行国家、集体和个人合理负担，逐步建立多种形式的医疗保险制度。这次会议标志着劳保医疗制度改革已从思想准备和自发改革阶段，进入了有组织的大面积试点阶段。

在总结各地经验的基础上，1992年3月19日，劳动部拟定了《关于企业职工医疗保险制度改革的设想》和《关于试行大病医疗费用社会统筹的意见》两个征求意见稿，交各地修改。其内容主要包括：逐步扩大企业职工医疗保险的覆盖面，使城镇各类企业职工都能逐步享受医疗保险待遇；逐步建立医疗保险基金，实行国家、企业、职工个人三方合理

---

① 宋晓梧：《中国社会保障制度改革》，清华大学出版社2001年版，第30页。

② 在市场经济体制下，随着外资企业、合资企业、民营企业、乡镇企业的蓬勃发展，人们的择业观念也在发生改变，在不同所有制单位间的流动变得日益频繁，但原有的医疗保险制度只是覆盖国有、集体单位职工，非国有企业职工的医疗需求缺乏规范的保障，建立覆盖各所有制企业职工的新型医疗保险制度成为当务之急。随着经济体制改革的进行，原有的企业医疗保险制度已经不能很好地适应时代发展的需求，亟待建立适应市场经济体制的医疗保险制度。——参见杨宜勇、杨河清、张琪主编《回顾与展望：中国劳动人事社会保障30年》，中国劳动社会保障出版社2008年版，第239—240页。

负担，职工个人少量缴费；建立控制医疗费用不合理增长的机制等。同年5月，国务院成立了医疗制度改革领导小组，国家体改委、卫生部、财政部、劳动部、人事部、国家医药总局、国家物价局、中华全国总工会等部门负责的同志参加，它标志着中国医疗保险制度的总体改革已进入预备阶段。其后，卫生部、劳动部分别提出了公费医疗和劳保医疗的改革方案。国家体改委在卫生部、劳动部方案的基础上，起草了《国务院关于职工医疗制度改革的决定》(讨论稿)，目标是建立医疗保险基金，实行医疗社会保险制度。至此，医疗保险制度改革打开了新局面。[①]

1992年9月7日，劳动部颁布了《关于试行职工大病医疗费用社会统筹的意见通知》，要求各地结合实际情况试行。这年年底，全国已有16个省市的96个县、100个系统、130万名职工参加了大病医疗费用社会统筹。[②] 大病医疗费用统筹是根据医学上划分大病的种类，结合企业经济承受能力，选择某些医疗费用开支较大的大病病种，由企业主管部门在一定范围内筹措“大病统筹医疗基金”，以对大额医疗费用的疾病或住院医疗费用给予帮助。大病医疗保险统筹基金实行专款专用，专户储存，任何单位和个人不得挪用和侵占。统筹基金结余部分，连同利息，结转下年使用。统筹基金款项的收缴、拨付由社会劳动保险机构与企业直接办理结算手续。统筹基金按照“以支定收，略有结余”的原则，按当地上年度企业职工月平均工资总额和月均离退休费用总额的一定比例征集。参加大病统筹的企业，必须在规定时间内到当地社会劳动保险机构缴纳大病医疗保险统筹基金，逾期不缴的，按日加收滞纳金，滞纳金并入大病医疗保险统筹基金。同时，建立了有效的医疗费用控制机构，对医院施行合同化管理，参加医疗保险的单位与承担职工医疗保险的医疗单位签订基本医疗服务范围、项目、费用、定额、收费标准及节约奖励等内容的合同。劳动部、卫生部、工会等部门拟定《职工医疗保险基本药品报销范围》及医疗规范等项制度。通过大病统筹，“企业保险”向社会保险大大迈出了一步：实行大病统筹和职工少量负担医疗费用，对医患双方都有一定的制约作用；发扬了互助互济精神，使企业医疗费用矛盾有所缓解；较好地解决了中小企业和微利企业职工患上大病的医疗费用问

① 郑功成：《中国社会保障制度变迁与评估》，中国人民大学出版社2002年版，第137—138页。

② 劳动部、国家统计局：《关于1992年劳动事业发展的公报》。

题，为保障职工的基本医疗发挥了积极作用。

1992年9月23日，卫生部下发《关于深化卫生改革的几点意见》。在关于城市医疗卫生保险制度改革方面：一是明确了卫生事业是公益性的福利事业，设立国家和地方专项卫生基金，以加强对卫生防病工作的调控能力；二是鼓励采取部门和企业投资、单位自筹、个人集资、银行贷款、社团捐赠、建立基金等多种形式，多渠道筹集社会资金，用于卫生建设；三是改革医疗卫生服务价格体系，调整收费结构，保证基本医疗预防保健服务，放开特殊医疗预防保健服务价格，不同等级的医疗预防保健单位应拉开收费档次；四是预防保健机构在实行全额补助前提下，扩大预防保健有偿服务的范围和覆盖面，合理确定有偿服务收入的分配比例，并大力推广各种形式的预防保健保险制度；五是改革现行公费、劳保医疗制度，逐步建立起医药费用由国家、单位、个人适量负担，社会化程度较高的健康保障体系，在合理确定年度医疗预算定额标准的前提下，实行多方参与、共同管理的办法；六是积极推广形式多样、项目不同、标准有别的医疗保险制度，争取尽早制定全国性或地方性医疗保险法规。

（三）第三阶段，社会主义市场经济确立阶段（1993—1998年）

我国经济体制改革的历程，是我们党对经济社会发展的不断深入认识和发展的历程。如：1982年，党的十二大正式提出计划经济为主，市场经济为辅的观点；1984年，党的十二届三中全会正式提出社会主义经济是公有制基础上的有计划的商品经济的观点；1987年，党的十三大正式提出社会主义有计划商品经济的体制应该是计划与市场内在统一的体制的观点。特别是，邓小平从1979提出“社会主义也可以搞市场经济”，到1992年提出“计划多一点还是市场多一点，不是社会主义与资本主义的本质区别。计划经济不等于社会主义，资本主义也有计划；市场经济不等于资本主义，社会主义也有市场”等重要论断，从根本上破除了市场经济姓“资”、计划经济姓“社”的传统观念，为社会主义市场经济理论的提出和社会主义市场经济体制的建立指明了方向。[①]

在上述基础上，1992年6月9日江泽民在中央党校所作的讲话中，首次肯定了“社会主义市场经济体制”的提法。之后，10月12日在党的

① 李兴山，《瞭望》2010年3月1日。

十四大报告中正式提出："我国经济体制改革的目标是建立社会主义市场经济体制。"1993年11月14日，中共十四届三中全会通过的《中共中央关于建立社会主义市场经济体制若干问题的决定》，确定了社会保障制度是社会主义市场经济体制框架的五大支柱之一。之后，在深化医疗保险制度改革的同时，探索社会保险基金征收管理和属地化管理办法，确立了"效率优先，兼顾公平"的价值取向，基本建立起一个独立于企业事业单位之外，资金来源多元化、保障制度规范化、管理服务社会化的社会保险体系，实现了社会保险由"国家—单位保障制度模式"向"现代社会保障制度模式"的转型。并同时确定了医疗保险金由单位和个人共同负担，实行社会统筹和个人账户相结合的方向。这标志着医疗保险制度的改革进入了建立统账结合的新阶段。为了加强对医疗保险制度改革工作的领导，国务院成立了职工医疗保障制度改革工作小组。

1994年4月14日，国家体改委、财政部、劳动部、卫生部联合制定了《关于职工医疗制度改革的试点意见》，经国务院批准，决定在江苏镇江、江西九江进行社会统筹和个人账户相结合的社会医疗保险制度试点改革，为全国医疗保险制度改革奠定了经验基础。其具体规定如下：

以镇江市、九江市为代表的"统筹结合型"模式。这种模式对账户管理实行三段式管理，即个人账户段—自费段—社会统筹段结合在一起管理。其主要特色是可以扩大覆盖面，包括不同所有制的企业和行业的职工。

1. 基金的筹集与管理

用人单位以上年度在职职工工资总额与离退休人员费用总额之和的10%确定为当年单位筹资比例，职工个人缴费按本人年工资额的1%提取，社会统筹医疗基金与职工个人医疗账户相结合。个人缴费1%和社会统筹基金50%左右划归个人账户。个人账户的本金、利息为个人所有，只能用于个人支出，可以结账使用和依法继承，但不能提取现金和拿去他用。另外，镇江市从统筹基金中提取10%的风险调节基金，以预备支付突发情况和大的流行病发生时的医疗费用。

2. 资金的给付方式

医疗费用先从个人医疗账户中支付，个人账户用完之后，再由个人自付年工资的5%，然后进入社会统筹基金支付段。社会统筹部分支付时，个人要负担一定比例，分段计算，费用越大，负担比例越小。退休人员自付比例为在职职工支付费用的50%。

3. 医疗保险的管理体制

镇江市采用政事分开制度，社会保险局负责行政管理工作，基金管理中心由卫生局公费办、劳动局保险管理处的企业职工大病医疗保险科和社会保险局的基金管理科合并组成，负责业务工作。

镇江市、九江市把两个账户资金统一起来管理，由医保经办机构掌管，采取专款专用的形式。这种制度在理论上是行得通的，由此建立了筹资机制和基金管理机制，减少了医疗费用过度上涨的势头，帮助人们树立正确的消费观念，可以帮助年轻的在职职工考虑到自己年老的时候生病时的费用负担。但其不足之处是：筹资工作的难度较大，特困企业的负担较重而无力缴费，经济效益好的企业又不愿意参保。医院方面采用定额结算的办法，一定程度上促使医院分解处方等道德风险的发生，再加上管理不善，就会陷入“多数人在享用少数人的医疗费用、个人账户充足、统筹账户亏空”的怪圈。由于计入个人账户的费用较小，进入社会统筹之后，个人自付的比例较小，个人账户超支越多，能够得到社会统筹的调剂越多，一些人为了减少自己的负担，自愿调高自己的医疗费用，增加自己进入统筹段的医疗费用，从而造成挤占统筹，共济失调的状况多有发生。另外，由于医保机构统管原来由各单位分别管理的业务，对大量繁杂的门诊治疗费用与开药费用审批报销工作进行统管，工作量大，手续复杂，不便于患者就医。这样必然减弱原来的业务质量和基金管理力度。

在“两江”试点基础上，1996年4月，国务院办公厅转发了国家体改委等四部委《关于职工医疗保险制度改革扩大试点意见的通知》，将试点扩大到50多个城市，贵州省六盘水市和清镇市被列为扩大试点城市，并于1997年年初按照统账结合模式进行医疗保险试点改革。

在“两江模式”试点基础上，发现其对统筹基金和个人账户的管理水平要求很高，在实践中容易出现统筹基金大幅度赤字和个人账户“空转”现象。因此，在“两江模式”试点全力推广的同时，在许多地区也在进行着多种多样的制度创新，形成了比较有代表性的海南“双轨并行模式”、深圳“混合型模式”等。烟台、平顶山、阳泉、鞍山、青岛等地在设计方案时，除统筹基金和个人账户之外，还增加了由单位管理使用的调剂金，以保证改革试点顺利起步和平稳过渡。上海市实施了医疗费用“总量控制，结构调整”的改革措施。

1998年11月，全国城镇职工医疗保险制度改革工作会议召开。会议提出：要加强医院和药品价格的控制，要强化监管控制费用过快增长。实行“一分、二定、三目录”：医药分开核算、分别管理；基本医疗保险实行定点医疗机构和定点药店管理，职工到指定医院就医、购药；明确指定基本医疗保险的药品目录、诊疗目录和医疗服务收费标准及其相应管理办法。1998年12月14日，国务院正式发布《国务院关于建立城镇职工基本医疗保险制度的决定》，要求在全国范围内建立起适应社会主义市场经济体制，充分考虑财政、单位、个人承受能力，切实保障职工基本医疗需求的基本医疗保险制度，并明确了医疗保险制度改革的目标任务、基本原则和政策框架。其主要内容包括：

(1) 建立原则。基本医疗保险的水平要与社会主义初级阶段生产力发展水平相适应；城镇所有用人单位及其职工都要参加基本医疗保险，实行属地管理；基本医疗保险费用由用人单位和职工双方共同负担；基本医疗保险基金实行社会统筹和个人账户相结合。

(2) 覆盖范围和缴费办法。城镇所有用人单位，包括企业、机关、事业单位、社会团体、民办非企业单位及其职工，都要参加基本医疗保险。基本医疗保险原则上以地级以上行政区（包括地、市、州、盟）为统筹单位，也可以县（市）为统筹单位。基本医疗保险费由用人单位和职工共同缴纳，用人单位缴纳费率应控制在在职职工工资总额的6%左右，职工缴费标准一般为本人工资收入的2%。

(3) 建立基本医疗保险统筹基金和个人账户。基本医疗保险基金由统筹基金和个人账户构成，职工个人缴纳的基本医疗保险费，全部计入个人账户。用人单位缴纳的基本医疗保险费分为两部分：一部分用于建立统筹基金，另一部分划入个人账户。划入个人账户的比例一般为单位缴费的30%左右。统筹基金和个人账户要划定各自的支付范围，分别核算，不得互相挤占。确定统筹基金的起付标准和最高支付限额，起付标准原则上控制在当地职工年均工资的10%左右，最高支付限额原则上控制在当地职工年均工资的四倍左右。起付标准以下的医疗费用，从个人账户中支付或由个人自付。起付标准以上，最高限额以下的医疗费用，主要从统筹基金中支付，个人也要支付一定比例。超过支付限额的医疗费用，可以通过商业医疗保险等途径解决。

(4) 健全基本医疗保险基金的管理和监督机制。基本医疗保险基金纳入财政专户管理，专款专用，不得挤占挪用。社会保险经办机构负责基本医疗保险基金的筹集、管理和支付，建立健全预决算制度、财务会计制度和内部审计制度。社会保险经办机构的事业经费不得从基金中提取，由各级财政预算解决。各级劳动保障和财政部门，要加强对基本医疗保险基金的监督管理。

(5) 医药卫生体制改革。制定基本医疗保险服务范围和标准，包括基本医疗保险药品目录、诊疗项目目录和医疗服务设施标准。对提供基本医疗保险服务的医疗机构和药店实行定点管理。医疗机构要进行经济运行分析和成本核算，实行医药分开核算、分别管理，在此基础上，合理提高医疗技术收费价格。

(6) 新旧制度衔接。明确规定离退休人员、老红军的原有医疗待遇不变，医疗费用由原资金渠道解决；退休人员参加基本医疗保险，个人不缴纳基本医疗保险费，对离退休人员个人账户的计入金额和个人负担医疗费用的比例给予适当照顾。

通过上述的介绍，我们可以看出如下几点：

第一，任何一种制度的建设，经济体制都是决定因素。我国经济体制的改革，从起步到最终的成型，并取得举世瞩目的成效，一个最根本的原因是其制度的优势所在。在统一思想认识的基础上抓住时机，逐步深化推进，实现整个经济体制从计划经济到市场经济的成功转型，为社会管理制度的构建奠定了坚实的基础。

第二，先试点后推广，已经成为“摸着石头过河”的具体体现。实践证明，这是确保改革得以稳定推进，降低经济社会转型成本的成功经验。经济体制改革如此，社会管制制度的改革与创新同样如此。

第三，借鉴国外先进经验和具体国情结合，是形成自身制度特色的根本。西方国家通过殖民掠夺和资本原始积累所建立起来的福利保障制度，尽管一定程度上体现了社会公平，但却影响了效率，当经济停滞和人口老龄化等经济社会问题出现，整个制度就面临严峻的挑战，使得整个社会保障福利制度的改革越来越演变为政治斗争的工具；另一方面，以新兴国家如智利、新加坡为代表的强调效率优先的个人账户为基础的社会保障制度则体现出较强的生命力；因此，“社会统筹”体现社会公平，“个人账户”实现效率优先，二者相结合，则体现出公平与效率二者兼顾的制度安排，这成为我国社会保障制度规避发达国家福利制度弊端的必然选择。

第四，由于改革开放以来工作的中心在于经济发展，而社会管理制度建设则滞后于经济发展的速度和水平，加上经济改革的起步和水平不同，造成了经济发展速度和水平的地区差异，由此，也就决定了社会管理制度，尤其是社会保障制度建设，尽管都是在“社会统筹与个人账户”的统一模式下，但在统筹的层次和具体的执行内容上，却又存在很大的差异，因此，不仅职工基本医疗保险制度的建设，甚至整个社会保险制度的建设都呈现出“碎片化”的状况。所以虽然基本医疗保障制度都建立起来了，但却难以适应经济发展日益市场化的需要。

第五，在计划经济及改革时期，不论职工医疗保障制度怎样改革，也就是说不论职工医疗费用是国家承担或是企业承担，职工个人始终是不承担医疗费用的，所以我们认为只能是一种医疗福利保障制度，而非保险制度，因为，保险的根本就是缴费享受待遇。据此，可以认为，改革开放以来的职工医疗保障制度的改革过程，就是一个从福利制度向保险制度的改革发展过程。

第二节　企业职工基本医疗保险制度的构建

通过不断地试点总结，“社会统筹与个人账户”相结合的保险制度基本成型。1998年12月14日国务院发布了《关于建立城镇职工基本医疗保险制度的决定》(国发〔1998〕44号)，这是中国企业职工医疗保障制度自“劳保”制度实施以来的最深刻的变革，开启了我国企业职工医疗保障制度及“劳保”制度向基本医疗保险制度转变的新时代，并为实现“全民医保”目标奠定了基础。

《关于建立城镇职工基本医疗保险制度的决定》指出，基本医疗保险制度实行社会统筹与个人账户相结合的模式。基本医疗保险基金原则上实行地市级统筹。基本医疗保险覆盖城镇所有用人单位及其职工；所有企业、国家行政机关、事业单位和其他单位及其职工必须履行缴纳基本医疗保险费的义务。规定用人单位的缴费比例为工资总额的6%左右，个人缴费比例为本人工资的2%。单位缴纳的基本医疗保险费一部分用于建立统筹基金，30%划入个人账户；个人缴纳的基本医疗保险费计入个人账户。统筹基金和个人账户分别承担不同的医疗费用支付责任。统筹基金主要用于支付住院和部分慢性病门诊治疗的费用，统筹基金设有起付标准、最高支付限额；个人账户主要用于支付一般门诊费用。

为了确保《关于建立城镇职工基本医疗保险制度的决定》的顺利实施，逐步适应经济结构中不同经济成分劳动者对医疗保障的需要，扩大受益面，国家先后制定和出台了相关的规定和政策，归纳起来主要有：

2000 年 2 月，国务院办公厅转发了国务院体改办等八部委联合制定的《关于城镇医药卫生体制改革的指导意见》。

2000 年 7 月 25 日，国务院召开上海会议，第一次提出“三改并举”的改革思路，要求同步推进城镇职工基本医疗保险制度、医疗卫生体制和药品流通体制三项改革。

2002 年 9 月 16 日，劳动部和社会保障部办公厅下发了《关于妥善解决医疗保险制度改革有关问题的指导意见》，对《国务院关于建立城镇职工基本医疗保险制度的决定》公布以来，全国基本医疗保险制度实施过程中遇到的一些新问题和新情况，提出了一些改革的建议。

2003 年 4 月 7 日，劳动部和社会保障部下发了《关于进一步做好扩大城镇职工基本医疗覆盖范围工作的通知》，提出加快建设和完善城镇职工基本医疗保险制度，要求 2003 年尚未实施基本医疗保险制度改革的统筹地区必须启动；已经实施的统筹地区，要进一步扩大覆盖范围。2003 年 5 月 26 日，劳动部和社会保障部办公厅发布了《关于城镇灵活就业人员参加基本医疗保险的指导意见》，要求各级劳动保障部门重视灵活就业人员的医疗保障问题，积极将灵活就业人员纳入企业职工基本医疗保险制度范围。

2004 年 5 月 28 日，劳动和社会保障部办公厅发布了《关于推进混合所有制企业和非公有制经济组织从业人员参加医疗保险的意见》，将医疗保险覆盖面扩大到混合所有制企业和非公有制经济组织从业人员，进一步完善了医疗保险制度。

2004 年 9 月 13 日，劳动和社会保障部下发了《关于印发国家基本医疗保险和工伤保险药品目录的通知》，在 2000 年《国家基本医疗保险药品目录》的基础上将险种适用范围从基本医疗保险扩大到工伤保险，并在保持用药水平相对稳定与持续发展的基础上，增加了新的品种，明确了部分药品准予支付费用的限定范围。

2009 年 5 月 27 日，人力资源和社会保障部、财政部、国务院国有资产监督管理委员会、监察部联合发布了《关于妥善解决关闭破产国有企业退休人员等医疗保障有关问题的通知》，要求各地要采取切实有效措施，于年底前将未参保的关闭破产国有企业退休人员纳入当地城镇职工基本医疗保险。并明确要求各地加快企业职工医疗保险的扩展进度，确保 2011 年年底城镇职工基本医疗保险参保率达到 90%以上。

为了适应发展和就业结构的变化，将关闭的破产国有企业退休人员纳入医疗保险，在此基础上，如何统筹解决其他关闭破产企业退休人员和困难企业职工的医疗保障问题对所属统筹地区提出工作要求，并制定考核方案。2010 年 7 月 1 日，《流动就业人员基本医疗保险关系转移接续问题暂行办法》正式实施，规定流动人员跨统筹地区就业时可以转移自己的医保关系，个人账户可以跟随转移划归。

通过上述一系列不断深入的改革和地方政府的有力贯彻执行，加上我国社会主义市场经济建设取得了举世瞩目的成效，以“社会统筹和个人账户”为模式的企业职工的基本医疗保险制度已经成型。同时为了规范社会保险关系，维护公民参加社会保险和享受社会保险待遇的合法权益，使公民共享发展成果，促进社会和谐稳定，将《宪法》赋予每个公民的社会保障权益落到实处，2010 年 10 月 28 日第十一届全国人民代表大会常务委员会第十七次会议通过，2010 年 10 月 28 日中华人民共和国第 35 号主席令公布，决定自 2011 年 7 月 1 日起施行《中华人民共和国社会保险法》，其中在第二章中对基本医疗保险作了详细的规定。使得整个基本医疗保险制度以法律的形式固定下来。

为了较为全面地了解企业职工基本医疗保险制度的基本内容，我们以贵州省为例，作如下分析。

贵州省作为西部欠发达、欠开发地区，也结合自身经济社会发展水平制定了企业职工基本医疗保险制度实施规划。1999 年，贵州省制定了《贵州省城镇职工基本医疗保险制度改革实施规划》（黔府办发〔1999〕31 号），根据规划要求，全省各地在社会统筹和个人账户相结合的原则下，陆续启动了企业职工基本医疗保险制度建设完善工作。

1. 覆盖范围

城镇所有用人单位及其职工，含个体工商户及灵活就业人员、农民工、在驻的中央和省属党政机关、事业单位、铁路和电力系统参加省级基本医疗保险统筹，其余单位参加属地基本医疗保险统筹，各统筹地区的缴费标准见下表。

表 2—2—1　　贵州省企业职工医疗保险各统筹地区缴费标准

统筹地区	单位缴纳比例	个人缴费比例
省本级	7.50%	2%
贵阳市	7.50%	2%
六盘水市	6%	2%
遵义市	6%	2%
安顺市	6%	2%
铜仁地区	6%	2%
黔西南州	6%	2%
毕节地区	6%	2%
黔东南州	6%	2%
黔南州	6%	2%

资料来源：笔者根据 2012 年贵州省各地区城镇职工医疗保险政策整理而得。

2. 缴费标准

基本医疗保险费由用人单位和企业职工个人按月缴纳。

用人单位以本单位上一年度职工月平均工资为缴费基数，缴费比例为 6%左右；职工个人以本人上一年度月均工资收入为缴费基数，缴费比例为 2%左右。

单位和企业职工个人月缴费基数按上年度全省在岗职工月均工资的 60%—300%进行保底封顶，即低于上一年度全省职工月均工资 60%的，以上一年度全省职工月均工资的 60%为缴费基数；高于上一年度全省职工月平均工资 300%以上的部分，不计入缴费基数，退休人员不缴费。

3. 账户结构

个人账户资金来源：参保企业职工个人缴纳的基本医疗保险费、用人单位缴纳的基本医疗保险费划入部分、按规定注入的个人账户铺垫资金。

(1) 参保人员个人缴纳的基本医疗保险费，为缴费基数（申报工资）的 2%。

(2) 用人单位缴纳的基本医疗保险费划入部分，根据参保人员年龄按比例划入个人账户：45 岁以下职工，按本人缴纳基数的 1.5%划入；45 岁以上职工，按本人缴费基数的 1.8%划入；退休人员，按上一年度全省在岗职工月均工资的 4%划入（贵阳市）。

4. 保障待遇

（1）支付范围

个人账户支付范围：门（急）诊医疗费用，定点零售药店购药费用，住院费用和规定病种、慢性特殊疾病门诊医疗费用中属于参保人员自付部分的费用（包括住院起付标准和规定病种起付标准以下医疗费以及参保人员使用乙类药品、特殊诊疗项目、一次性医用材料由个人先行自付的医疗费用）①。全自费部分不属于个人账户支付范围。

统筹基金支付范围：由单位缴费划除个人账户后的结余部分组成，主要用于支付参保人员住院和规定病种门诊医疗费用。

（2）起付线与封顶线

对统筹基金支付住院医疗费和规定病种门诊医疗费设定起付线和封顶线。

统筹基金支付费用的起付线：原则上控制在当地职工年平均工资的 10%左右，实际根据当地医疗消费水平差异，区别不同级别和类型医院划定。目前贵州省省级医疗保险首次住院起付标准分别为：三级医院 900 元、二级医院 600 元、一级医院及以下医疗机构 400 元。

统筹基金支付费用的年度限额（封顶线）：原则上控制在当地职工年均工资的 4 倍左右（国家是 6 倍）。目前，贵州省统筹基金年度内对住院医疗费和规定病种门诊医疗费累计最高支付限额为 6 万元。

（3）负担比例

参保职工住院发生医疗费用在起付标准以上至基本医疗保险统筹基金最高支付限额以下部分，由统筹基金和个人账户共同负担。负担比例采取按医疗机构级别或者按医疗费用分段共付的方式。如贵州省省级医疗保险一个保险年度内，参保职工在起付标准以上、最高限额（6 万元）以下的住院医疗费用，除个人先行自付的医疗费用外，按以下比例分担：三级医疗机构，个人负担 12%的比例；二级医疗机构，个人负担 8%的比例；一级以及以下医疗机构，个人负担 5%的比例。退休人员个人负担比

① 最新的基本医疗的药品目录、诊疗目录、大病病种目录见附录二。

例按照上述个人负担比例的70%执行。但起付线以下的医疗费用需由个人全部承担。

（4）大额医疗救助

大额医疗救助基金由用人单位和参保人员共同缴纳，缴纳标准为用人单位和参保人员每人每月各缴纳8元。每一保险年度内，参保人员医疗费用支付在基本医疗保险统筹支付线（6万元）以上至20万元的，扣除参保人先行自付的因使用“乙类药品”和属于基本医疗保险基金支付部分费用的诊疗项目中个人负担部分后，基本医疗保险封顶线以上部分由大额医疗救助基金支付95%，个人支付5%。

根据上述的介绍，对于现行企业职工基本医疗保险制度的构建，我们认为应该把握如下几个方面：

首先，“保基本”的根本在于克服医疗保障制度建设中的过度福利化而导致的医疗资源的浪费和医疗保障水平和效率的提高。医疗保障的实践证明，不论是西方国家的福利制度或我国计划经济时期的医疗劳保制度，由于医疗及健康的复杂性，对其进行过度的福利安排，不仅影响整个医疗保障系统的效率和运行的效果，而且不断增长的巨额费用开支时刻威胁着整个制度的正常运行。西方福利国家医疗保障制度和我国计划经济时期的劳保制度的改革，给予了充分证明。

其次，国家、集体（企业）和个人三方付费的社会保险制度的构建，适应了国际医疗保障制度改革发展的时代发展趋势，也是正确处理市场经济条件下公平和效率辩证关系的必然要求。市场是强调效率的，但市场不是万能的，市场失灵，必须要有政府干预，才能确保社会公平。欧洲高税收高福利是建立在其特殊的经济和社会发展历史时期，发展至今却靠政府的巨额债务负担予以维持，由于福利的刚性，一旦改革便面临政治危机及社会的不稳定；美国是制度设计效率优先的国家，但至今美国仍有4000万人被排斥在医疗保障制度之外。

最后，鉴于我国计划经济时期，全民所有制工商企业占全国工商工业企业的比重为91.27%（1979年统计数），因此，既然经济体制进行转型，劳保制度随着进行变革，便成为经济体制改革的必然。此外，全民所有制企业劳保制度的成功改革和新制度的构建，也为其他所有制职工和劳动者的医疗保险制度的建立奠定了坚实基础，搭建起了相应的运行平台。

第三节　完善和深化企业职工基本医疗保险制度的探讨

1998年颁布实施《关于建立城镇职工基本医疗保险制度的决定》，到2011年7月1日颁布实施《中华人民共和国社会保险法》，在这十几年间企业职工基本医疗保险制度不断适应经济社会的改革发展，而得到了不断完善和发展，尤其是《社会保险法》的颁布，不仅规范了企业职工基本医疗保险制度行为，实现了有法可依，更为重要的是使得“碎片化”的基本医疗保险制度得以整合。但随着我国工业化、城镇化、农业现代化即“三化”同步协调发展战略的实施，尤其是全面实现小康社会的进程日益加快和实现，现有企业职工基本医疗保险制度存在如下问题，需要进一步加以完善和深化改革。

一　现行企业职工基本医疗保险制度存在的问题分析

根据我们对贵州省企业职工基本医疗保险制度的调查，当前的制度存在的问题主要集中体现在如下几个方面。

（一）统筹层次问题

《中华人民共和国社会保险法》明确规定要求企业职工基本医疗保险基金逐步实现省级统筹①，但由于经济社会发展水平在一个省内存在较大的差异，试行企业职工基本医疗保险制度的先后及水平不尽相同，加上行政管理体制改革的滞后性导致了大部分企业职工的基本医疗保险只统筹到地市级，个别还是县级统筹层次。如2010年贵州省人力资源和社会保障厅发布了《关于推进城镇职工基本医疗保险、生育保险市（州、地）级统筹工作的意见》（黔人社厅〔2010〕44号），在“基本原则和目标任务中规定：（一）基本原则。坚持基本政策统一，促进基本医疗保险、生育保险待遇公平；坚持基金管理统一，提高基本医疗保险、生育保险基金互济和抗风险能力；坚持经办流程统一，科学合理划分市、县两级经办机构的职责。（二）目标任务。2010年，黔南州、黔西南州、遵义市、安顺市、六盘水市和铜仁地区（目前已经改为铜仁市）出台城镇职工基本医疗保险、生育保

① 但一部分特殊企业除外，如全国型企业特殊规定，实行更高层次的统筹。

险市级统筹办法并组织实施。其余地区也应抓紧制定出台城镇职工基本医疗保险、生育保险市级统筹办法，2011年6月30日前组织实施”。可见贵州省九个地州市，到2011年6月30日也就是说在我国《社会保险法》正式颁布实施前才计划实现地市级统筹，至今尚未实现全省职工基本医疗保险基金的省级统筹，全省共划分为10个相对独立的统筹地区。不断提高基本医疗保险基金的统筹层次，除了为构建全国统一的基本医疗保险制度奠定基础之外，更为重要的是，进一步提高企业职工基本医疗保险的统筹层次，这是由保险原理内在要求和实际情况决定的。根据保险“大数法则”可知，提高统筹层次，抗风险能力增强，基金的稳定性越强，只有提高统筹层次，才能解决不断增长的医疗需求，才能在面对更高层次的要求时实现省级统筹，作出合理的制度建设安排和财务保障。

（二）尚未构建起责任与待遇联动的运行机制

国家、集体（企业）和个人负担是我国社会保险制度筹资的基本原则，也是《社会保险法》予以明确的，但随着我国经济社会的发展，基本医疗保障水平随着人民对健康的需要而不断提高，“三基本”（基本药物、基本诊断、基本医疗设备技术目录）的进一步扩大和水平的提高，加上物价因素，导致中央和地方财政对基本医疗保险基金的转移支付不断上升。如2012年贵州省城镇职工医疗保险费用支出64亿元，人均医疗费用为1944.58元，比2011年增加了506.58元，增幅为35.2%。根据现行贵州省企业职工基本医疗保险筹资模式规定，用人单位按职工工资总额的6%缴费，职工按工资的2%缴费，要建立基本医疗保险统筹基金和个人账户。基本医疗保险基金由统筹基金和个人账户构成。职工个人缴纳的基本医疗保险费，全部计入个人账户。用人单位缴纳的基本医疗保险费分为两部分，一部分用于建立统筹基金，一部分划入个人账户。划入个人账户的比例一般为用人单位缴费的30%，统筹基金和个人账户要划定各自的支付范围，分别核算，不得互相挤占。要确定统筹基金的起付标准和最高支付限额，起付标准原则上控制在当地职工年平均工资的10%左右，最高支付限额原则上控制在当地职工年平均工资的四倍左右。起付标准以下的医疗费用，从个人账户中支付或由个人自付。起付标准以上、最高支付限额以下的医疗费用，主要从统筹基金中支付，个人也要负担一定比例。也就是说企业职工医疗保险基金由统筹和个人账户组成，统筹部分如有赤字，则由统筹地区财政兜底。如果地方财政困难，则整个制度就显得非常脆弱。

（三）基本医疗保险制度的异地结算问题

现行企业职工基本医疗保险制度对于保障和减轻职工医疗负担发挥着极其重要的作用。但在具体操作实践中，如何解决异地就医的结算问题，也是目前制度建设中面临的一个重要问题。就医疗保险异地结算而言，企业职工基本医疗保险异地就医结算主要分为两种情况，一种是在国内跨省结算，目前国家已经启动六个省试点；另一种是省内跨地区（或统筹区）结算。由于贵州省没有参加全国试点，因此这里主要是省内跨地区结算。贵州省人力资源和社会保障厅职能部门的研究报告“省内异地就医即时结算实证研究”提供的资料显示：

表 2—3—1　　贵州省异地就医基本数据

地区	2011 年				2012 年			
	人次	占待遇享受人数比重（%）	发生费用	占基金支出比重（%）	人次	占待遇享受人数比重（%）	发生费用	占基金支出比重（%）
贵阳市	8119	1.01	11062	5.79	9052	1.00	12896	6.30
遵义市	24704	14.83	18242	17.07	26859	9.99	21126.39	21.49
安顺市	4010	10.65	5471	24.23	4558	10.41	6441	21.37
六盘水市	3571	4.21	2143	11.85	5360	5.05	3137	15.70
毕节市	10570	9.82	7287.64	26.78	11460	16.43	9717	25.14
铜仁市	10918	17.60	8066.64	28.82	9963	12.75	11745.07	45.65
黔南州	13639	34.88	9339.05	29.42	1826	14.01	11371.02	25.99
黔东南州	19695	40.17	8782.19	22.39	32278	54.31	9225.65	20.18
黔西南州	1763	2.40	986	6.28	4145	3.87	1047	6.23
合计	96989	6.83	71379.5	14.85	121935	6.91	87066.13	16.44

2011 年、2012 年贵州省各个统筹区异地结算的人数、结算资金呈不断增加趋势，随着贵州省“三化”（工业化、城镇化和农业现代化）协同发展战略的实施，异地结算的人数和资金流量会更进一步增多。另一方面，医疗资源较为丰富的地区异地结算的比例虽然较低，但金额却是不断增加的，如作为省会的贵阳市、医疗卫生资源较好的遵义市虽然异地结算的人次 2012 年比 2011 年有所降低，但结算的资金量却是上升的。这就是说，由患者“垫付”的医疗费用逐年上升，根据统计 2012 年贵州全

省异地就医人员占就医人员的比重为6%，发生的医疗费用占16%。也就是说异地就医费用必须先由患者支付，然后，回到参保地报销，这不仅会在一定程度上增加患者负担，严重的还会产生社会问题，而且报销过程发生的费用，又会在一定程度上激化矛盾，可见异地结算是现行基本医疗保险制度存在的现实而亟待解决的问题。

此外，困难企业退休职工大病保险、职业病保险等一些带有地方性特点的医疗保险等问题，都有待于通过企业职工医疗保险制度的完善而予以解决。

二　进一步深化完善企业职工基本医疗保险制度的路径探讨

针对上述目前企业职工基本医疗保险制度中存在的突出问题，我们认为有必要采取如下措施予以改革和完善。

（一）实现省级基本医疗保险基金统筹的制度性安排

省级统筹是前述保险规律的客观要求，也是基本医疗保险制度得以健康发展的根本保证。尽管从目前地区利益出发，可以满足地区差异的需要，但从长远来看，随着经济社会的不断发展，人民健康水平及要求的不断提高单靠地方财力是难以满足需要的。如，按现行大病保险的试点要求，有些地区地方财政有限就难以开展，有些地区虽然一时财政可以支持，但随着地方公共民生项目的不断增加和扩大，财政也难以为继，因此，只有走提高统筹之路，才是确保基本医疗保险制度得以健康有序发展的根本。

（二）构建起责任与待遇联动的基金筹资机制

这种筹资机制是构建在医疗保险精算模型基础之上，而不是根据每个企业职工基本医疗保险基金的核算年度的结余或赤字来决定的。也就是说，伴随基本医疗保险保障的水平和范围的提高，不能简单地仅仅依靠财政转移支付制度，而是必须构建在政府、企业和个人三方负担的基础之上，因此，每一次医疗保障水平和待遇的提高及范围的扩大都必须建立在“三方”付费的基础上，只有这样才能确保制度本身的健康发展。可见，构建科学合理的医疗保险筹资精算模型是企业职工基本医疗保险制度深化发展的根本。

（三）加强网络建设，实现省内异地就医即时结算

公共产品供给除了利民之外，更重要的一点就是便民。实现省内异

地即时结算，便是便民的重要举措，也是反映管理水平和技术的具体体现。由于一个省内设立了10个统筹区，每个统筹区的信息化建设水平及运行系统不尽相同，因此，就给异地就医即时结算带来技术上的障碍或建设成本的上升。当然从经济的角度上看，实现全省统筹是最经济、最科学，也是最低成本的选择，但现实却不能一夜之间改变，最为可行的做法是所有统筹地区的信息资料都在省一级实现交换，这样不仅建设成本最低，也为下一步实现省级统筹奠定基础。如果由各个统筹地区自行安排，不仅不是制度本身发展的要求，而且还会导致建设成本和费用的上升或不必要的浪费，因为，省级统筹的现实是实现跨省即时结算的基础，而且国家已经开始试点，实现企业职工基本医疗保险省级统筹只是时间问题，一旦实现省级统筹，就必须构建统一的信息运行管理系统，那么各个统筹区原有运行系统将被取而代之。可见在省级构建各个统筹地区异地即时结算的交换运行系统是最为经济和科学的。

总之，在制度建设和完善中，应该依法按照职责建设，尤其是要加强不同部门之间的协调与制度衔接。如现在困难企业退休职工的大额医疗保险缴费问题就应该通过业已建立的医疗救助制度给予解决，而不是由基本医疗保险基金负担，我们始终认为，既然是保险就应该严格按照保险自身的规律予以安排，只有这样才能确保整个制度健康有序地按照既定目标发展。

第三章　集中连片特困地区新型农村合作医疗保险制度完善探讨

第一节　集中连片特困地区贫困与脱贫路径分析

一　集中连片特困地区与贵州扶贫状况分析

贵州作为多民族的山区内陆省份，根据第六次人口普查，少数民族占贵州人口的比重为36.11%，民谣“高山彝苗水仲家（布依族旧称）、仡佬住在石旮旮”，既反映了少数民族的分布情况，也是少数民族生存环境的真实写照。1985年我国农村人均纯收入200元以下的贫困人口有1.25亿，占当时农村总人口的14.8%。这些贫困人口居住集中主要分布在18个集中连片的贫困地区，即“老、少、边、穷”地区。全国共有1019个县，其中云南省有70个县，成为拥有贫困县最多的省份，贵州省和陕西省各有50个县位居第二，贵州作为多民族地区，贫困县占全部建制县的比重为62.2%，贫困人口1600万，成为贫困县占比最高，贫困深度最深的省份。扶持老少边穷地区的发展成为我国地区政策的一项明确任务。1986年，六届全国人大四次会议把扶持老少边穷地区尽快摆脱经济文化落后状况作为一项重要内容，列入了“七五”计划，标志着国家扶贫政策的正式实施。

随着我国社会主义市场经济体制的确立与建设，为进一步解决农村贫困问题，缩小东西部地区差距，实现共同富裕的目标，国务院决定：从1994年到2000年，集中人力、物力、财力，动员社会各界力量，力争用七年左右的时间，基本解决全国农村8000万贫困人口的温饱问题，贵州省为1000万，占全国贫困人口的12.5%，其中人均年纯收入不到200

元的极贫人口392万人，集中连片的贫困县48个。贫困人口主要分布在深山区、石山区、高寒山区、地方病高发区和少数民族聚居区，文化教育落后，人畜饮水困难，生产生活条件极为恶劣。这些使得贵州成为我国贫困人口最多、贫困发生率最高的省份。为此，国务院制定了未来七年全国扶贫开发工作的纲领性文件：《国家“八七”攻坚计划》，这同时也是国民经济和社会发展计划的重要组成部分。根据《国家“八七”攻坚计划》，贵州全省有48个县被列为国定贫困县，占贵州建制县的55.81%，48个贫困县辖826个乡镇，389.71万户，1708.87万人，分别占全省总户数和总人口的57%和58.34%。为此，贵州省制定和实施了《贵州扶贫攻坚计划》，提出：“到本世纪末全省基本实现解决贫困地区贫困人口的绝对贫困问题”，并在国家和对口扶贫协作城市的支持下，全省共同努力，如期完成了扶贫攻坚目标。

2001年，党中央、国务院制定并颁布实施了《中国农村扶贫开发纲要（2001—2010年）》，明确提出继续解决和巩固农村贫困人口温饱问题、促进贫困地区全面发展、为达到小康水平创造条件的奋斗目标。并在全国确定了592个重点扶贫开发县。根据统计，2010年按照年人均纯收入1274元的扶贫标准，贵州省贫困人口增加到585.38万人，其中85%以上集中分布在武陵山区、乌蒙山区、滇桂黔石漠化区等连片特困地区，贫困人数剧增至占全国贫困人口的14.6%，使得扶贫开发任重道远。

2011年11月中共中央、国务院颁发了《中国农村扶贫开发纲要（2010—2020）》，成为我国今后十年扶贫开发的纲领性文件，为贫困地区同步实现小康社会，达到共同富裕目标绘制出了具体的线路图。《中国农村扶贫开发纲要（2011—2020年）》指出未来十年，11个连片特困地区（包括六盘山区、秦巴山区、武陵山区、乌蒙山区、滇桂黔石漠化区、滇西边境山区、大兴安岭南麓山区、燕山—太行山区、吕梁山区、大别山区、罗霄山区）和西藏、四省（四川、云南、甘肃、青海）藏区、新疆南疆三地州将是扶贫开发的主战场。作为内陆多民族省份的贵州省，在11个连片特困地区中相关联的地区就占三个（武陵山区、乌蒙山区、滇桂黔石漠化区）。2012年按照国家标准人均纯收入2300元以下的为贫困人口，据此贵州2012年的贫困人口有1149万人，是全国贫困人口最多的省份，相当于全国每9个贫困人口中就有1个是贵州人。全省88个建制县（市、区）中，有扶贫开发任务的县为83个，其中有50个是国家扶贫开发重点县。这表明贵州仍然是贫困深度最深、贫困密度最大的省份之一，同时，也是同步实现小康社会任务最艰巨的省份。[①]

从上述国家对“老、边、少、穷”地区经济社会的政策支持，到现在的“集中连片特困地区”的扶贫攻坚政策实施，一方面体现了党和国家带领全国各族人民实现共同富裕奔小康的坚定决心和信心；另一方面也反映出贵州扶贫开发的难度和深度。

二　贵州集中连片特困地区扶贫开发的“三难、二困、一缺”

根据上述对国家扶贫政策的几个关键时间节点的介绍，加上进入21世纪国家西部大开发战略的实施，以及逐步建立健全的社会保障制度，就宏观总体上来说，基本上解决了西部贫困人口的温饱问题，但距达到同步实现小康社会的要求，还存在一定的距离，脱贫致富奔小康的任务还很艰巨，根据我们对贵州省贫困发生率在全国和省内最高的两个地区（表3—1—1）：乌蒙山区腹地（贵州省威宁县）和苗族集中分布的苗岭、月亮山地区（贵州省台江县）的深入调查，认为这些地区扶贫开发的艰难在于“三难、二困、一缺”。

表3—1—1　　台江县、威宁彝族回族苗族自治县、民族地区与全国贫困发生率

（%）

年份	台江县	威宁彝族回族苗族自治县	民族地区	全国
2006	10.7	9.2	18.9	6
2007	9.3	7.8	18.6	4.6
2008	24.9	22	17.6	4.2
2009	23.1	21.46	16.4	3.8
2010	16.7	12.44	12.2	2.8

数据来源：《贵州统计年鉴》《中国农村贫困监测报告2011》。

台江县属于滇黔桂石漠化区，位于黔东南苗族侗族自治州中部，苗族人口占全县总人口的97%，有“天下苗族第一县”之称；威宁彝族回族苗族自治县属于乌蒙山连片贫困地区，位于贵州西北部，有彝、回、苗、布依、蒙古、水、白、土家、侗、藏、壮、满、朝鲜、瑶族等20个少数民族，少数民族人口32.54万人，占总人口的22.74%。其中彝族人

① 文中数据资料根据贵州省扶贫开发新闻网（www.fpkfww.com）提供的文献整理。

口12.41万人，占少数民族总人口的38.14％，苗族人口7.24万，占少数民族总人口的22.25％。

（一）贵州集中连片特困地区扶贫开发存在的“三难”

“三难”主要是指：开发难、聚集难和生态保护难。

一难，是开发难。所谓开发难，一是难在开发的成本大。众所周知贵州特殊的喀斯特地貌的山地特征，使得地表沟壑交错，山石林立，各少数民族盘寨而居，鸡犬声相闻，老死不相往来。“要致富，先修路”。根据测算，在平原丘陵地带高速公路每公里造价为3000元，而贵州省每公里近4万元，乡村四级公路每公里造价在5万元左右（不含架桥、涵洞）。尽管在国家大力支持下，以网格状构建的县县通高速在2015年的实现，将彻底改变贵州的交通状况，为经济发展和跨越铺平“大道”，但边缘高寒地区通村通组的道路投资，地方财政却难以负担。我们在威宁县石门乡调研，该乡辖14个村组，至今仍有8个村组道路不通，而要实现通路则需上千万的投资，最起码的救灾物资仍然需要人挑马驮。二是难在水利灌溉。一方面，充沛的降雨量（常年1400—1700mm），使得乌江、南北盘江、都柳江水系得到梯级开发，实现了西电东送的能源开发项目的同时，形成了许多大、中型水库，如仅次于三峡大坝的龙滩电站，虽然坝区在广西天鹅县，但库区则包括贵州省的罗甸、望谟、册亨等县，高峡出平湖，隐藏在崇山峻岭之中，但库区的农业灌溉作用却没有得以发挥，水电开发仅此而已，并没有相应的农业水利灌溉项目跟进，虽然投入巨资开发水电，但综合效益难以显现，以至于2013年夏贵州的旱灾竟然出现“山下碧波荡漾、山上枯黄一片”，百姓望水兴叹。另一方面通过长期的扶贫开发，贫困地区的人畜饮水通过水窖建设基本得到解决和保障，但生产用水还是靠天吃饭，这就使得本身就贫瘠的土地，一旦风不调雨不顺，绝收减产就成必然，不论是粮食还是经济作物，要在全省17.6万平方公里且97％为山地丘陵的土地上兴修水利灌溉，不仅投资大而且技术难度也大。

二难，是集聚效应的发挥难（分散性）。一方面，由于历史的原因贵州少数民族都居住在偏远山区，受生存的地理条件限制，往往当人口增长超过土地资源和生存环境的承载，便另寻生存之地，这就导致了少数民族大多数是几户、几十户盘寨而居，星罗棋布地分布在群山峻岭之中；另一方面，艰苦的生活环境和长期以来的较为封闭的产品经济所形成的

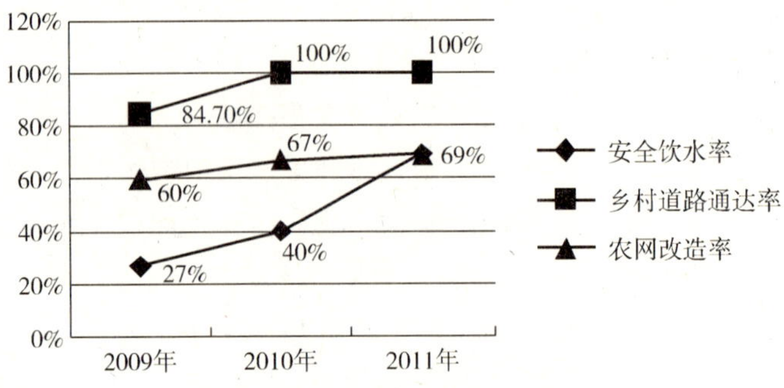

图 3—1—1　2009—2011 年威宁彝族回族苗族自治县安全饮水率、乡村道路通达率及农网改造率

生活习性和传统，加上缺乏城镇谋生的技能和方法，使得他们难以适应现代生活环境。因此产业化、城镇化难以发挥集聚效应。根据调查，很多移民县城房在人不在，年轻的外出务工，不能外出的则回到原来的生存地按原有生产技能继续寻找生存方式。如龙滩电站库区、北盘江光照库区、南盘江的天生桥和鲁布革等库区、清水江上的仰阿莎库区，从事打鱼养鱼、放羊、水上运输等的基本上是移民后回到原住地的少数民族。又如威宁县的迤拉镇、中水镇跨越式产业化和城镇化发展，对周边贫困乡镇产生的集聚效应并不突出。从某种意义上说，这就是尽管国家扶贫开发的力度日益加大，还加上西部大开发的有力推动，而偏远少数民族地区脱贫脆弱性的根本原因之一。

三难，是生态脆弱且保护难。地处乌蒙山区的贵州省是长江水系和珠江水系的源头之一，其生态状况直接关系到两大水系水源的保护和当地民族的生存与发展。根据《贵州省石漠化报告》统计，贵州岩溶出露面积占全省总面积的 61.92%，是全国石漠化面积最大、类型最多、程度最深、危害最重的省份。2008 年国家启动了石漠化综合治理试点工程，贵州省 55 个县列为第一批试点县，到 2011 年贵州省石漠化面积 302.38 万公顷，比 2005 年减少 29.23 万公顷，减少了 8.81%，年均减少面积 4.87 万公顷，年均缩减 1.47%。尽管贵州石漠化治理取得了积极的成效，而且从 2012 年起贵州 78 个石漠化县全部纳入国家石漠化综合治理实施范围，石漠化治理步伐也将进一步加快，但如果按照现在年均净减少 500 平方公里左右的速度，尚需 60 年左右才能完成治理任务；另一方面，由于贵州山高坡陡，岩溶地貌极为发达，生态脆弱性和敏感性极高，已经恢复的林草植被生态稳定性差，如贵州由于近几年相继发生凝冻、干旱等自然灾害，导致19.78万公顷潜在石漠化土地恶化为石漠化土地，再有石漠化地区人多、地少、贫穷的社会因素尚未得到根本改变，陡坡耕种、过度放牧、樵采薪柴等现象仍然存在。如与2005年相比，因陡坡耕种导致2.96万公顷潜在石漠化土地转化为石漠化土地，发生在25°以上陡坡耕地的石漠化面积增加了0.77万公顷。在这些地区，一定程度上形成了人口增长→开荒种地→水土流失→土地石漠化→贫困→超生→人口增长的恶性循环。

（二）贵州集中连片特困地区扶贫开发存在的“二困”

一是指受制于教育水平的困扰；二是人口高出生率的困扰。

关于教育困扰：教育水平低导致了连片特困地区人力资本水平低下，是难以摆脱贫困困扰的重要因素之一。西奥多·舒尔茨认为：人力资本的提高对农业及整个经济的作用，远比物质资本的增加更为重要，主要表现为知识、技术能力、体能等，贫困解决的路径不是依靠单纯的财政投入和社会救济，而是提升贫困者个体的能力和素质。根据我们对威宁县和台江县的调查：“学成一个，脱贫一家，而且永不返贫”已经而且正在成为贫困连片地区扶贫工作者和贫困家庭的共识。给这一理论以充分证明。

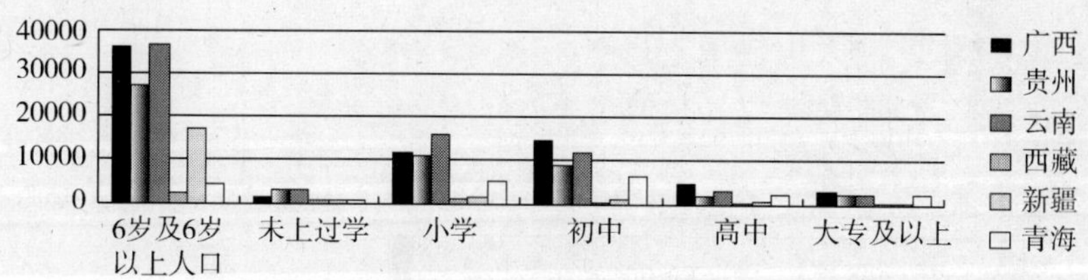

图3—1—2　西部少数民族分布较广地区人口受教育程度（部分）

数据来源：《中国农村贫困监测报告2011》《中国统计年鉴》。

上述资料表明，民族连片贫困地区的人口文化程度普遍偏低，多数是小学文化或文盲。有“天下苗族第一县”之称的台江县贫困村中青壮年文盲率达3%以上。威宁彝族回族苗族自治县全县7周岁以上的104万人中，文盲6.5万人，占6.25%；小学文化程度61.85万人，占59.47%；初中文化程度24.14万人，占24.17%；高中文化程度7.71

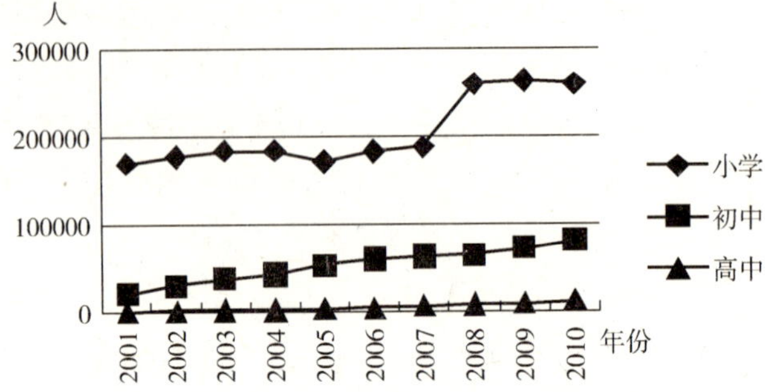

图 3—1—3　2001—2010 年威宁彝族回族苗族自治县小学初中高中在校人数

数据来源：《贵州统计年鉴》。

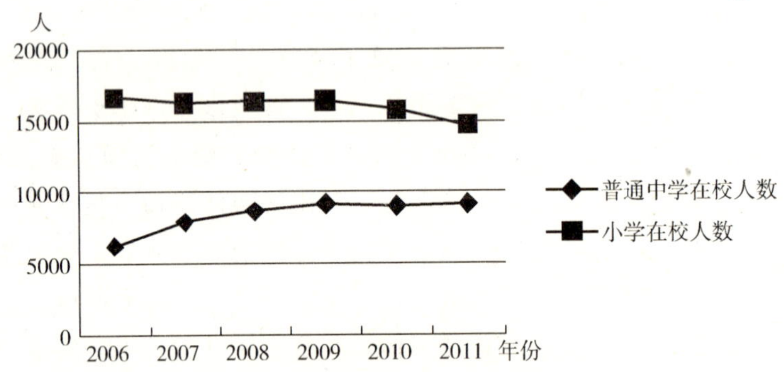

图 3—1—4　2006—2011 年台江县教育事业基本情况统计

数据来源：《贵州统计年鉴》。

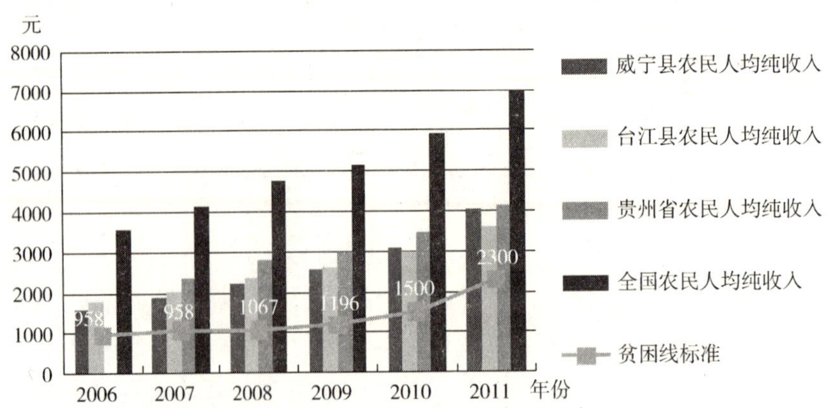

图 3—1—5　威宁县、台江县农村人均纯收入与贵州省、全国的数据对比

数据来源：《贵州统计年鉴》《中国统计年鉴》。

万人，占 7.41%；高中以上文化程度 2.8 万人，占 2.7%。小学以下文化程度的占了近 66%。思想观念基于传统形成，接受新技术新事物的能力较弱，从而导致贫困地区青年人外出打工的就业选择比较狭窄，以体力劳动为主，工资性收入较低。贫困也就成为必然。此外，受制于文化水平，即便有丰富的民族文化资源但却难以挖掘、整理并实现产业化，在造福自身的同时得以有效传承。如台江县的老屯乡是著名苗族“姊妹节”的发源地，威宁的板底乡以彝族文化传承著称，古傩戏“撮泰吉”，被国内外专家学者誉为“戏剧的活化石”等，都未得以产业开发及发展。

关于人口高出生率的困扰：马尔萨斯的“人口原理”认为“人口必然地为生活资料所限制，只要生活资料增长，人口一定会坚定不移地增长，除非受到某种非常有力而又显著的抑制的阻止”，并指出“贫穷，是这个法则绝对必然的结果”。尽管马尔萨斯的理论存在很多争议，但是不能否认的是，人口的增长在一定程度上会造成地区的贫困。根据我们的调查也是关于贫困根源研究成果的共识，人口增加也是导致贫困的重要根源。一方面受制于生存环境的影响，本来收入水平就有限，多子女带来的家庭负担的结果必然就是贫困；另一方面，子女成家，因分家而引起的财产和土地分割，是导致农村老年贫困的根本。尤其是子女中患有疾病或残疾者，便会沦为极贫家庭。根据第六次人口普查数据，贵州省苗族人口 396.84 万，彝族人口 83.4 万，从统计可以看出，苗族彝族所聚居的台江县、威宁彝族回族苗族自治县人口出生率、自然增长率相对高于贵州及全国，具体比较数据见图 3—1—6。台江县年末常住人口 11.24 万人，农业人口占总人口的 78.17%，而常用耕地面积仅 6199 公顷，威宁彝族回族苗族自治县年末常住人口 126.56 万人，农业人口占总人口的 81.07%，威宁全县有多子女妇女 105996 人，占已婚育龄妇女的 50.42%，而整个威宁县常用耕地面积 72011 公顷，全县农业人口人均基本农田仅为 0.17 亩，按贫困人口计算人均不足 0.15 亩，土壤瘠薄，气温较低，低产出，低收入的现象较普遍。

（三）贵州集中连片特困地区扶贫开发的“一缺”

这是指公共服务人员待遇上缺乏相应的激励机制。现行的科层制、计划经济时期形成的类别工资（一类、二类地区等）和改革开放后的分税制共同决定的公共部门的工资体制，使得在不同地区同一级别的干部

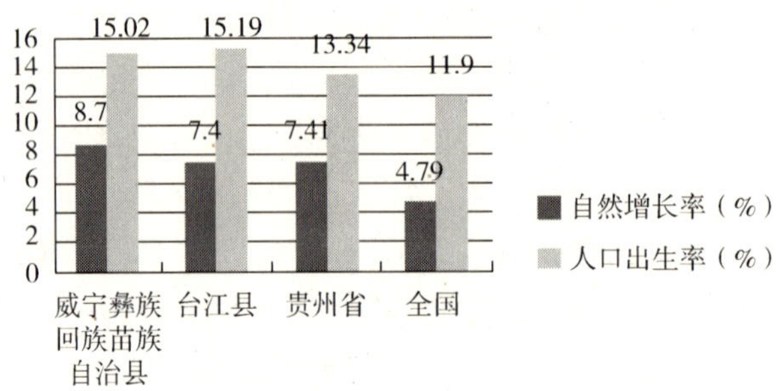

图 3—1—6　威宁彝族回族苗族自治县、台江县，贵州省和全国人口出生率、自然增长率

数据来源：《贵州统计年鉴》。

工资待遇差别巨大。如沿海发达地区与贫困地区科级干部的工资差距在 10 倍以上，贵州连片特困地区的村干部一个月的工资报酬从 2008 年的每月 180 元提高到 2009 年的每月 300 元至今，而一般公务员月工资在 2000 元左右（不含津贴或绩效奖励）。由于收入待遇低，又缺乏相应的激励机制，一定程度上影响了公共服务的水平和质量。另一方面连片特困地区多处于偏远山区，交通不便、生活和工作条件艰苦，往往被认为是“没有能力的人”才被安排到这些偏远乡村工作。这就使得在这些地区提供公共服务的人员要比其他非贫困地区的人员承受更多的经济和精神压力，从而导致了这些地区本来就匮乏的公共服务在能力和水平上受到影响，某种程度上弱化了政府的各项政策、制度的执行力。具体表现如下。

一是干部队伍稳定难、素质不高，缺乏后备力量。由于条件艰苦，待遇低，缺乏相应的激励机制，贫困乡镇的干部队伍极不稳定，流动性很大，除个别干部外，从乡镇领导到办事人员基本上在岗 1—2 年就调走。一定程度上影响了公共行政的效率和执行力。在村（组）中，由于年轻有为的年轻人基本上外出打工，使得村（组）干部，尤其是村干部不但素质不高而且年龄偏大，因此“不愿干事、不能干事、干不成事”现象普遍。一旦有“急、难、险、重”任务，“绕道走”、“装糊涂”，无能力组织、配合、协调和处置。

二是文教卫生事业单位人员流失严重，导致科教文卫人员匮乏。由于待遇低，这些地区的科教文卫单位成为中转站，几乎年年都在进人，每年都在往外调人，甚至为了吸引人才，不得不降低标准，导致服务能力和水平下降的同时，影响整个队伍的建设。

三是问责所面临的无奈。由于收入水平较低，交通不便，行政和办事成本高，有的偏远乡（镇）距离县城较远，仅往返县城路费都在100元以上，长此以往导致工作中出现“庸懒散”的现象。责任事故一旦发生，问责处理责任人往往显得很无奈，难以取得治理“庸懒散”的实际效果，更多地表现为“头痛医头，脚痛医脚”的状况，在我们的调查中很多情况并非基层工作人员或干部缺乏责任心和艰苦奋斗的精神，而是面对现实他们确实很难。

通过上述分析可以看出，在国家扶贫开发政策支持和制度安排下，加上西部大开发的加力，全面解决了连片特困地区贫困人口的温饱问题，但要与全国在2020年同步实现小康，不仅任务艰巨，而且时间紧迫。

三　“克难、解困、建机制”，因地制宜奔小康

2010年10月党的十七届五中全会强调，“在工业化、城镇化深入发展中同步推进农业现代化”。2012年1月12日，国务院颁布了《关于进一步促进贵州经济社会又好又快发展的若干意见》，即国发〔2012〕2号文件。指出“贵州要紧紧抓住深入实施西部大开发战略的历史机遇，以加速发展、加快转型、推动跨越为主基调，大力实施工业强省和城镇化带动战略”。2012年4月贵州省第十一次党代会深刻指出：“我省发展落后，从根本上看，是工业化、城镇化、农业现代化水平不高、不同步、不协调。差距在‘三化’上，出路也在‘三化’上。……对于推进‘三化’同步，我们要始终不动摇、不放松，动摇了必将又耽误，放松了必将更落后”。这一方面，反映了党中央、国务院对全面建设小康社会的战略部署和对贵州省加快经济社会发展步伐，实现同步进入小康社会的有力支持；另一方面表明了贵州省委的决策，完全符合中央的部署和贵州省的基本省情与时代发展的要求。目前“三化”同步发展战略正强有力地推动贵州经济社会的跨越式发展，连片特困地区如何被带动并融入这一进程中，我们认为需考虑如下的路径。

（一）科学规划，整合资金“克三难”

早在2009年9月初温家宝总理针对贵州省威宁县的扶贫问题就作出了“对每个乡、每个村都要作出科学而具体的规划和措施，并狠抓落实”的批示。为此威宁县全县所辖35个乡镇，在有关部门的协作支持下，按照“开

发扶贫、生态建设、人口控制”的原则，制定了乡（镇）、村规划，并形成了《贵州省威宁县喀斯特地区扶贫开发综合治理试点总体规划（2009—2015年）》，2011年4月《贵州省威宁县喀斯特地区扶贫开发综合治理试点总体规划（2010—2015年）》获贵州省人民政府批准。通过规划突出了重点，整合并吸引各方面的资金，攻坚克难取得了突出的成效。根据我们对威宁县迤那镇的调查，该镇依据自然地理条件和资源，规划了73个重点项目，采取“支部＋合作社＋基地＋农户”模式加以落实，取得了显著成效。仅2011年到2012年就落实帮扶资金6.33亿元，实施帮扶项目306项，到2012年年底全镇人均总产值、农民人均纯收入等九项经济发展指标与2010年相比增幅均超过80%，率先在全省实现了“脱贫摘帽”。迤那镇的经验表明，有了科学的规划，并抓住落实不放松就能做到因地制宜，科学发展，从而解决连片特困地区的扶贫难题，实现经济社会的跨越式发展。

（二）加强提灌工程建设，优化水利建设

早在1934年，毛泽东同志就提出了“水利是农业的命脉，我们也应予以极大的注意”的号召。通过多年的扶贫开发，基本解决了贫困地区人畜饮水的问题，但制约农业产业发展的生产用水问题一直没有得到根本性解决。贵州连片特困地区与别的连片特困地区相比，具有较为充沛的有利于农业发展的降雨量，只是缺乏相应的水利灌溉基础设施，导致水土流失严重，难以发展农业生产。另一方面，通过多年的长江和珠江水系的梯级开发，到2013年共建有大中型水库35座，在实现西电东送的同时，为农业发展提供了丰富的水源。但由于没有相应的配套灌溉和水利设施建设，整个水资源的利用率仅有10%，使得库区农业生产依然靠天吃饭。因此加强水利灌溉工程的建设，不仅有利于农业产业化发展，实现农业现代化目标，而且还会有利于加快石漠化治理的步伐。在威宁石门乡调研，这里土地资源相对丰富，但生产性缺水导致土地抛荒，成为致贫的原因之一，以至于农民普遍认为“只要解决了生产用水，不要国家扶持就可以脱贫”，解决贫困的根本问题在于农业灌溉问题。

（三）创新扶贫政策新模式，推进和提升扶贫效果

连片特困地区不同乡（镇）、村寨之间的自然地理条件存在着较大差异，在某乡（镇）、某村（寨）有效的项目，在别的乡（镇）、村（寨）就难以奏效，加上故土难离、家乡难离、亲朋好友难离及传统的民族生活习性难舍，因此我们认为在扶贫方式、方法上应有所创新。主要包括：

一是在“整村推进”中，应采用“一事一议”的财政奖补方式。这种方式在我们的调查中，得到了农民的普遍欢迎并取得了突出的效果。“因地制宜、民主决策、卓有成效”是扶贫工作者和村民对“一事一议财政奖补”的一致评价；二是在“扶贫开发项目”资金的使用上，应用“杠杆原理”将一定的扶贫资金用银行贴息的方式，撬动信贷资金进入项目开发，推动更多或更大的扶贫项目开展，同时也盘活了扶贫资金，国内在其他地区对此已经有成功案例；另一方面，民族民间文化的保护、挖掘整理和产业化，尤其是文化产业链的形成和延伸，也应被纳入扶贫开发的项目，而非仅仅是文化管理部门或由社会进行纯商业开发，如彝族、苗族不同支系的形成与发展及其所体现的文化特色就有很深很丰富的文化和商业开发价值；三是土地资源整合，尤其是低保户拥有的土地。从2007年开始实施低保制度以来全省实现了“应保尽保”，低保制度覆盖了全体生活困难农民，温饱问题彻底解决，但他们拥有的土地均闲置或抛荒，一定程度上丧失了脱贫的依靠。将土地以合作社、股份制的方式予以整合，不仅可为农业产业化发展提供基础，更加有利于提高土地的使用效率和收益，还能增加低保户或贫困户的收益。

（四）科学规划基础教育，整合职业教育资源，人口控制堵疏并举

加强贫困地区尤其是民族地区基础教育建设已经成为共识，但由于经济发展和城市化进程的快速发展，一定程度上造成了教育资源的浪费，在一些偏远贫困地区教学设施闲置已经显现，因此，教学事业的发展，同样存在科学规划、合理布局的问题，只有这样才能使有限的财政资金和社会资源发挥应有的效用，规避不必要的浪费。在职业教育方面，除了对农村劳动力转移有针对性地开展外，应整合社会保障部门的促进就业和创业方面的资金，开展GYB（产生你的企业想法）、SYB（创办你的企业）、IYB（改善你的企业）、EYB（扩大你的企业）培训。着力培养本土的中小企业，带动就业和劳动力转移，民族地区的就业实践证明，亲朋好友是带动和促进就业的最好引擎和动力。人口控制除了按现行政策做好控制工作外，辅以妇幼保健和加强宣传予以疏导，优生优育才是民族发展的根本。

（五）完善行政事业单位绩效考核的基础上，构建起贫困地区行政事业单位的津贴和奖励制度

针对贫困地区行政事业单位待遇低、工作条件和环境艰苦的状况，我们认为：作为党和国家干部当然要讲奉献，而且能担负使命，到这些

地方工作，本身就是一种奉献，能从工作和服务待遇方面给予提高，是确保他们能够安心、稳定和努力地执行党和国家的各项方针政策，确保一方平安，带领一地致富的根本所在；另一方面，伴随国家城乡公共服务均等化步伐的加快，教育、卫生、敬老院等公共基础设施在贫困乡镇得以加快建设，有效地改变了这些地区公共服务的硬件设施，但人才流失和匮乏，使得其功效难以有效发挥。20世纪60年代，日本实施的“国民收入倍增计划”和“国民皆福利运动”的内容之一，就是农村工作者的收入最高可达城市同等工作者的10倍，以至于70年代初，美国总统卡特到日本访问时发出“日本为什么没有农村”的感叹，韩国在70年代开展的“新村运动”也发挥了同样的功效。因此，我们认为针对贫困地区公共事业及行政部门实施“绩效＋津贴＋奖励”的待遇，使得他们的收入经过努力可以超过城镇非贫困连片地区1.5倍以上，中央财政以转移支付给予支持和保障。这样不仅可以稳定队伍，而且还有利于吸引优秀大学毕业生到这些地区工作，进而在促进和增进就业的同时，从根本上改善贫困连片特困地区的公共服务水平和质量。

总之，通过改革开放以来的扶贫开发，连片特困地区的基础设施建设、社会管理制度建设彻底根除了贫困连片地区的生存问题，人们的温饱得以保障，其成效举世公认，但与全国同步进入小康的目标要求相比，任务还很艰巨，因此，科学规划、因地制宜、整合扶贫资源和实施创新制度及方法，是推动连片特困地区实现跨越发展的根本路径选择。

这里应该明确指出的是，之所以没有将医疗卫生问题作为一个要素进行分析，在于我们在调研中了解到，由于新型农村合作医疗保险制度的深入实施和普及，从根本上解决了农村缺医少药的问题，有效地遏制了“因病返贫”、“因病致贫”现象，并极大地改善了农村医疗卫生条件。关于这一点，下文的分析可以印证。

第二节　集中连片特困地区新型农村合作医疗保险制度的成效分析

2002年10月，《中共中央、国务院关于进一步加强农村卫生工作的决定》明确指出：要“逐步建立以大病统筹为主的新型农村合作医疗制度”，“到2010年，新型农村合作医疗制度要基本覆盖农村居民”，“从

2003年起，中央财政对中西部地区除市区以外的参加新型合作医疗的农民每年按人均10元安排合作医疗补助资金，地方财政对参加新型合作医疗的农民补助每年不低于人均10元”，在中央和地方政府的投入支持下，开启了我国农村基本医疗保险制度的新篇章。2009年9月，威宁被确定为全国喀斯特地区扶贫开发综合治理试点县，2010年9月，威宁县新型农村合作医疗被列入贵州省“八大试点”工程之一。经过近三年来的实践威宁全县农民群众受益度不断提高，取得了农民群众得实惠、卫生事业得发展、政府得民心的实际成效。

一　科学规范详细的试点实施方案

威宁县新型农村合作医疗保险制度虽然起步晚，但在总结其他地区试点成功基础上，结合自身的实践，制定了科学完善的实施方案。

（一）门诊补偿政策

实行门诊自筹资金以家庭为单位包干使用的支付方式＋门诊统筹相结合模式。在各级医疗机构门诊就医的：1. 继续执行个人缴费部分（即50元/人·年），在县内乡级（含社区）、村级以家庭为单位100%包干使用，结余不予结转；2. 自筹资金以家庭为单位使用完后，仍需门诊治疗的，每人每年封顶线150元，县级及县外医疗机构，按50%，县内乡级（含社区），按60%，县内定点村卫生室，按70%的标准给予报销门诊统筹，门诊统筹资金家庭成员可合并使用，不设定每次处方限额（用完为止），结余不予结转。

（二）明确重大疾病保障范围及补偿标准

按贵州省卫生厅、贵州省民政厅有关重大疾病的相关规定，应相应增加保障范围，提高保障水平。1. 一般城乡居民，无起付线按90%的比例给予补偿；2. 对医疗救助对象（农村低保对象、城镇低保对象、城乡重点优抚对象）、70岁以上老年人、重度（一级）残疾人、百岁老人及农村计划生育独生子女户和二女绝育户政策范围内费用无起付线按100%报销。

（三）住院补偿标准

1. 起付线。（1）市内就医：按医疗机构级别，设立不同的起付线。一级定点医疗机构不设定起付线；二级定点医疗机构设50元起付线；三级定点医疗机构（含二级专科医院）设100元起付线；市外就医设200元起付线；（2）对医疗救助对象（农村低保对象、城镇低保对象、城乡重点优抚对象）、70 岁以上老人、农村独生子女户和二女绝育户不设起付线进行补偿；（3）对医疗救助对象（农村低保对象、城镇低保对象、城乡重点优抚对象）、70 岁以上老年人、重度残疾人等政策范围内报销比例提高 10 个百分点；对百岁老人和农村计划生育独生子女户和二女绝育户政策范围内费用 100%报销（注：从 2013 年 7 月 1 日起，威宁县作为贵州省第一批省直管县试点，在此之前，行政区划归毕节市管辖）。

2. 补偿比例。参保患者在各级定点医疗机构住院，符合政策报销范围的住院费用按比例予以补偿。（1）毕节市内：乡镇级定点医疗机构补偿比例为 90%；县级定点医疗机构为 80%；市级定点医疗机构（或二级专科医院）为 70%；（2）跨市外就医补偿比例为 60%。具体见下表。

表 3—2—1　　　　补偿比例

	市内乡镇级定点医疗机构	市内县级定点医疗机构	市内地级定点医疗机构（二级专科医院）	跨市医疗机构
起付线	0	50 元	100 元	200 元
补偿比例	90%	80%	70%	60%
封顶线	100000 元/人·年			

（四）慢性病和大病门诊补偿

慢性病补偿：应由专家鉴定或先期病历核查认定。以就诊的县级定点医疗机构及县级以上国营医疗机构出具的诊断证明书为准。患者按规定持诊断证明书、发票及相对应的处方报账，补偿比例比照同级医院住院补偿比例，不设起付线，全年每人每种慢性病的相关检查、治疗费累计补助封顶线为 2 万元，资金由住院统筹基金中支出。包括：原发性高血压（Ⅱ期）、心脏病并发心功能不全、脑出血及脑梗塞恢复期、风湿性关节炎、慢性活动性肝炎、慢性阻塞性肺气肿及肺心病、癫痫、精神病、肝豆状核变性、失代偿期肝硬化、饮食控制无效糖尿病、系统性红斑狼疮、帕金森氏病、重症肌无力等。

大病门诊补偿：以就诊的县级定点医疗机构及县级以上国营医疗机构出具的诊断证明书为准。患者按规定持诊断证明书、发票及相对应的处方或用药清单报账，补偿比例比照同级医院住院补偿比例并上浮 10 个百分点，不设起付线，实行即审即报，全年每人每种大病门诊的相关检查、治疗费累计补助封顶线为 3 万元，资金由住院统筹基金中支出。包括：再生障碍性贫血、白血病、血友病、精神分裂症、恶性肿瘤、慢性肾功能不全（尿毒症）、器官移植抗排异治疗等费用。

（五）颁布、制定和实施系统的管理规章制度

《威宁县新型农村合作医疗证管理办法》《威宁县新型农村合作医疗转诊制度》《威宁县新型农村合作医疗学习制度》《威宁县新型农村合作医疗监督审核制度》《威宁县新型农村合作医疗业务审核工作制度》《威宁县新型农村合作医疗领导小组办公室财务管理制度》《威宁县新型农村合作医疗领导小组办公室上下班制度》《威宁县新型农村合作医疗领导小组办公室请假制度》《威宁县新型农村合作医疗领导小组办公室档案管理制度》《新型农村合作医疗五查十不准》。这些规章制度及管理办法的实施，确保了新型农村合作医疗保险制度在较短的时间内得以高效快速实施。

（六）制定简明的业务经办流程①

1. 威宁县合医办定点医疗机构审核报销流程图（图 3—2—1）

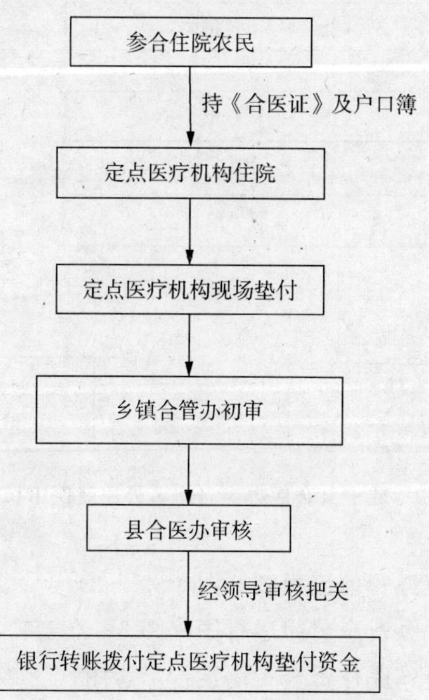

图 3—2—1　威宁县合医办定点医疗机构审核报销流程图

① 以下流程图，若无特殊说明，均为调研后自行整理所得。

2. 威宁县合医办参合患者外出就医审核报销流程图（图 3—2—2）

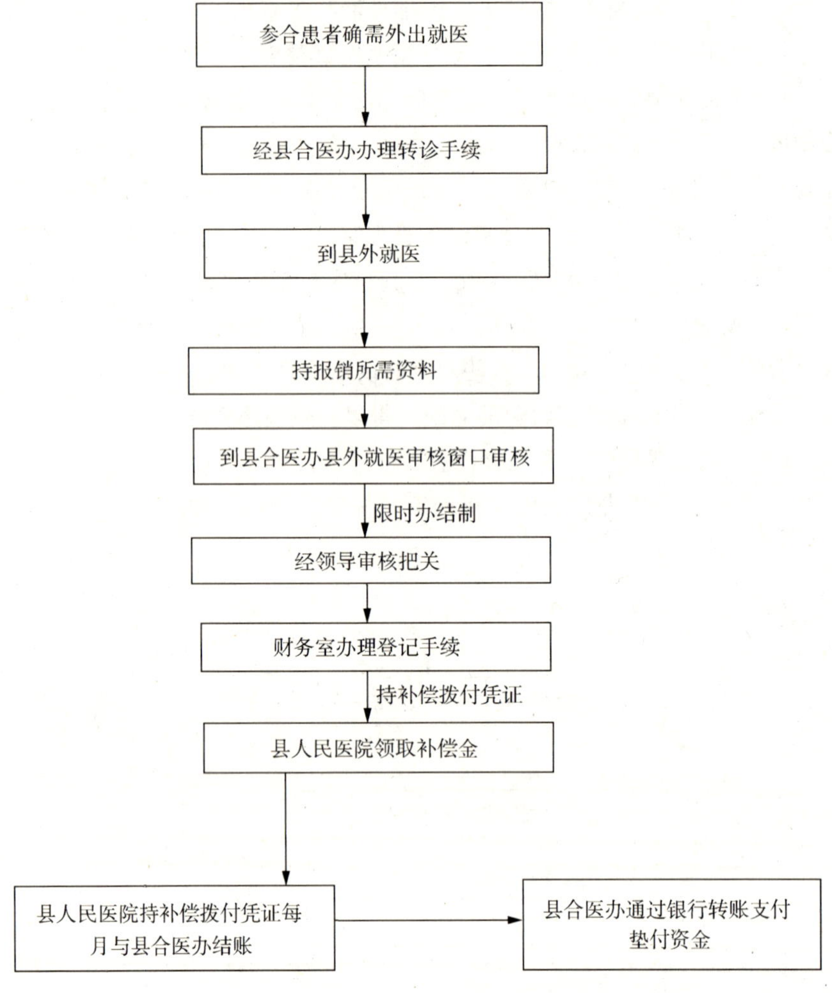

图 3—2—2　威宁县合医办参合患者外出就医审核报销流程图

3. 威宁县合医办管理流程图（图 3—2—3）

4. 威宁县合医办资金封闭运行图（图 3—2—4）

5. 新型农村合作医疗资金封闭运行示意图（图 3—2—5）

简明扼要的业务经办和管理流程，不仅方便参合人员的业务经办，提高经办的效率，而且也有利于对整个新型农村合作医疗保险制度实施有效的监督与控制。

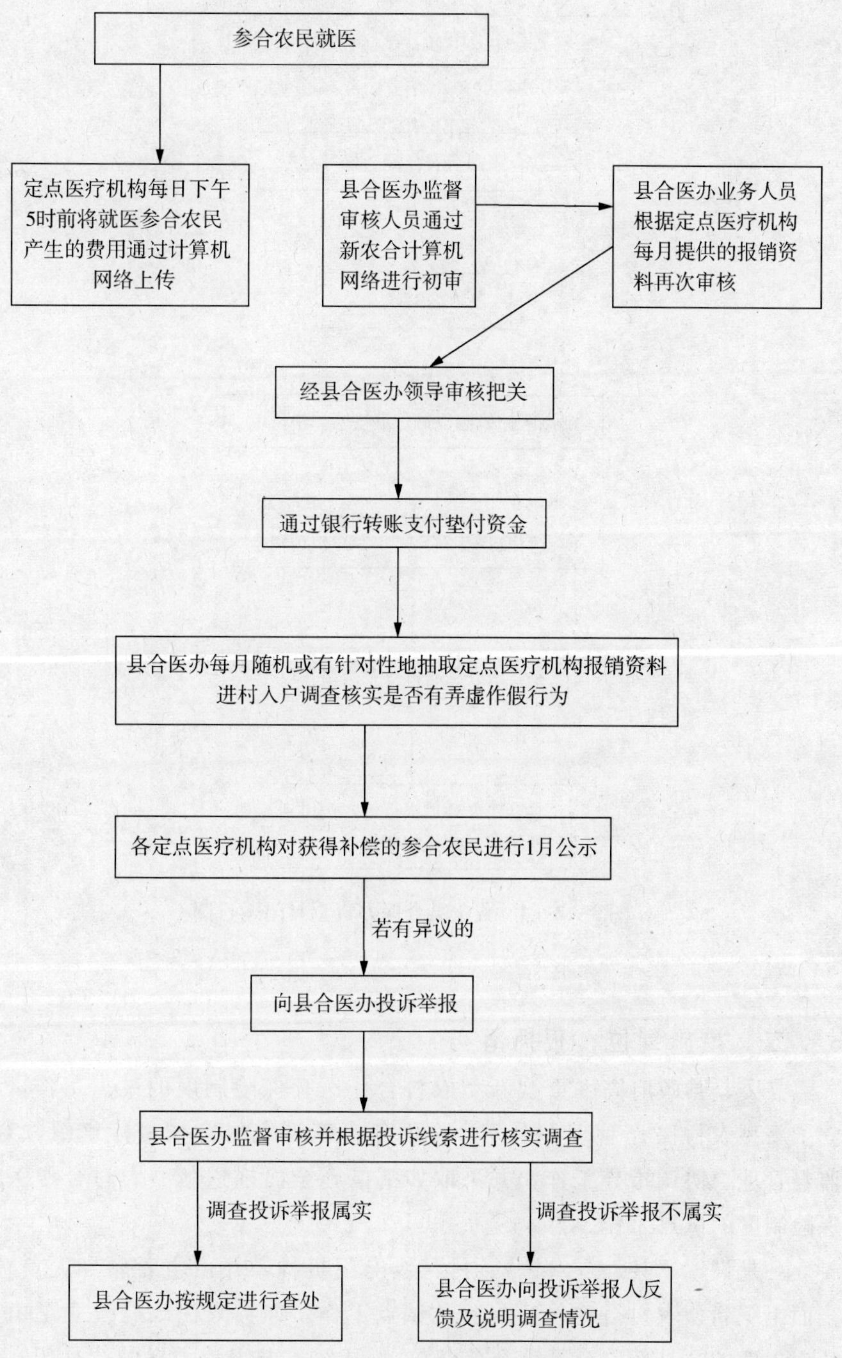

图 3—2—3　威宁县合医办管理流程图

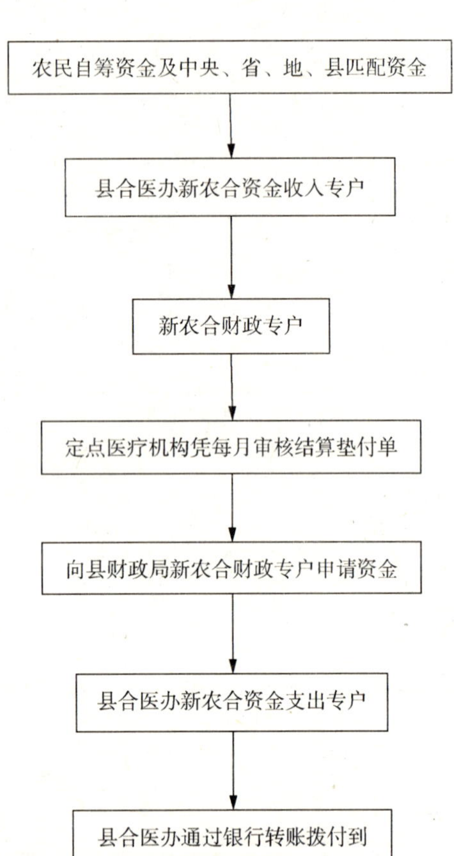

图 3—2—4　威宁县合医办资金封闭运行图

二　措施到位，狠抓落实

县委、县政府高度重视新型农村合作医疗保险制度的试点工作，设立了新型农村医疗管理办公室，全面负责新型农村合作医疗组织领导、监督管理、协调指导工作，并采取如下措施全面推进新型农村合作医疗保险制度的试点工作。

一是设置了县、乡（镇）、村三级专门机构，并由主要领导人负责，全面组织新型农村合作医疗保险的试点工作。如县人民政府设立了由县长为主任的“县新农合管理委员会”、由县纪委书记为主任的“县新农合监督委员会”；各乡（镇）成立了由乡（镇）长为主任的“乡（镇）新农

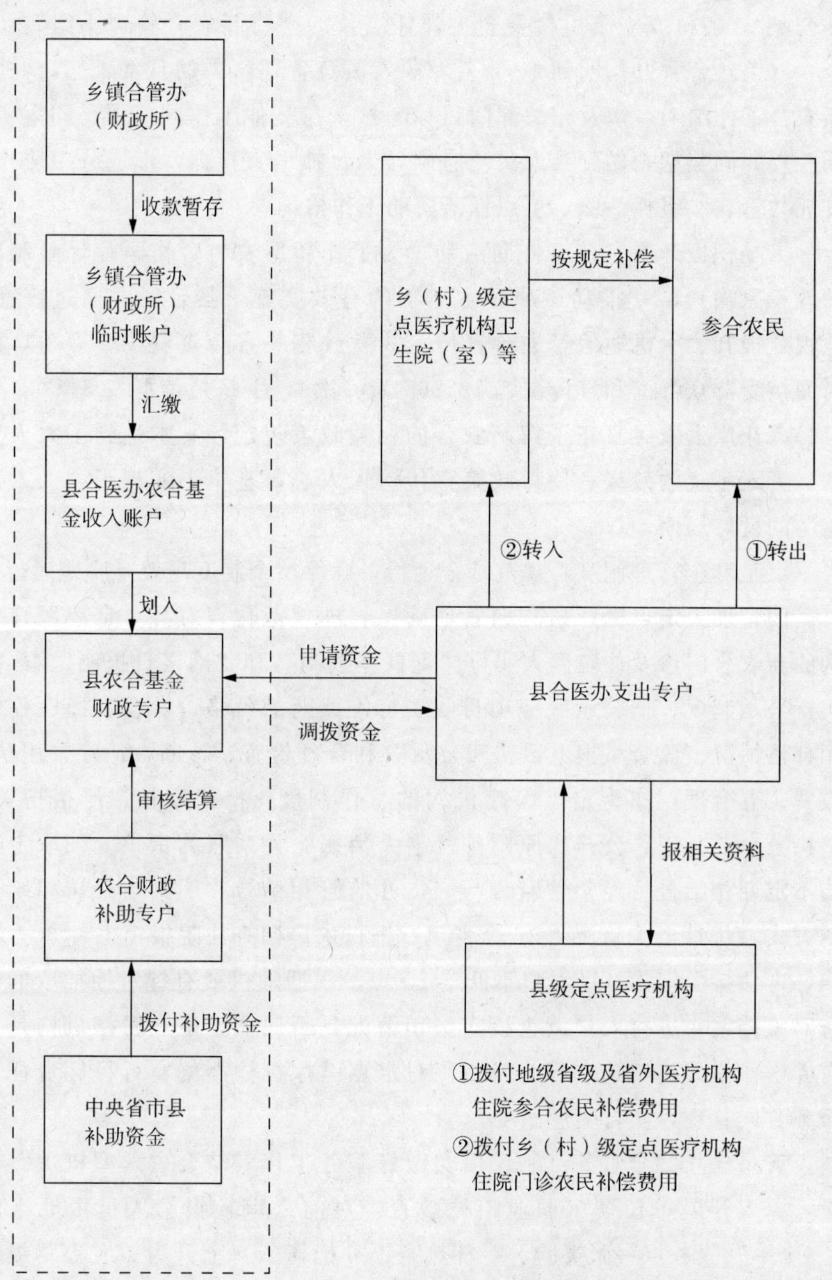

图 3—2—5　新型农村合作医疗资金封闭运行示意图

合管理委员会”，由分管的副乡（镇）长为主任的“乡（镇）新农合管理办公室”，各村成立了由村委会主任任组长的“村新农合管理小组”。35个乡（镇）合管办均明确1—2名专职人员负责辖区内的日常工作，并将新农合工作纳入乡镇及相关部门目标考核，与其他工作同部署、同落实、同检查、同奖惩，做到县人民政府领导亲自抓、直接抓，形成分工协作、齐抓共管、一级抓一级、层层抓落实的工作格局。

二是积极开展宣传、咨询活动。为了让新型农村合作医疗保险制度的政策家喻户晓，推动该项民生工程的有效实施，县合医办通过广播、电视、报刊、手机短信等进行宣传。共发放相关宣传资料192万份，面对面接受群众咨询和宣传讲解123866人（次），手机短信群发315200人（次），让广大农民真正了解新农合的相关政策规定，基本达到了人人皆知，无人不晓的效果，使得政策宣传深入人心，基本上实现了“人人覆盖”的良好局面。

三是健全管理制度，规范基金运行，确保整个制度高效有序地运行。

四是加大定点医疗机构监管，确保管理规范化。对县乡定点医疗机构的新农合门诊及住院病人实行“每日零报制”和“网络日报制”。严格实行公示制度，把公示服务项目收费标准、药品价格、参合农民医疗费用补偿情况、监督举报电话“四公示”和合理检查、诊断、治疗、用药、收费“五合理”作为定点医疗机构的工作制度。严格审核、严格把关，坚持公平、公正、公开的原则，杜绝人情账、关系账的审核。采取定期与不定期相结合、经常性监督与突击性监管相结合、明察与暗访相结合的方式，每月至少暗访4—6个乡镇，进村入户调查住院报销患者30—50户，走访接受门诊补助农户不低于20户，根据随机或有针对性抽取的调查对象档案，进村入户调查核实报销情况是否属实，定点医疗机构是否有弄虚作假或违纪违法行为发生。对定点医疗机构严格实行目标责任及服务合同管理，实行奖惩制度。

五是建立健全服务机制，切实做好服务工作。结合“六型机关”建设，深入开展单位职工职业道德教育，对前来审核报销人员由原来的“三个一”服务（一张笑脸、一杯热茶、一把椅子）上升为“五心”级服务（爱心、关心、细心、热心、耐心），对参合农民有问必答，耐心解释，“微笑服务、使用文明用语”已成为县合医办工作人员自觉遵守的行为准则；杜绝相关业务人员“四难”现象，实行人性化服务，做到“大事小事，实事求是；生人熟人，一视同仁”，设置了县外就医审核直补窗口，实行服务承诺限时办结制。

六是加强信息化建设力度，提升综合管理能力。县、乡、村定点医疗机构100％的建立了“合作医疗计算机网络管理系统”，所有定点医疗机构中新农合病人的诊疗信息都在新农合计算机网络系统的监控之中，为动态监控合作医疗资金使用是否正确、诊疗用药是否规范、收费项目是否合理等提供有力保障。合作医疗微机网络系统的应用，大大提高了工作效率，为统一、快速计算补偿结果提供了重要的条件，为及时、快速统计分析合作医疗资金使用情况提供了可靠数据，同时，弥补了手工操作的诸多不足，避免了手工操作可能出现的差错和舞弊现象，使报销补偿更加透明、更加及时，使参合农民更加满意。

三 社会效益显著

通过上述的实施方案和科学有效的管理措施，新型农村合作医疗产生了积极的社会效益。主要表现为：

（一）从根本上消除了威宁自治县各族人民患病的忧患

在2009年以前，由于交通落后、医疗设备差等诸多因素的影响，100多万常住农业人口一直被“看病难”问题所困扰。2010年列为新型农村合作医疗试点之后，到2012年，全县1070690人参加新农合，参合率为99.59％，全县共报销补偿参合城乡居民854829人次，补偿金额29786.28万元。其中住院补偿95028人次，住院补偿金额25347.60万元；门诊补偿759801人次，门诊补偿金额4438.67万元。资金使用率95.93％。各族人民真正体会到了新型农村合作医疗保险制度带来的实惠。

（二）促进和推动了农村基层卫生事业的发展

借助新型农村合作医疗工作的推进，乡镇卫生院积极改进就医制度，筹措资金改善就医环境，通过人才引进和进修培养不断提高医务人员业务水平，推动了农村卫生事业的发展。许多乡镇卫生院，过去破旧的房屋已焕然一新，增添了不少医疗设备，多数卫生院还购置了X光、心电监护仪、多功能微波治疗仪，更新了B超、救护车等医疗设备，极大地提高了疾病诊治能力和应急能力。而且，在完善和规范乡（镇）卫生院医疗环境、提升医疗服务水平和能力的同时，医疗服务能力逐步向村卫生室的构建上转移。

（三）“因病致贫、返贫”问题得到有效遏制

建立了“住院费用补偿＋二次住院补偿＋门诊统筹费用补偿＋慢性病门诊补偿”的运行模式，同时，不断完善报销补偿方案，进一步降低起付线、提高报销比例及封顶线，在国家相关政策支持下将报销补偿封顶线由试点时期的2.5万元调整到2012年开始实施的20万元，农民受益率从试点初期的13%上升到2012年的100%，遏制“因病致贫、因病返贫”的效果尤为突出。几年来连续获得毕节市卫生局“新型农村合作医疗管理”工作一等奖的表彰。

（四）三级联动的农村医疗卫生服务体系和网络基本建立

基本上构建起了县、乡（镇）、村三级联动全面覆盖的农村医疗卫生服务体系和网络，为实施新农合提供了有效载体。初步形成了“小病在卫生室，大病进卫生院，重大疾病才上大医院，康复回卫生院”的就医模式，为农村医疗卫生事业的深化发展奠定了坚实的基础和服务平台。

第三节　威宁县石门乡医疗卫生保障调查分析

地处云贵高原乌蒙山区的贵州省威宁彝族回族苗族自治县，是国家划定的十一个集中连片特困地区之一，具体情况在前面的分析中已经有所介绍，而这里作为典型的石门乡，则是地处云贵交界的偏远、贫困落后乡，对其进行典型性分析，有利于探讨促进类似地区发展的路径和方法。

一　威宁县石门乡及医疗卫生状况

石门乡地处贵州省威宁县，位于威宁县西北角，距县城140公里，东与威宁的云贵乡、龙街镇接壤，南与本县黑土河乡相邻，西与云南省的昭通市昭阳区相接，北和昭通彝良县隔河相望。共辖有荣合、草原、年丰、女姑、营坪、团结、河坝、新合、新龙、新民、锅厂、泉发、高潮、民主14个行政村，87个村民组。根据2011年统计，辖区人口18820人，少数民族5294人，占总人口27.77%，少数民族中苗族3577人，占总人口19.01%，彝族1383人，占总人口7.35%。2011年人口出生率10.2‰，死亡率4.3‰，自然增长率5.9‰。土地总面积140.01平方千米，人口密度每平方千米124.67人。耕地面积2.8万亩，人均1.55亩，全部为旱地。2011年农业总产值5077.3万元，占

全乡总产值的51.8%。粮食作物以马铃薯、玉米为主。主要经济作物为烤烟，2011年实现财政总收入460万元，人均财政收入只有244.42元，境内金融机构各类存款余额2156万元，人均存款余额为1145.59元。由于自然及生存环境恶劣，经济收入主要靠农业，贫困人口比重较大，农村最低生活保障户数1787户，人数6078人，占全部人口的32.34%，也就是说贫困人口占全部人口的1/3。目前，尽管有一条从威宁中水镇通往石门的“乡乡”通油路，但石门乡是威宁全县唯一一个不通班车的乡，而且14个村至今有6个村仍未通路，各种物资包括救灾物资还靠肩挑马驮，生态脆弱、生存环境差、贫困程度深，应该说是全县、全市乃至全省全面实现小康社会任务最为艰巨的一个乡。

尽管经济条件落后，但在国家和地方一系列政策的帮扶下，医疗卫生条件逐步得到改善。基本情况为：2011年年末有乡级卫生院1个、村级门诊所3个，共有床位14张。固定资产总值130万元。乡级卫生院拥有X光机、B超等现代医疗技术手段。专业卫生人员28名，其中职业助理医师1名，注册护士4名。

二　新型农村合作医疗保险制度及医疗卫生工作开展情况

尽管医疗条件较差、医务人员匮乏，但作为基层医疗卫生机构，却将极端贫困地区的医疗卫生事业的工作发挥到极致，最大限度地降低了“因病致贫”、“因病返贫”的程度。表现为：

1. 新型农村合作医疗保险制度开展情况。克服人员少、交通不便等困难，抓住一切有利时机，积极开展和推进全乡新型农村合作医疗保险制度。根据统计：

(1) 2012年，全乡共有16433人参加2012年度新型农村合作医疗，参合率90%，筹资总额82万元。

(2) 2012年门诊补偿7340人次，补偿资金266950.09元，村卫生室补偿2099人次，补偿资金71688.71元，县外住院130人次，补偿资金196900.00元，卫生院住院228人次，补偿资金83590.45元。在保障农民健康的同时，极大地减少了他们的医疗负担。合作医疗保险的作用日益深入人心，得到了各族农民的热烈拥护。

(3) 按照新型农村合作医疗保险制度的要求，初步建立起了基本用药制度。从2011年1月1日起，乡卫生院及辖区村卫生室严格执行国家基本药物制度，100%使用基本药物，对基本药物价格进行院内公示，实行药品零价销售政策，并实行药品集中采购统一配送。

2. 积极开展农村公共卫生服务，推动农村健康事业发展。

(1) 2012年，全乡农村居民规范化建档3701人，建档率达到100%，免费发放健康教育宣传资料12种，在门诊播放5种宣传材料，在乡卫生院及村卫生室内设立宣传栏，并及时更换宣传内容24次，举办健康讲座48次，下村为参合农民进行健康体检4123人次。

(2) 积极开展预防接种和妇幼保健工作。各种疫苗的接种率平均达95%以上，建立儿童保健手册，开展新生儿访视106次，访视率100%，为全乡0—6岁儿童保健管理750人，系统管理750人，系统管理率100%。建立孕产妇保健手册，开展孕产妇保健管理121人，高危孕产妇管理人数2人，高危孕产妇住院分娩1人。

3. 实施了老年人健康管理。开展了老年人健康指导服务，对辖区65岁以上的常住居民进行健康管理1537人，管理率达到100%。其中高血压患者健康管理835人，管理率达100%；Ⅱ型糖尿病患者管理342人，管理率达100%；对重症精神病患者进行登记管理，管理人数45人，管理率达100%。

4. 构建起了重大疾病以及突发公共卫生事件预测预警机制。尤其是加强了对狂犬病、结核病、鼠疫、霍乱、麻风、艾滋病、甲型HxNx流感等传染病的防控和监控，以及饮用水管理、学校传染病检测等工作。

5. 积极参与推进农村环境卫生建设工程。加快农村改水改厕进程，改善农村环境卫生，保障农村饮水安全；建设完善农村饮水水质卫生监测网络，保障农村饮水安全工程供水质量和卫生防疫效果等卫生防疫。

6. 采取积极措施，通过各种渠道不断提高医疗服务人员素质，从而增进服务水平和质量。根据卫生院制订的人才培养计划，将乡村医生培养纳入培养范围，2012年共计送出2人次到威宁等地医院进修，每月组织一次乡村医生培训。聘请上级医院专家到卫生院坐诊、指导开展手术。

由上可以看出“上面千条线，下面一根针”，一个小小的贫困乡级卫生院，不仅担负着全乡1.8万多人的医疗医治服务，还承担了相应的卫生、防疫、妇幼保健等健康保障工作。在推进民族贫困地区医疗卫生健康事业的发展上，发挥了极其重要的作用。

第四节　整合城乡基本医疗保险的制度安排

国家对集中连片特困地区扶贫开发力度加大，以及贵州进入“十二五”时期的“三化”（工业化、城镇化、农业现代化）协同发展战略的实施，加速和推动了集中连片贫困地区城镇化发展，城乡“二元”结构发生了根本性的变化。为了满足这一发展变化进行中劳动者对医疗健康保障的需要，以及新型农村合作医疗保险和城镇居民医疗保险所具有的同质性，从2013年起，威宁县率先整合了这两项基本医疗保险制度，实施了统一的《威宁县2013年城乡居民基本医疗保险实施方案》，使得原有的“三项”基本医疗保险制度，合并成为企业职工基本医疗保险制度和城乡基本医疗保险制度“两项”基本医疗保险制度，不仅适应了经济社会发展的需要，还降低了管理成本，提高了管理效率。该方案的基本内容如下。

一　指导思想

坚持大病统筹为主，兼顾受益面；坚持以收定支，收支平衡，保障适度，略有节余；坚持便民利民宗旨，努力实现全县范围内参合住院患者即时即报；坚持合理利用卫生资源，适当拉开不同级别医疗机构的起付线和补偿比例，引导病人到基层医疗机构就诊；在一个年度内保持政策的稳定性和连续性。

二　基本原则

毕节市范围内实行“八个统一”的市级统筹管理，即“统一参保范围、统一基金管理、统一补偿政策、统一服务监管、统一信息管理、统一筹资标准、统一现场减免、统一考核标准”。

（一）统一参保范围

2013年城乡居民基本医疗保险参保范围为：全市除参加城镇职工基本医疗保险以外的城乡居民（含在校大学生）；外地来我县务工未在原居住地参保的人员；外地录取到我县就读的中师（职校）学生。

（二）统一筹资标准

1.2013年筹资标准为330元/人·年，其中财政补助280元/人·年（各级财政补助标准待中央和省补助政策出台后按规定执行），个人缴费

50元/人·年。

2. 对低保户、重点优抚对象由县民政局代缴参合金、计划生育独生子女户和二女绝育户由县计生局代缴参合金。

三　统一基金管理

城乡居民基本医疗保险基金分为住院统筹基金、门诊统筹基金和大病医疗保险基金，2013年筹资额每人330元，其中230元用于住院统筹和大病统筹（大病医疗保险统筹基金比例另行文），100元用于门诊统筹。按照“县级统筹、分级管理”的原则，继续实行卫生管事、财政管账、银行管钱的管理体制和运行机制，住院统筹基金和门诊统筹基金县级使用、县级管理的模式不变。城乡居民基本医疗保险统筹基金当年结余控制在15%以内，累计结余不超过当年统筹基金的25%。

四　统一补偿政策

全县统一实行“住院统筹（含住院分娩和特殊慢病门诊）＋大病医疗统筹＋门诊统筹”的补偿模式。根据资金运行情况，开展住院大病二次补偿。

（一）住院补偿

1. 起付线：一是按医疗机构级别，设立不同的起付线。市内：乡镇级（含城关社区、海边社区）定点医疗机构0元；县级定点医疗机构50元；地级定点医疗机构100元；市外：医疗机构设200元起付线。二是对城乡医疗救助对象（低保对象、重点优抚对象），70岁以上老人，独生子女户、二女绝育户不设起付线进行补偿。三是低于起付线以下的看病就医费用由个人自付。

2. 封顶线：同意住院补偿封顶线为30万元/人·年，其中一般住院每人每年20万元，大额二次补偿10万元。国家和省重大疾病保险试点的重大疾病（尿毒症、儿童白血病、儿童先天性心脏病、乳腺癌、宫颈癌、重性精神疾病、耐多药肺结核、艾滋病机会性感染、肺癌、食道癌、胃癌、结肠癌、直肠癌、慢性粒细胞性白血病、急性心肌梗塞、脑梗死、血友病、Ⅰ型糖尿病、甲亢、唇腭裂等20类大病）无封顶线。

3. 补偿比例：参保患者在各级定点医疗机构住院，符合城乡居民基本医疗保险报销范围的住院费用按比例予以补偿，市内：乡镇级（含城关社区、海边社区）定点医疗机构补偿比例为 90%；县级定点医疗机构为 85%；市级定点医疗机构（或二级专科医院）为 75%；跨市就医（不分级别）补偿比例为 65%。具体见下表：

表 3—4—1　各级定点医疗机构补偿比例

	乡镇级定点医疗机构	县级定点医疗机构	市级定点医疗机构	跨市医疗机构
起付线	0 元	50 元	100 元	200 元
补偿比例	90%	85%	75%	65%
封顶线	20 万元/人·年			

4. 计算参保患者的实际补偿金额时，首先应计算可补偿费用（即剔除不符合补偿范围的费用），减去起付金后，再按规定的补偿比例进行补偿。

5. 保底补偿。在各级医疗机构住院治疗且医药费用超过起付线的病例，应实行保底补偿。实际补偿比例市内不低于 60%，市外不低于 50%。即在按补偿方案测算后，如果城乡居民实际补偿所得金额与医疗总费用之比低于保底补偿比例，则按照保底补偿比例给予补偿。

6. 住院分娩补偿。为鼓励孕产妇住院分娩，对参保孕产妇住院分娩实行单病种包干补偿（按毕节市卫生局的方案执行），对病理性产科的住院分娩按疾病住院补偿标准给予补偿。对参合孕产妇住院分娩先执行“降消项目”规定的定额补助政策，剩余部分再由新农合基金按有关规定给予补偿。在市内：乡镇级（含城关社区、海边社区）、县级定点医疗机构，按照相对应的限价，先执行“降消项目”规定的定额补助政策，剩余部分无起付线 100%报销。上述合计补偿数不得超过其实际支出费用。以下所诉“产科危重症”是指：产科失血性休克，且血色素≤7 克或输血 400ml 以上（含 400ml）；子痫或重度子痫前期，子宫破裂；感染性休克；弥散性血管内凝血（DIC）；血、脑、肝、肾器官功能衰竭。一是乡级：平产住院分娩限价 700 元，阴道手术产限价 1000 元，剖宫产限价 2200 元，二次剖宫产限价 2500 元，产科危重症不限价。二是县级：平产住院分娩限价 1000 元，阴道手术产限价 1500 元，剖宫产限价 2800 元，二次剖宫产限价 3100 元，产科危重症不限价。二级甲等级别的医院，按照毕节地区妇幼保健院的限价标准执行。三是毕节市人民医院：平产住院分娩限价 2000 元，阴道手术产限价 2500 元，剖宫产限价 4000 元，二次剖宫产限价4300元，产科危重症不限价。四是毕节市妇幼保健院：平产住院分娩限价1500元，阴道手术产限价2000元，剖宫产限价3500元，二次剖宫产限价3800元，产科危重症不限价。五是省级：平产住院分娩限价2000元，阴道手术产限价2500元，剖宫产限价4000元，二次剖宫产限价4300元，产科危重症不限价。六是在毕节市内注册的民营医疗机构，在具备了母婴保健服务技术执业资格及取得定点医疗机构后，限价标准执行县级标准。市外民营医疗机构，限价标准执行县级标准。

7. 实行单病种包干的疾病不执行上述规定，按单病种包干费用报销。

8. 重大疾病补偿，按贵州省卫生厅、贵州省民政厅《贵州省提高农村儿童重大疾病医疗保障水平试点工作实施方案》（黔卫发〔2011〕94号）、《关于调整〈贵州省提高农村儿童重大疾病医疗保障水平试点工作实施方案〉部分内容的通知》（黔卫发〔2011〕117号）和《贵州省卫生厅办公室关于印发〈贵州省提高农村重大疾病医疗保障水平新增病种试点方案〉的通知》（黔卫办发〔2011〕183号）执行（国家和省另出台新政策时按相关要求执行）。

9. 住院二次补偿。住院报销补助未达封顶线且个人全年累计自付费用在10000元以上的给予二次补助，二次补助每年只补助一次。补助必须由本人书面提出申请，由所辖乡镇人民政府及村民委员会签字盖章确认，经县合管办审核后按比例报销。具体要求：对全年在各级公立医疗机构住院自付费用累计在10000—20000元（不含20000元）的，按其自付费用的30%予以补助；自付费用在20000—30000元（不含30000元）的，按其自付费用的40%予以补助；自付费用在30000—40000元（不含40000元）的，按其自付费用的50%予以补助；自付费用在40000—50000元（不含50000元）的，按其自付费用的60%予以补助；自付费用在50000元以上的，按其自付费用的70%予以补助。一年内每个参合人员的二次补偿最高封顶线为10万元。县内各定点医疗机构不能擅自给予参合住院病人二次补偿，二次补偿的办理时间从2013年10月1日起至2013年12月31日止。

10. 大病补充医疗保险，另制定实施方案。

（二）门诊补偿

1. 实行门诊统筹，封顶线200元/人·年，家庭成员之间不共享。各定点医疗机构按80%的标准给予报销补助，不设定每次处方的限额（用完为止），结余不予结转。2012 年家庭账户结转的余额逐步清空。

2. 门诊诊疗费按赫章县卫生和食品药品监督管理局《赫章县新型农村合作医疗门诊诊疗费管理及使用办法的通知》（赫卫食药监通〔2013〕9 号）文件执行。

（三）其他

1. 各定点医疗机构要严格执行《贵州省新型农村合作医疗基本药品目录（2013 版）》（以下简称《基本药品目录》）和《国家基本药物目录》（含省增补药品），不得自行制订或直接套用城镇职工基本医疗保险药品目录。政府举办基层医疗卫生机构（乡镇卫生院和社市卫生服务中心）只能使用国家基本药物目录和省增补的基本药物，超出此范围使用的药物一律不予报销，费用由医疗机构自行负责；其他医疗机构住院使用国家基本药物目录和省增补的基本药物目录以外的药品，报销比例降低 10 个百分点。所有城乡居民基本医疗保险定点医疗机构必须优先使用基本药物并进入省级药物采购平台采购，否则一律不予报销，费用由医疗机构自行负责。

2. 明确补偿范围。城乡居民基本医疗保险基金用于参保城乡居民的医疗费用补偿，应由政府另行安排资金的公共卫生服务项目不列入城乡居民基本医疗保险的补偿范围。对于其他政策规定（或社会捐助）费用优惠的医疗项目，应先执行优惠政策（或社会捐助规定），剩余部分再按城乡居民基本医疗保险补偿政策给予补偿。上述合计补偿数不得超过其实际支出费用。

3. 慢性病补偿：大病的门诊补偿。慢性病应由专家鉴定或先期病历核查认定。以县医院及县级以上国营医疗机构出具的诊断证明书为准。患者按规定持诊断证明书、发票及相对应的处方报账，不设起付线，按 80%的比例补偿，全年每人每种慢性病的相关检查、治疗费用累计补助封顶线为 2 万元，资金由住院统筹基金中支出。包括：原发性高血压（Ⅱ期）（高血压必须由县专家组鉴定确认并在合管中心备案方可进入门诊报销）、心脏病并发心功能不全（含心脏病、慢性心力衰竭、慢性房颤、冠心病、心肌病）、脑出血及脑梗塞恢复期、风湿性关节炎、慢性活动性肝炎、慢性阻塞性肺气肿及肺心病、癫痫、精神病、肝豆状核变性、失代偿期肝硬化、饮食控制无效糖尿病、系统性红斑狼疮、帕金森氏病、重症肌无力、甲亢、甲减、慢性肾炎（慢性肾小球肾炎、肾病综合症）、自身免疫性溶血性贫血、血小板减少性紫癜、强直性脊柱炎、肺结核、白癜风、银屑病、骨结核、艾滋病。

4. 大病门诊补偿：以就诊的县级定点医疗机构及县级以上国营医疗机构出具的诊断证明书为准。患者按规定持诊断证明书、发票及相对应的处方或用药清单报账，不设起付线，按80%的比例补偿，实行即审即报，全年每人每次大病门诊的相关检查、治疗费累计补助封顶线为50000元，资金由住院统筹基金中支出。包括：再生障碍性贫血、白血病、血友病、精神分裂症、恶性肿瘤放化疗、慢性肾功能不全透析治疗（尿毒症）、器官移植抗排异治疗等。

5. 参保城乡居民在日常生活、劳动中因意外伤害而发生的医药费用，若无他方责任，则纳入相关补偿范围（不含不予支付的项目）。对于发生意外伤害的参保城乡居民能够提供可靠证据证明无他方责任的意外伤害住院医药费用原则上比照疾病住院补偿规定执行；对于有他方责任的一律不予支付。因见义勇为或执行救灾救援等公益任务而负伤住院的，按疾病住院补偿政策执行，申请补偿者须提供县级或县级以上政府相关部门出具的情节证明。意外伤害补偿应在一定范围内公示七天以上，公示无异议、无举报或调查确认后，方可兑付补偿金。

6. 既参加城乡居民基本医疗保险又参加了商业医疗保险的城乡居民住院可以凭住院医药费用发票、医院费用清单等复印件及保险公司结报单据等材料到城乡居民基本医疗保险管理机构按规定办理补偿，即总费用减去保险公司报销金额后再按城乡居民基本医疗保险标准报销。已在异地参加了职工医保、新农合、城镇居民医保等医疗保险的，不予报销。

7. 参保城乡居民在同一医院门诊检查后三天内住院，与当次住院密切相关的门诊检查费用纳入当次住院医药费用一并计算。在住院期间因病情需要到院外进行检查的费用计入当次住院医药费用补偿。

8. 参保城乡居民患肺结核（肺外结核例外），需要住院治疗并在结核病定点医疗机构住院治疗的，其住院费用按城乡居民基本医疗保险的有关规定进行支付。在非结核病定点医疗机构住院治疗肺结核病产生的住院费用（除危重病人抢救费用），城乡居民基本医疗保险基金不予报销。

9. 对于出生时错过缴费时限而未能参保的新生婴儿，出生当年可以凭户口本、患儿母亲身份证、合医证、出生医学证明，与参保母亲一同享受补偿，与参保母亲统一补偿标准。

10. 对城乡低保户、重点优抚对象、70岁以上老年人、重度残疾人

（一级、二级）等政策范围内报销比例提高10个百分点；对农村计划生育独生子女户、二女绝育户、80岁以上老人政策范围内费用100%报销。

11. 二级以上政府举办中医医疗机构，中药费用报销比例提高10个百分点。

12. 为进一步解决看病贵问题，降低患者的医疗负担，在全县二级以上（含二级）医疗机构实行X线、CT、彩超、肝功能等医学检验和医学影像结果实行互认制度。患者因一次患病在市内各二级以上（含二级）医疗机构连续住院治疗的，对以上医学检验和医学影像检查结果实行互认，若重复检查的不予报销（因病情需要复查的例外），由医疗机构自付。

13. 被动物咬伤在政府举办的县乡疾病预防控制机构注射狂犬病疫苗和抗狂犬病毒血清、抗狂犬免疫球蛋白的，按同级定点医疗机构慢性病门诊治疗补偿比例报销。

14. 婚前医学检查、新生儿疾病筛查、宫颈癌普查项目查出的癌前病变和确诊患者、甲肝疫苗接种、麻风腮疫苗接种按《关于调整住院分娩限价标准和将部分预防保健内容纳入城乡居民基本医疗保险保障范围的通知》（卫发〔2013〕31号）执行。

五 统一服务监管

实行市内定点医疗机构资格准入、监管督查分级管理制度，统一实行全县城乡居民基本医疗保险经办机构工作制度、服务规范、监管规范。

六 统一信息管理

实行以省级新型农村合作医疗信息管理平台为依托，覆盖全县各级定点医疗机构和城乡居民基本医疗保险经办机构的城乡居民基本医疗保险信息管理系统。

七 统一现场减免

全县范围内因病住院均按市内不同级别医疗机构的统一补偿标准进行现场减免，患者只需缴纳个人自付部分。医疗费用补偿实行定点医疗机构先垫支，后审核，审后补拨或扣减。转诊遵循以人为本、简化程序、方便群众的原则。参保城乡居民在市内所有定点医疗机构就医住院不需办理转诊手续（但跨县的要电话告知当地合医办备案）；已在一级、二级医院住院需转三级医院住院的必须按规定办理转诊手续（急诊转院的先转院后电话告知当地合医办备案）；到市外医疗机构住院的必须按规定办理转诊手续。

八　统一考核标准

严格按照省、市卫生行政部门相关要求，认真抓好参保率、基金管理使用、门诊统筹开展、住院率、次均住院费用控制、实际住院补偿比、自费比等关键业务控制指标任务的落实进行考核（考核方案另行制定）。

九　方案不予支付费用的诊疗项目内容

（一）服务项目类

1. 挂号费、院外会诊费、远程诊疗费、家庭病床费、救护车费等。

2. 自请特别护理费、优质优先等特需医疗服务费以及点名手术附加费等。

3. 病历工本费、疾病证明书费、计算机查询与管理费、各种账单工本费、磁卡费等。

（二）非疾病治疗项目类

1. 各种美容项目。如雀斑、粉刺、疣、痤疮、祛斑、色素沉着与脱发（含斑秃）、白发、脱痣、穿耳、鞍鼻、按摩美容等项目。

2. 各种非功能型整容、矫形手术和生理缺陷治疗等。如重睑术、隆乳术、割狐臭、矫治口吃、矫斜眼、屈光不正、视力矫正等手术项目。

3. 糖尿病决策支持系统、睡眠呼吸监测系统、微量元素检测、骨密度测定、人体信息诊断、电脑选择最佳妊娠期、胎儿性别与胎儿发育检查等诊疗项目。

4. 各种减肥、增胖、增高、健美、戒烟的诊疗项目。

5. 各种预防、保健性的诊疗（除住院分娩）等项目，如各种疫苗、预防接种、疾病普查普治、旅游体检、职业体检、出境体检等。

6. 各种医疗咨询（包括心理咨询、健康咨询、饮食咨询、疾病咨询）、各种预测（包括中风预测、健康预测、疾病预测）、各种鉴定（司法鉴定、工伤鉴定、医疗鉴定、亲子鉴定）、健康指导等项目。

（三）诊疗设备及医用材料类

1. 应用正电子发射断层装置 PET、电子束 CT、眼科准分子激光治疗仪等大型医疗设备进行的检查治疗项目。

2. 眼镜、义眼、义齿、义肢、助听器、健脑器、皮（钢）背心、钢围腰、钢头颈、胃托、肾托、阴囊托、子宫托、拐杖、轮椅（残疾车）、畸形鞋垫、药枕、药垫、热敷袋、压脉带、输液网、提睾带、疝气带、护膝带、人工肛袋等器具。

3. 各种家用检查检测仪（器）、治疗仪（器）、理疗仪（器）、按摩器和磁疗用品等治疗器械。

4. 省物价部门规定不可单独收费的一次性医用材料。

（四）治疗项目类

1. 各类器官或组织移植的人类器官源或组织源以及获取器官源、组织源的相关手术等。

2. 除肝脏、肾脏、角膜、皮肤、血管、骨、造血干细胞（骨髓、脐血）移植外的其他器官或组织移植。

3. 前列腺增生微波（射频）治疗、氦氖激光血管内照射（血疗）、麻醉手术后镇痛新技术（止痛床、镇痛泵等）、内镜逆行阑尾造影术等诊疗项目。

4. 镶牙、种植牙、洁牙、牙列不整矫治、黄黑牙、牙缺损、色斑牙、烤瓷牙等诊疗项目。

5. 气功疗法、音乐疗法、催眠疗法、磁疗法、水吧疗法、氧吧疗法、体位疗法、心理治疗法与暗示疗法（精神病人除外）、食疗法、保健性营养疗法等辅助治疗项目。

6. 各种不育（不孕）症、性功能障碍的诊疗项目。

7. 各地科研、教学、临床验证性的诊疗项目。

（五）其他情形

1. 因打架、斗殴、酗酒、自伤、自残、自杀、戒毒、性传播疾病引发的诊疗项目。

2. 出国以及出境期间所发生的一切医疗费用。

3. 不遵医嘱拒不出院以及挂床住院发生的诊疗医药费用。

4. 未纳入物价政策管理和未取得收费项目许可的诊疗项目。

5. 属于他方责任的（如交通事故、医疗事故以及其他责任事故引发的诊疗费用）。

（六）不予支付费用的医疗服务设施范围

1. 就（转）诊交通费。

2. 空调费、电视费、电话费、电炉费、电冰箱费、食品保温箱费和损坏公物赔偿以及水、电、气等费。

3. 陪护费、护工费、洗澡费、药浴费、理发费、洗涤费等。

4. 门诊煎药费、中药加工费。

5. 文娱活动费、报纸杂志费、健身活动费。

6. 膳食费。

7. 鲜花与插花费。

从上述实施方案可以看出，实施城乡一体的基本医疗保险制度存在如下好处：

有利于增加劳动者的流动性，增加其脱贫致富的机会，不论是在农村还是外出打工都能满足劳动者看病就医的需要，适应了市场经济发展的需要。

有利于基本医疗保险的科学管理，“八个统一”规范了管理标准，确保制度的监督管理和有效运行。

有利于不断提高统筹层次，增强医疗保险基金抗风险的能力，尽管方案设计仍然是“县级统筹”，但由于有了统一的标准和规范，为下一步统筹层次的提高奠定了基础。

有利于统筹安排和规划基本医疗保险制度的发展。由于制度整合，可以根据经济发展的需要，不断提高医疗保障的水平和标准，关于这一点从整合前和整合后的实施保障标准、享受医保的待遇和报销的比例等方面就可清晰地看出。

有利于消除城乡居民在享受医疗保障方面的差异，进一步推进社会公平，促进社会的稳定与和谐。

总之，整合城乡基本医疗保险制度，实施统一的制度标准，顺应了我国经济社会发展的改革时代的要求，体现了“早改早主动，越晚越被动”的改革成功经验要求。

第五节　新型农村合作医疗保险存在的问题及解决途径探讨

一　集中连片特困地区新型农村合作医疗保险制度存在的问题

基于基层医疗卫生机构的综合性，其存在的问题也包含在新型农村合作医疗保险存在的问题之中。根据我们调查，主要存在如下问题。

首先，医疗资源匮乏。根据 2011 年的统计，威宁县拥有各级各类医疗卫生机构 678 个，其中综合医院 7 所（只有县人民医院 1 所为二级甲综合医院），中心医院 1 所，专科医院 1 所，精神病医院 1 所，疾病控制中心 1 个，卫生院 34 所；病床 1747 张，其中公立卫生机构床位 1187 张，每千人拥有医疗床位 1.25 张，固定资产总值 0.66 亿元。专业卫生人员 3003 人，其中执业医师 339 人，执业助理医师 199 人，注册护士 462 人，平均每千人拥有卫生技术人员 2.145 人，平均每千人拥有执业（助理）医师 0.4 人，平均每千人拥有注册护士 0.33 人。2011 年医疗机构（门诊部以上）完成诊疗 110.8867 万人次，住院手术 1085 台次，出院病人 6.7351 万人次。这样的医疗资源及水平，是难以保证全县 170 多万人口对医疗、健康保障的需求的。

其次，缺乏对专业人才待遇的激励机制。集中连片特困地区一个最为显著的特点是地域较为广阔，城乡差异大，使得乡镇一级，尤其是偏远贫困乡镇卫生院的医务工作者留不住或留不下来安心从事医务工作。如石门乡卫生院一个年轻医务工作者的月工资不到 2000 元，而从石门乡到威宁县城的一次往返费用仅路费就在 140—170 元之间，难以养家糊口。

再次，由于目前新型农村合作医疗保险仍然是县级统筹，使得跨区域或跨省不能及时异地结算，增加了患者报销的成本和经办人员的业务工作量。如石门乡离云南昭通市的直线距离只有 8 公里，而离威宁县却有 141 公里，乡卫生院解决不了的急特病人都在云南昭通医院就诊，但报销医疗费用却要回到威宁县新型农村合作医疗办公室报销，仅报销“跑路费”对石门乡并不富裕的农民来说就是一个不小的负担，而且全县 170 多万人只要是跨县域或省域的医疗费用都只在一个地方报销，以至于每天成百上千的人拥挤排队拿号报销，场面十分“壮观”。这使得一项让老百姓获得实实在在实惠的惠民政策，成为“爱你不容易”的极不愿意的选择。

最后，因为执行国家基本用药制度，但由于交通不便运输成本高，导致药品配送不齐，配送及时率低，药品价格偏高，又增加了医疗成本和加重了患者的负担。

总之，由于政策制度的实施具有即时性，而与之相适应的载体又是由历史的、特殊的地理环境所决定，非一时可以改变，这种政策制度实施的即时性和载体改变的时滞性导致的矛盾具体而又现实。必须通过深化改革予以解决。

二　完善集中连片特困地区新型农村合作医疗保险制度的路径探讨

针对上述存在的问题，为了使得集中连片特困地区新型农村合作医疗保险得以健康有序地发展，尤其是作为该地区遏制“因病致贫”、“因病返贫”的制度性建设措施，除了解决好该项制度普遍存在的问题外，我们认为应该采取如下积极的措施。

第一，整合乡镇一级资源，解决乡镇医疗卫生设施不足问题。如直接最为有效的是将乡镇建立的敬老院作为乡镇医疗卫生的附属机构。这一方面可以解决卫生院床位问题，同时也便利对敬老院的老人的健康保健提供支持和指导，提高敬老院的服务质量和水平。因为，由于传统因素影响，农村养老更多是依靠家庭，而唯有孤寡老人才入敬老院，导致敬老院有一定的闲置。这样还可一定程度上解决城镇化进程中的重复建设问题。包括一些闲置的原“希望小学”也可加以改造利用。

第二，正如我们在第一节分析的那样，对专业技术人员采取“工资＋绩效＋津贴”的激励待遇机制，鼓励大中专技校毕业生到边远乡镇卫生院工作，既解决基层人才匮乏问题，也解决毕业失业的矛盾。使得他们愿意去，留得下，用得着。从根本上解决乡镇卫生院人才匮乏问题。

第三，理顺管理体制，提高统筹层次，实现异地就医的即时结算，将惠民、便民、利民落到实处。由于2003年启动新型农村合作医疗保险试点时，在乡镇一级没有社会保障经办机构，因此，新型农村合作医疗保险就由乡镇卫生院经办，由卫生部门管理，这就使得整个基本医疗保险制度由医疗卫生和劳动保障两个行政管理部门进行管理，这是不符合市场经济发展要求的。我们认为随着新型农村养老保险制度的试点实施和普及，乡镇一级逐步建立起养老保险经办机构，这样就可将新型农村合作医疗保险的经办划归经办机构统一管理，不仅有利于减轻乡镇卫生院的负担，而且有利于政策的制定和协调，更有利于不断提高统筹层次，促进基本医疗保险事业健康发展，而且也更加便利基本医疗保险异地就医的及时结算和劳动者身份发生变动而引起的制度之间的衔接与转移。

最后，鉴于执行的都是国家基本药品目录，而且实行统一招标采购配送，就应该实行全县一盘棋进行通盘考虑，尤其是运输成本方面，应该作为重要因素给予考虑，以便减轻偏远乡镇负担，及时解决医疗用药问题。

总之，我们认为集中连片特困地区新型农村合作医疗保险对解决这些地区缺医少药，促进公共医疗卫生事业的发展和水平，发挥了不可替代的作用，尤其是为遏制“因病致贫、因病返贫”构建起了坚实的保障线。[①]

① 注：文中数据资料一部分根据《中华人民共和国政区大典贵州卷》威宁词条（初审稿），《威宁词条》编纂委员会办公室，威宁自治县民政局，2012 年 9 月 28 日 整理，一部分根据实地调研采集。

第四章 城镇居民基本医疗保险制度的改革与完善

我国改革开放以来，通过不断地探索与实践，在20世纪90年代初正式确立了建设社会主义市场经济，走中国特色社会主义发展之路，与经济改革发展相适应的社会管理的改革也不断地推进和深入发展，医疗卫生事业的改革成为其重要组成部分之一。1998年12月14日国务院发布《关于建立城镇职工基本医疗保险制度的决定》（国发〔1998〕44号），正式启动了市场经济体制下基本医疗保险制度的构建。伴随城乡经济发展的变革，2003年1月14国务院转发了卫生部、财政部、农业部《关于建立新型农村合作医疗制度的意见》，使得社会主义市场经济条件下的基本医疗保险制度体系得到了进一步的完善。2007年7月24日，国务院又颁布实施了《国务院关于开展城镇居民基本医疗保险试点的指导意见》（国发〔2007〕20号），在解决城镇居民基本医疗保障的同时，也标志着我国实现了基本医疗保障的制度全覆盖，实现了人人享有医疗保障的基本目标。为此，我们通过对城镇居民医疗保险制度的分析与调研，就如何进一步深化城镇居民医疗保险制度进行探讨，以使“三项”基本医疗保险制度在《社会保险法》的规范下得以协调健康有序发展，从而实现全面建成小康社会的健康保障目标。

第一节 城镇居民基本医疗保险实施的背景和制度安排

一项社会管理制度的制定与实施离不开所处的特定经济和社会发展的背景，城镇居民基本医疗保险制度的试点与实施同样遵循这一规律。

一　城镇居民基本医疗保险制度实施的背景分析

与企业职工基本医疗保险制度和新型农村合作医疗保险制度的建立不同，城镇居民基本医疗保险制度是在我国经济社会发生深刻变化的背景下产生的。归纳起来主要包括以下几个方面。

（一）物质和社会基础的建立

以经济体制改革为中心的改革模式，促进了整个经济社会的全面转型和发展，为城镇居民基本医疗保险制度的实施奠定了物质和社会基础。1978年12月18日至22日，党的第十一届三中全会明确了停止以"阶级斗争为纲"的口号，并作出把全党工作的着重点和全国人民的注意力转移到社会主义现代化建设上来的战略决策。深刻地指出实现现代化是一场广泛、深刻的革命，要求大幅度提高生产力，多方面改变同生产力发展不适应的生产关系和上层建筑，改变一切不适应的管理方式、活动方式和思想方式，在独立自主的基础上展开对外经济合作，借鉴国外有益的管理经验和管理方法，为社会主义建设服务，开启了我国以经济建设为中心的改革开放之路。根据我们在企业职工基本医疗保险制度构建一章中的梳理，我国经济体制改革的不断深化和发展到社会主义市场的全面确立和建立，经历了从"计划经济为主，市场调剂为辅"（1981—1984年）到"有计划的商品经济"（1985—1993年）再到"具有中国特色的社会主义市场经济"（1993—2005年）的过程。尤其以2005年为重要时间节点，因为这一年我国全部兑现了加入WTO（世界贸易组织）的承诺，标志着我国经济与国际接轨，全面融入经济全球化一体化的发展进程，也标志着我国整个经济社会发展的全面转型。即经济转型：实现了计划经济向市场经济的转型；政治转型：从中央集权向社会主义民主转型；社会转型：从传统社会向现代社会转型；管理转型：从封闭向开放转型。这些转型的实现为城镇居民基本医疗保险制度的构建和实施奠定了相应的经济、政治和社会基础。

（二）社会组织结构的变化

经济社会的转型，带动了社会组织机构的深刻变化。主要体现为以下几点。

1. 城乡二元结构的变化。根据统计，1978年改革开放之初，我国城镇化率为17.9%，而进入21世纪后，2006年达到了43.9%，根据2013

年的统计，我国城镇化率为53.37%，比改革开放之初的1978年提高了35.47个百分点。贵州作为西部欠发达、欠开发的多民族省份，1978年的城镇化率仅为12.06%，低于全国平均水平5.84个百分点，2013年城镇化率将达到38.1%，低于全国平均水平15.27个百分点，比改革开放之初的1978年提高了25.94个百分点。也就是说，不论是全国还是不发达地区，改革开放的三十多年，传统的城乡“二元”结构状况发生了根本的变化，正逐步向现代化社会迈进。

2. 经济主体的变化。改革开放前的1978年，我国工商企业的治理结构分为国营企业、集体企业和私人企业。所占比例分别为：国营企业占整个工商企业的比重为91.3%，集体企业占7.6%，私营工商业仅占1.1%左右，公有制经济主体占绝对比重。因此，计划经济体制下的劳动保护制度，基本覆盖了国营和集体工商业。而改革开放后形成了国有企业、集体、企业股份制和民营企业四种类型，并划分为公有和非公经济两类。国家工商管理总局2013年10月18日发布“我国非公有制市场主体发展势头强劲，第三季度私营企业数量增长快”。资料显示，综合相关统计数据，从数量上看，我国私营企业和外商投资企业占企业总数的比重，第一季度为82.96%，第二季度增长到83.81%，第三季度增长到84.36%。资料显示，2011年9月底，我国非公有制企业数量占企业总数的比重突破80%，达到80.3%；2012年6月底，这一数据达到81.74%；到2012年年底，这一数据达到82.67%。与此同时，非公有制企业的规模也在稳步扩大。2013年第一、第二和第三季度，全国私营企业和外商投资企业的注册资本（金）分别占企业注册资本（金）总量的51.49%、52.03%和52.6%。非公有制市场主体在数量上呈稳定增加态势。第一、第二和第三季度，全国新登记注册私营企业分别为36.34万户、62.19万户和62.25万户，外商投资企业分别为0.79万户、0.8万户和0.91万户，个体工商户分别为122.79万户、266.79万户和229.76万户，农民专业合作社分别为4.3万户、8.5万户和7.69万户。截至2013年9月底，全国实有个体工商户4311.57万户，为全国企业户数的2.93倍。根据国家工商总局相关统计数据发现，这一倍数呈持续下降趋势：2011年6月底，全国个体工商户户数为企业户数的3.02倍，2011年9月变为3.01倍；2012年6月为2.98倍，到2012年年底降为2.97倍；2013年第一季度末为2.96倍，到2013年第二季度末变成2.94倍（见表4—1—1）。与之相反，私营企业数量同比增长强劲，2013年上半年、第三季度同比分别增长8.59%和31.4%，而个体工商户数量同比分别增长7.26%和14.11%。这表明工商部门近年来推动个体工商户转型为企业的努力取得了突出成果。这些数据也表明我国企业经营环境在不断改善，投资者对经济形势充满信心，纷纷跨过个体工商户直接选择企业形式投资创业，以较高的起点进入市场，从而推动非公有制市场主体不断提质增量，整个非公有制经济呈现蓬勃发展态势。

表4—1—1　　个体工商户与企业户数变动表[①]

项目＼时间	2011年6月	2011年9月	2012年6月	2012年12月	2013年3月	2013年6月	2013年9月
个体工商户总数（万户）	3601.13	3697.26	3896.07	4059.27	4062.92	4134.78	4311.57
企业总数（万户）	1191.16	1228.21	1308.57	1366.6	1374.88	1408.31	1469.31
个体工商户与企业户数比值	3.02	3.01	2.98	2.97	2.96	2.94	2.93

上述资料显示，经济主体形式改革开放以来，已经发生了翻天覆地的变化，整个经济主体越来越取决于市场经济运行的规律，同时也决定了从业人员的组成结构和劳动保障需要社会化服务来提供。

3. 以家庭为核心的保障逐步向社会化保障转移。千百年来我国经济社会发展中，由于长期的自给自足的产品经济，形成了以家庭为中心的保障模式，但随着经济形态从产品经济向商品经济再向市场经济发展，传统以家庭为中心的保障模式在市场经济的冲击下，难以适应社会发展的需要而逐步解体，取而代之的是现代社会保障模式的建立和发展，这不仅仅由政府提供，也包括非政府组织提供的有机组成体。

（三）中国特色社会主义福利思想的逐步形成

我国改革开放的总设计师邓小平同志在改革开放之初，就提出了“让少部分人先富起来，最终走向共同富裕”的社会主义初级阶段的福利理论和到20世纪末基本实现“小康水平”的福利战略目标及政策。

① 工商总局：《我国非公有制市场主体发展强劲 第三季度私营企业数量增长快》，2013年10月18日，http://money.163.com/13/1018/11/9BFCSGDB00254TI5.html，2013年12月28日。

1993 年中国共产党第十三次代表大会正式确立了建立社会主义市场经济的经济运行体制，后又提出了“三个代表”的思想。其中“始终代表中国最广大人民的根本利益——必须坚持把人民的根本利益作为出发点和归宿”，体现了社会主义市场经济体制下的社会主义福利思想。进入21 世纪，党和国家提出了“全面建设小康社会”的目标，将社会主义市场经济体制下的福利思想具体体现在“全面建设小康社会”的具体奋斗目标上，从“基本实现小康”思想到“全面建设小康”社会的具体目标，构建起与之相适应的社会保障政策，是实现这一目标的基础和根本。

（四）社会公平与正义思想的确立

市场经济通过资源的有效配置而激发经济活力，但市场不是万能的，市场失灵需要政府的干预来解决市场失灵而导致的社会分配不公，从而实现社会的公平与正义，而非“平均主义”。因此，在我国市场经济建设中，仅有企业职工和农村的医疗保障是难以体现宪法赋予每一个公民的健康保障权利的。只有实现医疗保障制度的全覆盖，使得“人人享有健康保障权”，人人分享经济社会取得的成果成为现实，才能使得社会的公平与正义得以具体体现。

从上述分析可以看出我国城镇居民基本医疗保险制度的实施在经济、社会发展和政治等方面都具备了客观必然条件。

二　城镇居民基本医疗保险制度的实施与建立

21 世纪中国经济社会发生了以上所述的深刻变化，加上企业职工基本医疗保险制度和新型农村合作医疗保险制度建设的经验，2007 年 7 月 24 日，国务院又颁布实施了国务院《关于开展城镇居民基本医疗保险试点的指导意见》（国发〔2007〕20 号），为贯彻国务院《关于开展城镇居民基本医疗保险试点的指导意见》精神，贵州省人民政府结合贵州省实际，于 2008 年 6 月 13 日颁布了《贵州省关于推进城镇居民基本医疗保险试点工作的指导意见》，具体内容如下。

（一）试点的基本原则、目标和统筹层次

1. 基本原则。城镇居民基本医疗保险试点要坚持低水平、广覆盖，合理确定筹资标准，逐步提高保障水平；坚持以收定支、收支平衡、略有结余的原则，重点保障城镇居民住院和大病医疗需求，对困难居民给予相应医疗救助；坚持统筹协调，规范引导，自愿参加，稳步推进，做好不同医疗保障制度基本政策、相应标准和管理措施的衔接。

2. 试点目标。2008 年扩大城镇居民基本医疗保险试点城市（已试点城市：贵阳市、遵义市；扩大试点城市：六盘水市、安顺市、黔南自治州、黔西南自治州、毕节地区），2009 年在全省全面推开。通过试点，探索形成完善的政策体系、合理的筹资机制、健全的管理体制和规范的运行机制，到 2012 年基本建立以大病统筹为主的城镇居民基本医疗保险制度。

3. 统筹层次。城镇居民基本医疗保险以市（州、地）为统筹单位，执行统一政策，基本医疗保险基金实行统一筹集、使用和管理。试点地区根据中央和省的指导意见制定具体实施办法，并报省人民政府批准实施。

（二）城镇居民基本医疗保险的参保范围

1. 不属于城镇职工基本医疗保险制度覆盖范围的中小学阶段学生（包括各类中等职业学校、技工学校在校学生以及在城镇就学的进城务工人员子女）、少年儿童和其他非从业城镇居民，可以自愿参加城镇居民基本医疗保险。

2. 暂无缴费能力尚未参加城镇职工基本医疗保险的国有、集体困难企业职工和退休人员，可以自愿参加城镇居民基本医疗保险。今后所在单位具备缴费能力的，应参加城镇职工基本医疗保险。

（三）城镇居民基本医疗保险基金的筹集

1. 中小学生、少年儿童参加城镇居民基本医疗保险，每人每年筹资标准为 120 元左右，其他城镇非从业居民参加城镇居民基本医疗保险，每人每年筹资标准为 200 元左右。具体筹资标准，由试点地区根据当地经济发展水平、城镇居民基本医疗待遇标准，结合当地居民家庭和财政负担能力确定。今后根据经济发展情况和国家、省的有关规定适时进行调整。

2. 城镇居民基本医疗保险，以家庭和个人缴费为主，政府给予适当补助。中小学生、少年儿童家庭（个人）每人每年实际缴费 50 元左右，其他城镇非从业居民家庭（个人）每人每年实际缴费 160 元左右，低保对象和重度残疾的学生儿童以及其他低保对象、丧失劳动能力的重度残疾人、低收入家庭 60 周岁以上的老年人等困难居民家庭（个人）每人每年缴费 10 元左右，其余缴费部分由政府补助。“三无”人员（无劳动能力、无生活来源，又无法定赡养、抚养、扶养义务人）参加城镇居民基本医疗保险的，家庭（个人）缴费由政府全额补助。有条件的用人单位，可以对本单位职工家属参保缴费给予补助。

3. 试点地区城镇居民基本医疗保险参保居民的地方政府补助，由省、市（州、地）、县（市、区）三级政府负担。省政府补助占地方政府补助的比例，根据国家制定的补助标准，按照试点地区经济社会发展水平和财力状况分档确定，其中贵阳市补助20%，遵义市、六盘水市补助30%，安顺市、黔南州、黔西南州、毕节地区补助35%，黔东南州、铜仁地区补助40%。省政府补助占地方政府补助的比例，随经济发展适时调整，调整方案由省财政厅、省劳动保障厅、省民政厅共同研究后报省人民政府批准。市（州、地）政府（行署）、县（市、区）政府对参保居民的补助标准，由市（州、地）政府（行署）确定，并将补助经费纳入各级财政预算，按时足额拨付。

（四）城镇居民的基本医疗保险待遇

1. 城镇居民基本医疗保险基金重点用于支付参保居民住院和门诊大病医疗费用。基金支付参保居民住院和门诊大病医疗费用的具体起付标准、支付比例和最高支付限额以及门诊大病的具体范围由试点地区确定。试点地区要探索适合参保城镇困难人员经济承受能力的医疗服务水平和费用支付办法，减轻个人医疗费用负担。

2. 试点地区应当建立缴费和待遇挂钩的激励机制，对连续缴费或缴费达到一定年限的参保居民，可以通过降低起付标准、提高基金支付比例、提高基金最高支付限额等方式降低个人负担的医疗费用。

3. 试点地区要积极探索城镇居民普通门诊医疗费用纳入基金支付范围的办法。

4. 对参保后医疗费用负担较重并影响家庭基本生活的困难城镇居民，可以按照城市医疗救助制度的规定，由民政部门给予医疗救助。

（五）城镇居民基本医疗保险的管理与服务

1. 城镇居民基本医疗保险基金纳入社会保险基金财政专户统一管理，实行收支两条线、单独列账、独立核算、专款专用，不得挤占挪用，确保基金安全。

2. 城镇居民基本医疗保险用药范围、诊疗项目、住院服务设施标准和定点医疗机构、定点零售药店等管理服务工作，参照城镇职工基本医疗保险制度规定以及国家和省的其他相关规定执行。

3. 切实推进城市社区卫生服务体系建设，充分发挥和利用社区卫生服务机构的作用，将符合条件的社区卫生服务中心（站）纳入医疗保险定点医疗机构范围，逐步探索建立首诊制和双向转诊制，引导参保居民到社区卫生服务中心（站）等基层定点医疗机构就医。

4. 切实加强医疗保险经办机构、街道（乡镇）和社区劳动保障工作平台建设，并在工作机构、人员、经费、场所等方面提供相应的保障，充分发挥社区服务组织的作用。

5. 积极推进“金保工程”建设，把城镇居民基本医疗保险信息管理系统建设纳入试点地区“金保工程”建设范围，完善医疗保险信息管理系统，逐步实现城镇居民基本医疗保险信息网络化管理。

6. 低收入家庭60周岁以上老年人和丧失劳动能力的重度残疾人的界定标准，由省民政厅会同省财政厅、省劳动保障厅等相关部门制定，并报省人民政府批准。

（六）试点工作的组织领导和宣传推动

1. 建立试点地区城镇居民基本医疗保险联席会议制度。联席会议负责人为政府主要领导或分管领导，成员由发展改革、劳动保障、财政、卫生、民政、教育、食品药品监督管理、审计、物价等部门组成，负责组织协调和指导试点工作，研究制定相关政策并督促落实。联席会议办公室设在劳动保障部门。相关部门要各司其职、密切配合，共同做好城镇居民基本医疗保险工作。

2. 精心组织实施试点。试点地区要在充分调研、周密测算、多方论证的基础上，制定实施方案。市（州、地）政府（行署）和县（市、区）政府以及相关职能部门要认真组织实施，切实加强制度建设，完善政策体系，扩大参保覆盖面，确保城镇居民基本医疗保险制度平稳运行和健康发展。

3. 切实做好各项医疗保障制度的整合衔接。探索城镇职工基本医疗保险制度、城镇居民基本医疗保险制度和新型农村合作医疗制度的衔接办法，全面建立和完善城乡医疗救助制度及补充医疗保险，发展商业健康保险和慈善医疗援助，建立健全多层次的医疗保障体系。

4. 加强宣传舆论引导。城镇居民基本医疗保险制度关系到广大群众的切身利益，是一项重大的民生工程，政策性很强。试点地区要坚持正确的舆论导向，加强对试点工作重要意义、方针政策和基本原则的宣传，加强对试点工作经验的总结推广，使这项惠民政策深入人心，真正得到广大群众和社会各界的理解和支持，营造良好的舆论氛围。

试点地区要注意研究试点过程中出现的新情况、新问题，积极探索解决的办法，重要情况及时向省城镇居民基本医疗保险联席会议办公室报告。

在上述试点意见的指导下，贵州省各地先后开始实施城镇居民医疗保险的试点工作。并从2009年起将每人每年80元的政府补贴标准，提高到了2013年的280元，政策范围内的报销比例，从57.44%提高到70%左右。

第二节　城乡居民基本医疗保险在贵州的实践

2008年根据贵州省人民政府颁布的《贵州省关于推进城镇居民基本医疗保险试点工作的指导意见》，全省九个地州市根据本区经济社会发展状况，相继开展了城镇居民基本医疗保险的试点工作，取得了积极的成效。有的还根据经国务院同意，由国家发展和改革委员会发布的《关于开展城乡居民大病保险工作的指导意见》（发改社会〔2012〕2605号）开展了城镇居民大病医疗保险试点工作。我们选择实施了城镇居民基本医疗保险，并开展了城镇居民大病医疗保险试点的黔南布依族苗族自治县作为典型进行分析。

一　黔南州城镇居民基本医疗保险实施方案

2008年9月24日，贵州省黔南布依族苗族自治州依据《省人民政府关于推进城镇居民基本医疗保险试点工作的指导意见》（黔府发〔2008〕13号）精神而制定的城镇居民基本医疗保险实施方案获贵州省人民政府批准，即《关于批准黔南州城镇居民基本医疗保险实施方案的函复》（黔居医联函〔2008〕2号）标志着城镇居民基本医疗保险制度的贯彻实施。该州城镇居民基本医疗保险制度的基本内容如下：

（一）保障对象：适用于黔南州行政区域内不属于城镇职工基本医疗保险制度覆盖范围的非从业城镇居民，包括：在校学生（幼儿园儿童、中小学生、职业高中、中专、技校、特教学校学生）、具有黔南州城镇户籍的未在校的18周岁以下的城镇少年儿童和其他具有黔南州城镇户籍的非从业城镇居民。

参加城镇居民基本医疗保险，实行自愿原则。

暂无缴费能力尚未参加城镇职工基本医疗保险的国有、集体困难企业职工和退休人员，可以自愿参加城镇居民基本医疗保险。今后所在单位具备缴费能力的，应参加城镇职工基本医疗保险。

（二）基金统筹层次与管理：城镇居民基本医疗保险基金实行州级统筹，全州实行统一的筹资标准和保障待遇。建立黔南州城镇居民基本医疗保险联席会议制度。

州劳动保障行政部门是本州城镇居民医疗保险的主管部门，负责本州城镇居民医疗保险的管理和监督检查。县（市）劳动保障行政部门负责当地参保居民的医疗保险监督管理。州社会保险经办机构负责全州城镇居民基本医疗保险的统筹协调、指导管理。县（市）社会保险经办机构负责办理当地城镇居民参保登记、申报缴费、费用征收、医疗保险证卡发放、医疗费用结算等工作。并对发展改革部门、财政部门、审计部门、卫生部门、食品药品监管部门、教育部门、公安部门、民政部门的职责进行了规定。

（三）信息系统建设。明确建立全州统一的城镇居民基本医疗保险管理信息系统，数据集中管理。经办服务向县（市）乡（镇）、街道劳动保障事务所延伸，提高工作效率和质量。

（四）业务经办。参保人员提供相关证件和两张1寸免冠照片到所在县（市）办理。享受城市最低生活保障的人员办理申报登记，应提供有效低保证件等相关证明文件。低收入家庭60周岁以上的老年人办理参保登记，应提供县级以上民政部门出具的相关证明文件。重度残疾学生儿童或丧失劳动能力的重度残疾人员办理参保登记，应提供由当地残疾人联合会出具的相关证明文件。“三无人员”办理申报登记时，应提供县级以上民政部门出具的相关证明文件。

（五）避免重复保险。参加城镇居民基本医疗保险的人员，不能同时参加城镇职工基本医疗保险或新型农村合作医疗保险。但转为本州城镇户籍的被征地农民，可以参加城镇居民基本医疗保险。

（六）基本医疗保险费的缴纳

1. 基本医疗保险费原则上按自然年度一次性缴纳。缴费后，参保人员提出终止基本医疗保险关系的，其终止前所缴纳的基本医疗保险费，社会保险经办机构不予退还。

2. 城镇居民以家庭为单位缴费，由家庭根据应参保人数到户籍所在地的乡（镇）劳动保障所（社区劳动保障工作站）或县（市）社会保险经办机构缴纳。

3. 在校学生的城镇居民基本医疗保险费每年 9 月至 12 月由所在学校根据应参保人数统一代征代缴到县（市）社会保险经办机构。

（七）关系转移。从城镇居民基本医疗保险转为城镇职工基本医疗保险的，由参保居民到参保的社会保险经办机构办理停止缴费手续后，由转入单位或参保人员个人到社会保险经办机构办理参保手续，并按规定缴纳城镇职工医疗保险费。

城镇居民基本医疗保险缴费年限和城镇职工基本医疗保险缴费年限不能相互替代。

（八）基本医疗保险基金的筹集。依法筹集城镇居民基本医疗保险基金，由州社会保险经办机构集中统一管理，主要用于参保居民住院和门诊大病基本医疗待遇支付。

1. 基本医疗保险基金的来源与构成：

（1）参保人员个人缴纳的医疗保险费；

（2）各级财政补助资金；

（3）医疗保险基金的利息收入；

（4）用人单位为其职工家属参保缴纳的医疗保险费；

（5）医疗救助资金为参保人缴纳的医疗保险费；

（6）社会捐助资金；

（7）法律、法规规定的其他收入。

2. 筹资标准

（1）学生、少年儿童及其他 18 周岁以下的居民，每人每年按 120 元的标准筹集。家庭缴纳 40 元，政府补助 80 元。其中对属于重度残疾、低保对象的学生和少年儿童，家庭缴纳 10 元，政府补助 110 元。

（2）其他城镇居民按每人每年 200 元的标准筹集。家庭缴纳 120 元，政府补助 80 元。其中对属于丧失劳动能力的重度残疾人、低收入家庭 60 周岁以上老年人和属于低保对象的居民，家庭缴纳 10 元，政府补助 190 元。

(3) 城镇“三无人员”参加城镇居民基本医疗保险的，家庭（个人）缴费由政府全额补助。

(4) 政府补助资金以当年参保居民人数，按不同群体补助标准列入财政预算。除中央财政专项补助外，地方政府补助由省、州、县（市）三级政府负担。省政府占地方政府补助的比例为35%，州政府占地方政府补助的比例为17.5%，县（市）政府占地方政府补助的比例为47.5%。地方补助的比例，今后省政府如有调整，州、县补助的比例再作适当调整，调整方案由州财政、劳动保障等部门共同研究后报州政府批准。

（九）基本医疗保险待遇

1. 城镇居民基本医疗保险的药品目录、医疗服务项目和医疗服务设施范围等，参照贵州省城镇职工基本医疗保险有关规定执行。国家和省另有规定的，按新的规定执行。

2. 参保人员按时足额缴纳医疗保险费后，按下列规定享受住院和门诊大病基本医疗保险待遇。

(1) 试点启动后至2009年5月31日参保登记缴费的新参保人员，从参保缴费完毕之日起30天后享受相应的医疗保险待遇。

(2) 2009年6月以后的新参保缴费人员，设置6个月的“待遇等待期”，待遇等待期满后享受相应的医疗保险待遇。

(3) 新出生婴儿，不实行“待遇等待期”。新出生婴儿在取得我州城镇户籍三个月内参保登记缴费的，从参保缴费完毕之日起30天后享受相应的医疗保险待遇。

(4) 参保后未按时缴费的，视为中断缴费，从中断缴费的次月1日起，停止享受基本医疗保险待遇。中断缴费期间发生的医疗费用，统筹基金不予支付。

(5) 中断缴费不满6个月的，可以续保，续保人员应补交中断期间的欠费和当年度的保费，自补清保费之日起30天后享受相应基本医疗保险待遇。中断缴费超过6个月的，医疗保险关系自行终止。医疗保险关系自行终止后重新参保的，按新参保人员重新计算缴费年限，并实行6个月的待遇等待期。国家另有规定的从其规定。

(6) 参加城镇居民基本医疗保险的人员每年在不同等级的定点协议医院住院治疗，每次住院治疗需自付不同金额的起付标准金：

一级医院、乡镇卫生院、社区医疗卫生服务机构为 60 元；二级医院为 250 元；三级医院为 450 元；经批准在黔南州外就医的为 600 元。

（7）18 周岁以下的未成年居民在二级医院以上（含二级医院）住院的均为 100 元。

其中：低保对象、“三无人员”、重度残疾的学生儿童、丧失劳动能力的重度残疾人员和低收入家庭 60 周岁以上的老年人的起付标准金对应以上情形减半。

（8）植入人体材料和人工器官等特殊医用材料以及普通一次性医用材料的项目和统筹基金支付范围的具体管理办法，由州劳动保障行政部门另行制定。

（9）患特殊病种疾病需门诊长期治疗的参保人员可以比照城镇职工基本医疗保险特殊病种管理有关规定，向社会保险经办机构申请办理《黔南州城镇居民基本医疗保险门诊大病医疗证》。《门诊大病医疗证》实行年审制。对在门诊治疗特殊病种疾病的参保人员，全年只设一次起付标准，起付标准金为 250 元。

（10）参保人员住院或在门诊治疗特殊病种疾病，发生的医疗费用，在扣除全自费、乙类药品或特殊诊疗服务项目由个人自付部分和起付标准金后，剩余的医疗费用由医疗保险统筹基金和参保人员个人按照分担比例共同支付。

医疗保险统筹基金和参保人员个人分担比例，按照医院级别确定：一级医院（含社区医院）统筹基金支付 65%，个人支付 35%；二级医院统筹基金支付 55%，个人支付 45%；三级医院统筹基金支付 45%，个人支付 55%；参保人员按规定在门诊治疗特殊病种疾病的，由医疗保险基金支付 50%，个人支付 50%。

（11）参加城镇居民基本医疗保险的人员连续缴费满 5 年后，住院或门诊治疗特殊病种疾病医疗费用统筹基金支付比例增加 5%。

（12）医疗保险统筹基金的最高支付限额为每人每年 4 万元。

（13）城镇居民在一级定点医院（含乡镇、社区卫生服务机构）门诊就诊免收挂号费。

（14）参保人员因病情需要确需转到州外治疗的，需由州内三级或三级以上医院出具转诊转院证明书并填写《黔南州城镇居民基本医疗保险转诊转院申请表》，经州社会保险经办机构审核同意后方可转院。因病情需要，到参保县（市）外的州内其他定点医疗机构住院治疗的参保人员，经参保的县（市）社会保险经办机构审核同意后方可转院。

城镇居民基本医疗保险转诊转院办法由州劳动保障行政部门另行制定。

（十）参保人员发生下列情况，其医疗费用统筹基金不予支付

1. 在非定点医疗机构就医的（急救抢救除外，但病情稳定后三日内须转入定点医疗机构）。

2. 未按规定办理转院手续，擅自到其他及异地医疗机构就医发生的医疗费用。

3. 因交通事故、医疗事故就医的。

4. 因违法犯罪、自杀、自残（精神病除外）就医的。

5. 在国外或港、澳、台地区就医的。

6. 属于工伤保险（含职业病）或生育保险支付范围的。

7. 其他不属于城镇居民基本医疗保险统筹基金支付范围的费用。

（十一）基本医疗费用的结算规定

1.《医疗保险证》是参保人员到定点医疗机构就医的记账结算凭据，仅限本人使用，不能转借他人。

2.《医疗保险证》由州社会保险经办机构统一制作，并由县（市）社会保险经办机构负责组织发放。

3.《医疗保险证》遗失、损坏的，由参保人员到参保的社会保险经办机构办理补证和换证手续。

4. 参保人员凭《医疗保险证》在定点医疗机构办理住院或门诊大病治疗手续后，治疗发生的基本医疗费用，属个人负担的，由本人与定点医疗机构结算；属统筹基金负担的，由社会保险经办机构与定点医疗机构结算。

5. 参保人员因急救、抢救在非定点医疗机构住院治疗发生的医疗费用，由个人先垫付。医疗终结，凭出院小结、费用明细清单、有效报销单据和急救、抢救的证明到参保的社会保险经办机构按规定结算。

6. 经批准转到统筹地区外住院治疗的，只能在非营利性医疗机构治疗。治疗发生的医疗费用，由本人先垫付。医疗终结，凭出院小结、疾病证明书、费用明细清单、有效报销单据、转诊转院审批手续，到参保的社会保险经办机构按规定结算。

7. 参保人员在国内探亲、旅游时，在外地患急性病需要住院治疗的，

只能在非营利性医疗机构治疗。治疗发生的医疗费用，凭当地医院的出院小结、疾病证明书、费用明细清单、有效报销单据，以及户籍登记地劳动保障所或者学校出具的外出证明，到参保的社会保险经办机构按规定结算。

8. 在黔南州外的国内其他地区长期异地居住的参保人员，患病需要住院治疗的，只能在居住地非营利性医疗机构治疗。长期异地居住参保人员医疗费用结算办法由州劳动保障行政部门另行制定。

9. 参保人员经门诊紧急治疗后不需要住院的，其急诊费用由个人负担；经门诊紧急治疗后住院的，其符合规定的急诊费用可并入住院费用；经门诊紧急抢救无效死亡的，其符合规定的急诊费用从统筹基金中按规定支付。

（十二）基本医疗保险基金的管理与监督

1. 城镇居民基本医疗保险基金实行收支两条线和财政专户管理，单独列账，专款专用。

2. 州社会保险经办机构设立城镇居民基本医疗保险基金收入户和支出户和财政专户。

各县（市）社会保险经办机构设立城镇居民基本医疗保险基金收入户和支出户，不设立财政专户。

3. 州、县两级社会保险经办机构要建立健全城镇居民基本医疗保险基金的预决算制度、财务会计制度和内部控制制度，确保基金安全。

4. 各级劳动保障、财政、审计部门要在各自的职责范围内，加强对城镇居民基本医疗保险基金的监督管理。

（十三）法律责任

1. 各级医疗保险经办机构、县（市）乡（镇）、街道劳动保障事务所工作人员应认真履行职责，接受监督。凡工作人员有下列行为的，参保人员可向劳动保障行政部门投诉，并由有关部门批评教育，情节严重的根据有关规定追究其相应责任；构成犯罪的，依法追究刑事责任。

2. 参保人员有下列行为的，由劳动保障行政部门取消参保资格；造成医保基金损失的，追回损失；构成犯罪的，依法追究刑事责任。

（1）不具备参加黔南州城镇居民医疗保险条件的人员，通过提供虚假材料办理参保登记的；

（2）不符合财政补助条件的人员，通过提供虚假材料骗取补助资金的；

（3）其他违反城镇居民医疗保险参保登记规定的；

3. 定点医疗机构存在下列行为的，由相关部门根据有关规定进行处罚。

（1）擅自提高收费标准、任意增加收费项目、分解收费等违反物价收费规定，增加医疗保险基金支出或者参保居民个人负担的；

（2）定点医疗机构将门诊病人挂名住院或冒名住院，将非医疗保险的病种、药品、项目列入医疗保险支付范围，弄虚作假，套取医疗保险基金的；

（3）定点医疗机构为参保人员提供虚假证明材料，造成医疗保险基金损失的；

（4）其他违反医疗保险规定和侵害参保人利益的。

（十四）附则

1. 城镇居民基本医疗保险的定点医疗机构由州劳动保障行政部门统一审核批准，州社保经办机构协议管理。定点医疗机构的准入条件参照城镇职工基本医疗保险确定。

2. 本办法筹资标准、待遇支付等规定，在实施过程中，根据本州经济社会发展和城镇居民基本医疗保险实际运行情况适时调整。基金出现缺口，由财政垫付，具体办法由州劳动保障局、州财政局制定，报州政府批准。基金运行连续两年出现收不抵支情况后，由州劳动保障局、州财政局提出调整个人缴费和政府补助方案，报州政府批准后执行。

3. 医疗保险基金收支和运行情况应定期接受审计部门的审计，并向社会公布审计结果。

4. 为解决参保人员因患大病超过统筹基金支付范围的医疗费用问题，在基本医疗保险的基础上通过商业保险建立大病医疗保险制度，参保人员以家庭、学校为单位自愿参加，大病医疗保险具体办法另定。

5. 国务院、省政府或省城镇居民基本医疗保险联席办公会议办公室对城镇居民基本医疗保险政策进行调整或有新的规定时，从其规定。

上述全面而细致的实施规范，确保了黔南州城镇居民基本医疗保险制度的顺利贯彻和实施。

二　黔南州城镇居民基本医疗保险分析[①]

2008 年 9 月黔南州实施城镇基本医疗保险制度后，在各级部门的共

---

① 根据黔南州人力资源和社会保障局提供的书廷哲执笔的《黔南州城镇居民大病医疗保险开展情况调查报告》整理。

同协作下，在城镇基本医疗保险经办部门的大力宣传和努力下，整个制度的实施得以有效开展，并取得了积极的成效，主要表现为：

（一）基本上实现了“应保尽保”的发展目标

2008 年制度实施时提出了当年实现 50%的参保率，到 2010 年实现“应保尽保”的目标，而且将 50%的参保率作为该年度政府举办的“十大民生”工程之一。到 2013 年 9 月底城镇居民基本医疗保险参保人数为 251991 人，参保率为 92.4%，不考虑人口流动因素，基本上实现了应保尽保的目标。

（二）基金运行良好，积累水平不断提高

制度实施之初就将工作重点放在中小学、各种职业技术学校和城镇中心区的非从业城镇居民，并具体明确了各级政府承担的缴费补助比例。省政府占地方政府补助的比例为 35%，州政府占地方政府补助的比例为 17.5%，县（市）政府占地方政府补助的比例为 47.5%。工作重点突出，政府补贴明确，确保了制度的稳健运行。2009 年到 2012 年的城镇居民基本医疗保险基金收支情况显示，城镇基本医疗基金运行良好，基金积累逐年增加（见图 4—2—1）。

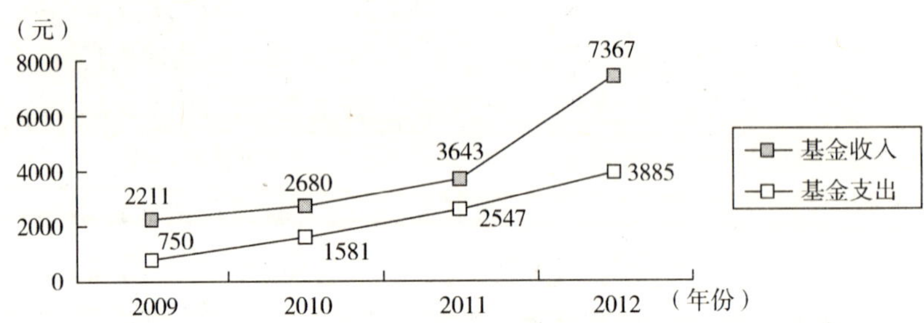

图 4—2—1　2009 年到 2012 年城镇居民基本医疗保险基金收支情况

可以看出，整个基本医疗保险保障城镇居民基本医疗的同时，基金的良好运行状态，为医疗保障水平的提高和范围的扩大，更好地惠及城镇居民奠定了较为坚实的资金保障。

另外，从城镇居民基本医疗费用的支出情况看，根据 2013 年 1—9 月的统计。按基本医疗保险统筹基金累计支付所在区段划分，统筹基金累计支付主要在 0 元至 4 万元之间，人数为 15469 人，占总待遇人数的 99%，而在 4 万元至 9 万元之间的仅有 108 人，占总待遇人数的 1%，多数参保居民统筹基金年度累计支付限额在 4 万元以下。

表 4—2—1　　黔南州城镇居民基本医疗保险统筹基金累计支付

各年龄段	0 元至 4 万元	4 万元至 7 万元	7 万元至 9 万元
≤18 岁	3960	7	2
18—55 岁（女）	4268	24	9
18—60 岁（男）	2735	24	7
≥55 岁（女）	3419	20	4
≥60 岁（男）	1087	8	3

（三）参保人员年龄及性别结构状态

城镇居民基本医疗保险退休年龄之前年龄段参保人员较多，为 220531 人，约占总参保人数的 88%。

表 4—2—2　　2013 年黔南州城镇居民基本医疗保险参保年龄结构

各年龄段	城镇居民参保人数（人）	参保率（%）
≤18 岁	71730	16
18—55 岁（女）	76977	19
18—60 岁（男）	71824	18
≥55 岁（女）	20699	29
≥60 岁（男）	10761	18

从上表中可以看出，在城镇基本医疗保险的年龄结构中，退休年龄以上参保比例为 47%（29%+18%），接近参保人数的 50%，18 岁以下和退休人员的参保比例最大，占参保人员的 63%（16%+29%+18%），这一定程度上反映出城镇居民中无职业者对医疗保障的需求，换句话说，就是通过城镇基本医疗保险制度的安排，从根本上消除了城镇非职工的患病的忧患；从参保人员的性别结构看，女性占整个参保人员的 38%，这表明城镇居民中非就业人员妇女的比重较大，城镇居民基本医疗保险制度的开展，对保障妇女的健康权益，具有极其重要的现实意义，同时从某种角度来看推动了民族地区妇女权益保护事业的发展。另外，从表 4—2—2 中可以看出，退休年龄之后参保人员待遇享受人数为 4542 人，占年龄段参保人数比例为 14%，而退休年龄之前参保人员待遇享受人数 11039 人，这一比例仅为 5%，符合退休年龄段的人员身体状况较差，发病率较高的特点。

从上述城镇居民基本医疗保险开展运行的基本情况来看，该项制度的实施填补了基本医疗保险制度建设的空白，也标志着我国劳动保护制度从“全民劳保”向“全民医保”的制度转移，实现了“人人享有基本医疗服务”在制度上全覆盖的建设目标。“病有所医，老有所养”的人人享有健康保障的制度建设拥有了基本的构建平台，为全面建设小康社会的目标构筑起了稳定坚实的制度基础。

三　黔南州城镇居民大病医疗保险试点分析

在城镇基本医疗保险制度稳步实施开展，基本医疗保障基金积累不断增加的情况下，在保障城镇居民基本医疗需求的基础上，为提供更高水平的医疗保障，避免因重大疾病而导致贫困，根据国家发展和改革委员会、卫生部、财政部、人力资源和社会保障部、民政部、保险监督管理委员会共同发布的《关于开展城乡居民大病保险工作的指导意见》(2012 年 8 月 30 日正式公布)，结合黔南州城镇居民基本医疗保险制度的实际，2013 年 1 月正式启动了黔南州城镇居民大病医疗保险的试点工作。

（一）大病医疗保险基本制度规范

1. 参保范围及期限

参加城镇居民大病医疗保险实行自愿原则。参加城镇居民大病医疗保险的人员必须是已参加城镇居民基本医疗保险的人员。参加城镇居民基本医疗保险的人员不能在城镇居民基本医疗保险的一个缴费年度内中途参加城镇居民大病医疗保险。未参加城镇居民大病医疗保险的，不能享受相应的城镇居民大病医疗保险待遇。城镇居民大病医疗保险的每个保险期限为一年。

2. 缴费标准

18 周岁以上城镇居民的大病医疗保险费按每人每年 30 元标准筹资，其中，个人缴费 15 元，从城镇居民医疗保险统筹基金中补助居民每人每年 15 元。18 周岁以下城镇居民（含 18 周岁以上全日制在校学生）的大病医疗保险费按每人每年 10 元标准筹资，其中，个人缴费 5 元，从城镇居民医疗保险统筹基金中补助居民每人每年 5 元。

3. 待遇水平

城镇居民在参保年度内医疗费用超过城镇居民基本医疗保险统筹基金最高支付限额 9 万元时，在扣除支付费用后由承担的商业保险公司按照 90%的比例赔付，年度最高支付费用 15 万元。黔南州大病医疗保险费用的审核按照城镇居民基本医疗保险“三目录”进行。

4. 经办方式

为借助商业保险公司的优势，黔南州大病医疗保险由商业保险公司承保运作，采取向商业保险机构购买大病保险的方式，由社会保险经办机构与商业保险公司签订城镇居民大病医疗保险服务协议。商业保险公司承办大病医疗保险的优势有：能够充分发挥商业保险机构的专业特点，加大对医疗机构和医疗费用的制约；利用商业保险机构专业化管理优势和市场化运行机制，有利于提高基本医保的经办效率和服务水平、服务质量；从大的角度看，商业保险机构在全国范围内有统筹核算的经营特点，能间接提高大病医保的统筹层次，增强抗风险能力，提高服务水平，放大保障效应。目前与黔南州签订大病医疗保险服务协议的保险公司为中国人民人寿保险股份有限公司贵州省分公司。

当参保人员发生的医疗费用超过城镇居民基本医疗保险基金最高支付限额以上的，提供相关材料经社保经办机构审核后，移交商业保险公司理赔，商业保险公司在接到赔付申请后5个工作日内完成赔付工作。

（二）实施的效果分析

2013年1月1日中国人民人寿保险股份有限公司贵州省分公司签订了为期3年的城镇居民大病医保医疗服务协议（2013年1月1日至2016年12月31日止），正式启动了城镇居民大病医疗保险制度的试点。通过大力宣传和必要的技术准备，取得了如下社会效益。

1. 城镇居民积极参与。由于城镇居民基本医疗保险制度起步晚，加上城镇居民无稳定收入，相比企业职工基本医疗大病100%的参保率来说相对较低，但由于准备充分、宣传到位，在较短的时间内就取得了积极的成效。截至2013年9月底城镇居民基本医疗保险参保人数为251991人，居民大病医保参保人数为46828人，居民基本医保中大病医保参保比例为19%，城镇居民大病医疗保险收入为1327520元。

从图4—2—2可以看出，在城镇居民基本医疗保险中加强大病医疗保险宣传，提高参保率，增加政策的社会效益，还有很多工作要做。

2. 基金运行情况。截至2013年9月底，城镇居民基本医疗保险统筹基金累计支付金额满9万元的共有9人，其中5人发生费用较早，信息系统大病医保待遇支付功能尚未健全，故未能结算进入大病医保医疗费用。另4人已享受大病医保待遇，待遇享受人次为9人次，大病医保待遇支付

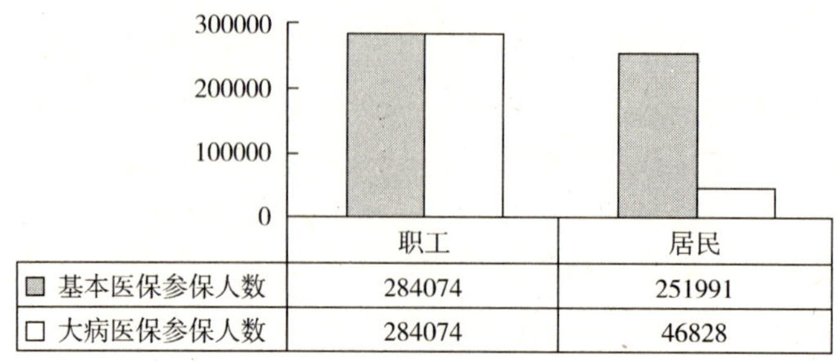

图 4—2—2　黔南州大病（高额）医疗保险参保情况（人）

188540.7 元。但同期企业职工高额医疗保险待遇享受人次为 512 人次，大病理赔金额为 7900492 元。从这个意义上说，进一步提高城镇居民大病保险的参保率，对于减轻大病医疗负担，具有极其重要的现实社会意义（见图 4—2—2）。

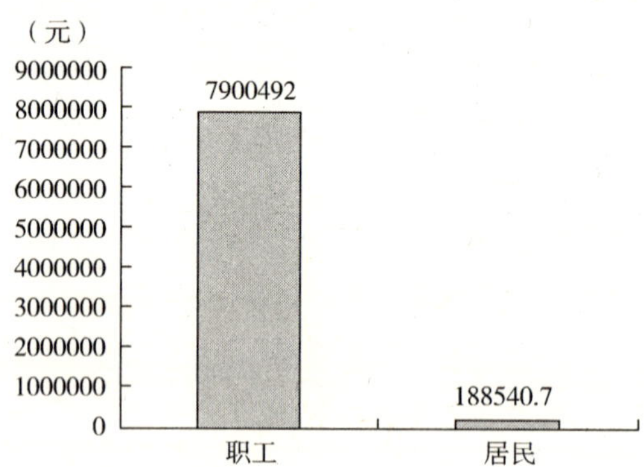

图 4—2—3　黔南州大病（高额）医疗保险待遇

3. 城镇居民大额保险参保年龄及性别结构。图 4—2—3 是 2013 年 1—9 月黔南州城镇居民大病医保不同年龄段和性别参保情况。

表 4—2—3　　城镇居民大病保险参保年龄及性别机构

各年龄段	大病医保参保人（人）	参保率（%）
≤18 岁	11562	24.69
18—55 岁（女）	14604	31.38
18—60 岁（男）	12749	27.23
≥55 岁（女）	5982	12.77
≥60 岁（男）	1931	4.12

从表4—2—3中可以看出，参加城镇居民大病医疗保险的年龄结构，如果用曲线来表示，基本上成正态分布，这反映了现实生活中老少对大病的个人心理预期，从而也表明基本医疗保障制度是所有人的共同需求，年轻的人精力充沛，处于生长期，对大病的心理预期较低，退休后人员尤其是男性，认为要患大病早就应该患了，因此，对大病担忧较少。

不过由于大病医疗保险制度刚处于试办阶段，而且仅凭几个月的统计就作出相应的结论比较简单化，但可以据此看出一定的发展态势。

第三节　城镇居民基本医疗保险存在的问题及完善探讨

通过上述对城镇居民医疗保险及在地方实践的介绍，可以看出，一方面城镇基本医疗保险制度的构建，使得我国基本医疗保险体系得以健全和完善，实现了制度全覆盖的建设目标，为国民健康保障权利的实现构建起了基本的建设平台；另一方面，通过城镇居民基本医疗保险制度的实施，实现了社会管理的社会公平，人人享有健康保障和分享经济社会发展成果的保障性机制得以确立，为全面实现小康社会构筑了制度性保障的基础。但应该看到由于制度建设的时间毕竟不长，在制度运行中还存在和暴露出一些问题，需要进一步深化改革和发展予以解决和完善，为此，根据我们的调查，作如下探讨。

一　城镇居民基本医疗保险制度运行中存在的问题

尽管上述黔南布依族苗族自治州城镇居民基本医疗保险制度实施的情况，也许是个特例，但整个制度的基本内容和发挥的社会效益却是客观而现实的，结合我们在其他地区的调查，认为城镇居民基本医疗保险制度存在的问题归结起来主要有以下几个方面。

（一）制度衔接是实现“人人覆盖”的根本保证

我国从1998年开始建立企业职工基本医疗保险制度，到2003年实施新型农村合作医疗保险制度，再到2007年试点实施城镇职工基本医疗保险制度，用了近10年的时间构建起了这“三项”基本医疗保障制度，实现了整个基本医疗保障的制度全覆盖，建成世界上最为庞大的基本医疗保障网。根据人力资源和社会保障部公布的数据，这也是全球受益人数最多的医疗保障网，全国有近 12.7 亿人得到了基本的医疗保障。但一方面，由于制度及管理体制的相互分割和相对独立，难以适应市场经济及城镇化发展中劳动力和人口流动的需要；另一方面 2011 年 7 月 1 日颁布实施的《社会保险法》，只是在纵向上对“三项基本”医疗保险制度的安排作出原则规定。如《社会保险法》，“第二十四条：国家建立和完善新型农村合作医疗制度。新型农村合作医疗的管理办法，由国务院规定。第二十五条：国家建立和完善城镇居民基本医疗保险制度。城镇居民基本医疗保险实行个人缴费和政府补贴相结合。享受最低生活保障的人、丧失劳动能力的残疾人、低收入家庭六十周岁以上的老年人和未成年人等所需个人缴费部分，由政府给予补贴。第二十六条：职工基本医疗保险、新型农村合作医疗和城镇居民基本医疗保险的待遇标准按照国家规定执行。第二十七条：参加职工基本医疗保险的个人，达到法定退休年龄时累计缴费达到国家规定年限的，退休后不再缴纳基本医疗保险费，按照国家规定享受基本医疗保险待遇；未达到国家规定年限的，可以缴费至国家规定年限。第四十八条：失业人员在领取失业保险金期间，参加职工基本医疗保险，享受基本医疗保险待遇。失业人员应当缴纳的基本医疗保险费从失业保险基金中支付，个人不缴纳基本医疗保险费”。这些涉及基本医疗保险制度管理的有关规定，并没有在横向上规定如何在“三项”基本医疗保险制度之间进行衔接和转移。上述两方面的原因导致尽管实现了基本医疗保险制度的全覆盖，但却难以实现“人人覆盖”的目标，同时这也是城镇居民基本医疗保险制度虽然做到了应保尽保，但参保率始终徘徊在 90%，而难以达到 100%的原因。为了对上述问题的理解更加清晰，现举例如下：

假如某企业职工辞职或失业，如果在职期间已经按规定达到了企业职工基本医疗保险的消费年限，但仍然没有达到退休年龄，是否就可以直接或不能享受企业职工基本医疗保险。如果没有到达规定的缴费年限，是否可由自己缴纳直到规定年限或转入其他基本医疗保险制度，如果可以转入，那在企业缴纳的医疗保险费用如何计算等。而且如果失业，在失业期间可以不交基本医疗保险费而享受基本医疗保险待遇，但如果失业期满，那在失业期间是否被视同已经交付。又如，一个农民进城务工，被某企业雇佣，其在被雇佣前已经参加了新型农村合作医疗保险，如果他放弃参加企业职工基本医疗保险制度，从享受待遇的角度讲，对他是有失公平的；如果他参加企业职工基本医疗保险制度，是分段核算还是进行折算，还是同时可享受两项制度待遇？再进一步，如果他在没有达到规定的企业职工基本医疗保险费规定的缴费年限内辞职或失业，他的医疗保险待遇又如何安排，这从管理上讲，又会涉及卫生和劳动管理部门之间的政策和资金协调问题，如何协调？如此等等。

可见制度已经覆盖，但存在的问题具体而现实，这些问题不解决，就会导致劳动者不能按照市场的流动性要求，自主地选择他们的工作、居住和生活方式，从而失去脱贫的机会，最终将会使得本来是一项惠民、利民的基本制度安排，却因细节上欠缺而逐步演变为困民、扰民的制度。

（二）加强队伍建设，优化经办流程

由于制度安排的时效性和人才培养的时滞性、人员编制的约束性、制度的政策性和城镇居民构成的复杂性等特点，为了保证业务的迅速开展，各级社会保障机构抽调和招聘临时人员实施业务经办，尽管在较短时间内得以开展，覆盖率也达到预期的目标，但业务质量和政策执行方面却存在一些问题，归纳起来主要包括如下几个方面。

1. 缺岗缺编严重。由于一些基层办事处人员缺乏，加上不熟悉财务管理要求，通常是经办居民医疗保险业务岗位与财务岗位“合二为一”，致使居民医疗保险从而从参保登记缴费、发出基金征集单、收费直到进行实收分配的全程业务可以由一人完成，从而缺乏有效的相互制约、相互监督的约束机制设计和岗位，并且按服务对象设岗，如某区只配置了两人负责学生的基本医疗保险业务，有的社区的基本医疗保险完全依赖公益性岗位人员从事经办。这种缺岗缺编的管理状况，实质上仅是依靠道德约束进行管理，长此以往，将面临巨大的管理风险。已经开始，并不断出现的社会保险违纪、违法事件给予了充分印证。

2. 单证管理欠规范。这表现为由于现行“社会保险系统”采取手工开单，加上财政部门票据供应不足，在具体基层保险经办中不得不采用“多人一票”的方式出具缴费收据，一旦发生争议投保人便“无据可依”，而且“社会保险系统”居民医疗保险准许多人合并在一张“缴费收据”上。实现“多人一单”，该单据虽然由“社会保险系统”生成，但并不需要基金征缴的前期工作支撑即可完成。如社区统一收缴 10 人参保费后，到办事处工作平台办理缴费。办事处经办人员根本不需要作出系统应收核定，即可按照社区报送名单输入人员姓名，合单开具收据。目前的这种操作方法导致的严重后果为：一是可能导致真正缴费人员与系统记录缴费人员不匹配；二是重复缴费人员系统无提示，存在重复缴费时，系统只记录一次缴费；三是可能出现征缴费用不能全额上交的情况。即收取多人费用而只选择部分人员费用上交专户。也就是说给违法、违纪行为留下了足够的空间。

（三）信息管理系统建设严重滞后，不仅影响业务经办质量，还一定程度上导致了管理上的漏洞

一是城镇居民医疗保险缺乏信息核对和审核的必要流程。当前的城镇居民医疗保险镇乡街道经办流程为：社区工作人员采集参保人基本信息并制作相关登记表，代收居民缴费然后将参保资料及所缴费用送交镇、乡、街道劳动保障所，再由劳动保障所录入参保人员信息，开具缴费收据，将缴费情况录入系统，然后镇乡街道将收费存入区社保局指定的财务专户。这样的流程缺少信息核对环节，导致采集信息出现错误时无法及时校对和更改。

二是系统未能按照规定识别中断续缴的真实情况，从而引发不公平，甚至骗保现象的出现。例如：不同年份期间的同一日期，既可以补缴历年中断的缴费，也可以续保当年正常缴费。因此，使得有些中断缴费人员无论中断缴费多长时间，只要按照缴费年限将历年缴费补齐，就可以按照未曾脱保的正常缴费人员对待。另一方面，某人可以长期脱保，一旦在医院查出患有疾病，即可马上补缴所欠保费，就可享受医疗保险报销待遇，这从保险原理上来说是有失社会公允的；此外，有的地方为鼓励连续缴费参保，从参保的第二年起，城镇居民基本医疗保险基金保险待遇比例每年相应提高 2 个百分点，提高比例最高为 10 个百分点。但由于信息管理系统不能对脱保人员进行相应的识别，只要补齐脱保期的所欠保费，同样可享受该项待遇。在调查中，就出现某经办平台曾经在一天时间里分三次分别操作，一次为补缴 2011 年费用，一次为补缴 2012 年费用，一次为正常续保 2013 年费用。这种信息管理系统存在的漏洞也容易导致管理上的随意性，从而在不利于制度健康发展的同时，也使得制度的安全性受到严重的威胁。

（四）缺乏对特殊参保人群的审核机制

不论是《社会保险法》，还是各地颁布实施的《城镇居民基本医疗保险试点意见》都对特殊群体人员的参保进行了明确的规定。但如何进行

审核，并没有明确规定，如对无劳动能力，无生活来源，又无法定赡养、抚养义务人的“三无”人员、重度残疾人、低收入家庭60岁以上困难居民等特殊人员应该由哪些部门提供什么样的依据或是由民政部门或社区认定等，社会保险经办机构是否需要审核等都没有作出具体的规定，从而导致城镇基本医疗保险制度对特殊人群的经办处于进退两难的境地。

（五）地方财力匮乏，难以做到应保尽保

现行城镇基本医疗保险制度和新型农村合作医疗保险制度的筹资模式一样，都是采取中央转移支付、地方财政给予补助、个人缴费的三方付费原则。从制度本身来说，这样的安排有利于促进地方构建公共财政体系，促进地方民生的改善，这对发达地区来说也是无可非议的。但对经济不发达地区，尤其是连片集中特困地区，地方财政长期处于“吃饭财政”、“要饭财政”的不能自给状况，尽管通过国家长期一系列的扶持开发政策，财政经济条件有所改善，但具体到城镇基本医疗保险制度方面，都不愿意或拿出额外财政资金为外来人员参保实施配套，以至于城镇居民基本医疗保险制度难以实现“人人覆盖”。

（六）学生参加基本医疗保险中存在的问题

城镇居民基本医疗保险中，学生是一个最主要，也是最为集中的参保群体。在经办中除了经办人员不足外，更主要的问题是学生虚假信息导致的两方面的后果。一是由于学生家长为了让学生能够入学，不惜动用各种办法提供不真实的学生信息，如更改户口所在地、变更学生年龄等，使得学生信息不能进入系统，无法完成投保经办，从而影响学生权益；另一方面，由于学校根据学生名册提供缴费，但总有一部分因这样那样的原因，使信息进入不了系统，使得一部分已经缴纳的保险费不知道该退不该退，从而导致基金信息失真。①

总之，在城镇居民基本医疗保险经办过程中，由于人员编制不足、没有严格的经办流程相互监督和约束，加上城乡居民组成的复杂性，使得城镇居民医疗保险在具体的经办中存在不少问题，应该给予规范和完善。

二　城镇居民基本医疗保险制度的改革与完善思考

通过上述的介绍和分析，我们认为要解决城镇居民基本医疗保险制

① 资料来源：六盘水市钟山区人力资源和社会保障局，《六盘水市钟山区城镇居民医疗保险调研报告》2013年12月。

度中存在的问题，必须根据我国经济社会发展的实际，尤其是贵州省在全面建设小康社会中，与全国同步实现小康的目标，而实施“跨越式赶超”的现实，对业已形成的基本医疗保险制度进行进一步的深化改革和完善来加以解决。为此，作如下思考。

（一）整合基本医疗保险制度和管理体制，为“人人覆盖”构建制度管理上的保障措施

我国基本医疗保险制度的建立是伴随我国经济体制改革，尤其是社会主义市场经济的确立与建设，并借鉴国外经验逐步建立起来的。从国有企业职工基本医疗保险制度到新型农村合作医疗保险制度再到城镇居民基本医疗保险制度，无不与我国经济社会改革发展的进程紧密联系。为了更好地进行分析和探讨，这里不妨对“三项”基本医疗保险制度的构建及管理作简要的回顾。

1.“三项”基本医疗保险制度的建立及管理。企业职工基本医疗保险制度的建立。经过改革开放以来的不断探索和借鉴、试点，1998 年 12 月 14 号国务院正式颁发了《国务院关于建立城镇职工基本医疗保险制度决定》（国发〔1998〕44 号），据此贵州省人民政府办公厅印发了《贵州省城镇职工基本医疗保险制度改革实施规划》（黔府办〔1999〕31 号），在全省范围内正式实施城镇职工基本医疗保险制度，针对在实施过程中不同管理管辖权问题，2000 年 11 月 21 日，贵州省劳动和社会保障厅发布了《关于明确城镇职工基本医疗保险管理范围有关问题的通知》，指出“凡在我省各地（州、市）行政区域内的所有用人单位（包括中央、国家机关在黔单位及其参加省级养老保险统筹的中央在黔行业），都必须按照规定参加单位所在地的基本医疗保险，到所在地的社会保险机构登记、缴纳基本医疗保险费。接受所在地医疗保险管理机构的管理。享受所在地社会医疗保险机构提供的基本医疗保险服务”。正式明确了城镇职工基本医疗保险的经办归属于各级社会保障部门。

关于新型农村合作医疗保险制度，2002 年 10 月 19 日党和政府出台了《中共中央、国务院关于进一步加强农村卫生工作的决定》（中发〔2002〕13 号），其中明确指出“建立和完善农村合作医疗制度和医疗救助制度”，2003 年 1 月 14 日国务院办公厅转发了卫生部等部门《关于建立新型农村合作医疗制度意见》的通知（国办发〔2003〕3 号），按照《意见》要求，2003 年 11 月 3 日贵州省人民政府办公厅转发省卫生厅等部门关于《贵州省

新型农村合作医疗管理试行办法》的通知。《通知》第二章“组织领导”，第六条规定：“根据需要由县（市、区）管理中心派出人员对乡（镇）合作医疗资金进行管理。”合作医疗管理中心职责：“（一）制定本县（市、区）合作医疗实施方案和细则、管理章程、发展规划与实施计划；（二）组织收取农村居民缴纳的合作医疗资金；（三）发放和管理合作医疗证；（四）收集和整理合作医疗信息，填写和上报统计报表；（五）编制资金预结算材料，审核报销医药费用，定期公布合作医疗资金收取、使用情况；（六）开展宣传、动员、人员培训、督促检查以及选定合作医疗定点服务机构；（七）定期向农村合作医疗管理委员会汇报工作等。”由此可见新型农村合作医疗保险归由卫生部门管理，具体由县、乡（镇）医疗卫生部门设立机构予以经办。

关于城镇居民基本医疗保险制度，城镇职工基本医疗保险制度和新型农村合作医疗保险制度的建立，深受参保人群的欢迎，从根本上消除了劳动者的疾病忧患，一定程度使国民分享了经济社会发展所取得的成果。为了体现社会公平，实现基本医疗保险制度的全覆盖，2007 年 7 月 24 日，国务院颁布实施了《关于开展城镇居民基本医疗保险试点的指导意见》（国发〔2007〕20 号），按照国务院《指导意见》，2008 年 5 月 24 日贵州省人民政府颁布了《关于推进城镇居民基本医疗保险试点工作的指导意见》（黔府发〔2008〕13 号），该《指导意见》第五条“城镇居民基本医疗保险的管理与服务”，规定“切实加强医疗保险经办机构、街道（乡镇）和社区劳动保障工作平台建设，并在工作机构、人员、经费、场所等方面提供相应的保障，充分发挥社区服务组织的作用”。明确了城镇居民基本医疗保险的业务经办由社会保障部门具体经办。

在党中央、国务院的领导和支持下，通过社会保障和卫生部门的共同努力，完成了我国基本医疗社会保险制度的全覆盖，从根本上消除了劳动者的疾病忧患，城镇企业职工医疗保险制度、新型农村合作医疗保险制度和城镇居民医疗保险制度，这“三项”基本医疗保险制度共同构筑了我国国民的医疗保障安全网，但却确立了劳动保障部门和卫生管理部门，两套管理体系和体制。

可以看出，制度的建设是针对现实经济社会中的劳动者群体的不同板块和管理机构的现实层级来设计的，从而形成了“二元”管理格局和不同的管理体系。随着经济社会的加速发展和转型，一些地区已经开始实施统一的城乡基本医疗社会保障制度，但在管理上的“二元”结构仍然没有改变。

2. 城乡基本医疗保险管理制度二元结构分割的弊端。“三项”基本医疗保险制度的构建不仅起到了安定社会，为经济社会的深化发展发挥“稳定器”的作用，也为健康保障事业的发展奠定了基础。但随着“工业化、城镇化、农业现代化”的“三化”同步协调发展战略的实施以及在我国和贵州省的不断深入与发展，全面建设小康社会的步伐日益加快，贵州省“三项”基本医疗保险制度在管理上存在的二元分割的弊端日益显现。这主要集中表现在如下几个方面。

首先，城镇化发展和农业现代化发展，使城乡劳动者的流动成为必然。贵州省作为劳务输出大省，每年劳务输出在 400 万左右，还不包括因城镇化而导致的劳动力转移。根据统计，2013 年 1 月贵州省仍有 70%的人口生活在农村，城镇化率低于全国平均水平 15 个百分点，根据贵州省“十二五”规划，在“十二五”结束时，贵州省的城镇化率将到达 51.7%的全国平均水平。而当前基本医疗保险二元分割的管理状况必然影响城乡人员流动，进而影响城镇化的发展。

其次，导致管理成本上升。一方面，城乡之间同一项制度，却有两套管理队伍和相应的管理机构，必然导致管理成本上升；另一方面，国家已经启动跨省医疗保险结算试点工作，二元分割的管理体制必然要构建两套网络系统。由于统筹层次和管理的不同，采用的软件运行系统也不尽相同，要实现跨地区、跨省结算，投入巨大。1997 年国家建立金税工程，投资就高达 78 亿元。如果社保和卫生部门分别建金保工程，投资则是双倍。而城市化发展是必然趋势，这就意味着必然有一套系统一定程度闲置，造成不必要的浪费。显然在导致管理资源分散的同时，存在着重复建设的问题。

再次，不利于提高统筹层次，提高抵御风险的能力。保险的基本原理是大数法则，即“人人为我，我为人人”。统筹层次越高，抗风险能力越强，越有利于财务稳定。目前城镇职工和居民基本医疗保险统筹于社会保障部门，而新型农村合作医疗保险由县级统筹，即便从垂直管理的角度上可以统筹到省级卫生部门，但横向上未能实现统筹，加上城镇化推进，农村人口减少，新型农村合作医疗保险的抗风险能力将进一步削弱，从而影响财务的稳定性。

另一方面，这样的状况不利于基本医疗保险基金的监督管理。社会医疗保险是除社会养老保险外，最为复杂的一项社会保障制度，复杂在于其涉及医、保、患三方关系（即医疗服务、保险管理和患者），经验表明，构建起三方相互制约相互监督的运行管理机制，是确保该项制度公平、健康、有序发展的根本，而新型农村合作医疗保险的经办和提供医疗服务都是归属于卫生部门，不仅使得监管难以到位，也有失社会公允。

最后，不利于社会保险专业队伍的建设。根据我们对一些县级新型农村合作医疗保险经办机构的调查，经办机构从业人员一部分是医疗卫生专业人员，一部分是社会招聘人员。医疗卫生专业人员，长期从事事务性工作，专业业务逐渐生疏，招聘的社会人员既不懂医疗卫生业务，也不懂社会保险专业业务，工作性质认识难以到位，难以努力钻研业务，提高服务质量，处于很尴尬的地位。

可见二元分割的社会保险经办机构管理体制在特殊的历史时期为实现我国基本社会医疗保险体系的构建，作出了各自应有的贡献，但随着经济社会的快速发展，城镇化进程加速发展，尤其是西部地区的跨越式赶超发展，其不利因素越来越突出，特别是 2011 年 7 月 1 日我国《社会保险法》正式颁布实施后，当前二元经办体系有违构建统一规范的社会保险经办机构的法律要求。

3. 构建统一的城乡基本医疗保险经办体系。2011 年 7 月 1 日《中华人民共和国社会保险法》正式生效实施，该法规定，新型农村合作医疗的管理办法，由国务院另行规定。但至今未有相关的文件出台。而在此法颁布之前的 2007 年四川省成都市就实现了经办机构的统一，浙江省温州市也采取了同样的做法。2010 年年初，宁夏回族自治区党委、政府决定将新农合整体划转人力资源和社会保障部门管理，实现城乡居民基本医疗保险管理体制的统一。2011 年 8 月云南省昆明市完成了新型农村合作医疗的管理职能移交工作，实现了城镇职工医疗保险、居民医疗保险和新型农村合作医疗一体化管理。可见在我国城镇化率高的地区，率先开展二元经办体制的整合工作，能有效地促进医疗保险制度的建设。

在贵州省，虽然兴义市等几个地区实施了“五险合一”（基本养老保险、基本医疗保险、失业保险、工伤保险和生育保险）统一经办。但二元分割的状况没有根本改变。为此，我们认为：一方面鉴于从 2009 年开始启动新型农村社会养老保险以来，经过多年的试点及经验总结，到 2012 年年底，88 个建制县全面开展了新型农村社会养老保险工作，全面完成了平台建设工作，也就是说在乡（镇）一级已经设置了新型农村养老保险经办机构，为整合新型农村合作医疗保险经办奠定了基础。另一方面将构建在各乡镇卫生院的新型农村合作医疗经办机构与乡（镇）设置的新型农村养老保险经办机构合并，共同组建乡（镇）一级社会保险所，共同经办社会保险业务。县一级并入城镇基本医疗保险经办机构，共同组建城乡基本医疗保险经办中心。

实现“三项”基本医疗保险制度统一归由社会保障部门经办，除了可以克服现行二元分割运行机制的弊端和不利因素外。还有利于以下方面。

一是真正构建起由社会保障部门第三方付费的社会保险运行机制，从而在促进基本医疗服务的健康发展的同时实现社会公平。

二是构建起公平合理的利益调节机制。个人缴费获得优质的医疗服务，医疗部门通过提高医疗服务水平，获得应有的利益，社会保险部门确保医保基金的有效运行及服务的改善。

三是政策法规的统一制定与协调衔接。现行基本医疗保险制度除了存在异地结算的问题而影响劳动力流动或给投保人带来不便之外，还有“三项”制度之间的相互转移衔接问题，经办机构统一后，就更加容易制定相应的管理办法，并使之按照法律要求而更为便利。

（二）明确职能定位，加强队伍建设

我国目前社会保险经办机构职能不清，以至于经办机构人员编制难以落实到位，导致经办机构及专业人员难以进入。从而出现，一边是经办机构人员不足，经办人员缺乏相应的专业背景，影响了业务经办的质量和服务的水平；另一边是各类本科、专科和职业技术学院的劳动与社会保障专业学生难以进入社会保障及业务经办机构，导致就业难的被动局面。因此我们认为，社会保险是政府提供的准公共产品，具有突出的公益性，是政府举办的一项社会事业，既然是事业单位就应该具有独立的法人地位，就必须按事业单位编制配备人员。只有这样，才能在解决经办机构人员不足的情况下，构建起一支专业的社会保险人才队伍，为社会保险事业的发展服务。同时，也可促进专业人才的培养和就业。

（三）提高统筹层次，加强信息化建设

由于基本医疗保险制度“二元”管理体制没有得到根本的解决，尚未构建起统一的管理体制，使得在贵州省内“三项”基本医疗保险制度的统筹水平参差不齐，有的制度由县级统筹，有的由市级统筹，加上各级政府财政收入的差异，使得信息化建设的程度和水平也存在很大的差别，不同公司提供的管理软件和信息系统也不尽相同和相容。因此解决的出路仍然是尽快改变“二元”管理体制，提高统筹层次，按照统一的标准和制式实施信息化建设，实现全市（州）或省一盘棋，这样才有利于通过信息化建设来促进业务经办的效率和管理水平的不断提高，克服现实中信息化建设滞后所导致的具体问题。

（四）进一步梳理和优化经办流程，规范业务经办行为

上述分析的经办流程中存在的问题，主要是注重了业务经办的纵向关系，而没有考虑业务经办的横向关系，如《社会保险法》第五十七条明确规定“工商行政管理部门、民政部门和机构编制管理机关应当及时向社会保险经办机构通报用人单位的成立、终止情况，公安机关应当及时向社会保险经办机构通报个人的出生、死亡以及户口登记、迁移、注销等情况”。社会保险经办部门应该纵横两个方向，依法梳理业务流程，并在信息平台建设的基础上，制定出相互制约、相互监督的业务经办流程，在确保业务经办效率显著提高的基础上，确保整个制度的安全和有效运行。

这里应该说明的是：城镇基本医疗保险制度存在的问题，有的是制度经办中存在的问题，有的是整个基本医疗保险体系构架中逐步产生的问题，也就是说只有通过完整的体系分析，才能作出相应的较为科学的判断，如果仅仅就单一的一个制度来分析，无法厘清制度或管理体制上出现的问题。因此，城镇基本医疗保险制度中存在的问题，是包含在整个基本医疗保险制度建设的问题中，只有通过整个制度体系的不断深化改革来加以解决和完善。

第五章　“三项”基本医疗保险制度的衔接机制构建探讨

目前，我国已建立起了包括城镇职工基本医疗保险制度、城镇居民基本医疗保险制度和新型农村合作医疗制度的社会医疗保险制度体系，基本实现了医疗保险的“制度全覆盖”。同时，经过多年的改革和发展，基本医疗保险的覆盖范围不断扩大，保障水平不断提高，管理体系和运行机制不断完善和成熟，社会基本医疗保险改革取得了较大的成效。但由于社会历史背景和条件的限制，我国社会医疗保险制度改革是按照在经济体制改革不断深化的进程中所形成的劳动力群体模块而设计，但进入 21 世纪，随着经济发展逐步与国际接轨，并已融入经济全球化和一体化的进程中，城市化的发展正向着现代化迈进，就使得当初的基本医疗保险制度设计缺乏“连续性”和“完整性”，从而使得社会医疗保险制度呈现出社会保险学界所共识的“碎片化”的现状。“三项”基本医疗保险制度的覆盖对象分别是企业职工、城镇居民和农民，但伴随我国经济社会向现代化发展，劳动者劳动资料和居住地的变化成为必然而经常的行为。为此，《中华人民共和国社会保险法》第二十三条规定“职工应当参加职工基本医疗保险，由用人单位和职工按照国家规定共同缴纳基本医疗保险费。无雇工的个体工商户、未在用人单位参加职工基本医疗保险的非全日制从业人员以及其他灵活就业人员可以参加职工基本医疗保险，由个人按照国家规定缴纳基本医疗保险费”。同时第三十二条规定“个人跨统筹地区就业的，其基本医疗保险关系随本人转移，缴费年限累计计算”。这就使得“三项”基本医疗保险制度的衔接成为社会医疗保险制度建设中的一个重要内容。由于《社会保险法》对如何进行衔接或转移，没有具体的规定，虽然我国在 2009 年年底颁布实施了《流动就业人员基本医疗保障关系转移接续暂行办法》，但其内容仅仅是对流动就业人员在城乡之间和统筹地区之间的转移接续作出原则的规定，并没有对缴费年限的转换、既有参保利益的确认等问题作出具体的规定，同时我国大部分统筹地区也没有针对医保关系的转移接续颁布具体的执行细则。为此，结合“三项”基本医疗保险制度的实践作一些探讨。

第一节 “三项”基本医疗保险体系的建设

前面已经较为详细地介绍了“三项”基本医疗保险制度的建设情况，这里为了便于分析和探讨，做一些相关的简要回顾。

一 “三项”基本医疗保险体系的构建

1998 年 12 月国务院颁布的《关于建立城镇职工基本医疗保险制度的决定》(国发〔1998〕44 号）决定在全国范围内建立以城镇职工基本医疗保险制度为核心的多层次的医疗保障体系。该文件规定基本医疗保险基金由统筹基金和个人账户构成。基本医疗保险费由用人单位和职工共同缴纳。用人单位缴费率应控制在职工工资总额的 6%左右，职工缴费率一般为本人工资收入的 2%。随着经济发展，用人单位和职工缴费率可作相应调整。

2003 年 1 月 16 日国务院办公厅颁布的《国务院办公厅转发卫生部等部门关于建立新型农村合作医疗制度意见的通知》（国办发〔2003〕3 号)，标志着覆盖全体农村劳动者的社会医疗保险制度建设正式全面铺开。该文件规定农村合作医疗经办机构应在管理委员会认定的国有商业银行设立农村合作医疗基金专用账户，确保基金的安全和完整，并建立健全农村合作医疗基金管理的规章制度，按照规定合理筹集、及时审核支付农村合作医疗基金。农民以家庭为单位自愿参加新型农村合作医疗，遵守有关规章制度，按时足额缴纳合作医疗经费；乡（镇)、村集体要给予资金扶持；中央和地方各级财政每年要安排一定专项资金予以支持。

2007 年 7 月 24 日国务院颁布的《国务院关于开展城镇居民基本医疗保险试点的指导意见》(国发〔2007〕20 号）构建起了涵盖全体城乡劳动者的社会保险医疗制度体系。该文件规定要将城镇居民基本医疗保险基金纳入社会保障基金财政专户统一管理，单独列账。城镇居民基本医疗保险以家庭缴费为主，政府给予适当补助。参保居民按规定缴纳基本医疗保险费，享受相应的医疗保险待遇，有条件的用人单位可以对职工家属参保缴费给予补助。国家对个人缴费和单位补助资金制定税收鼓励政策。

综上所述，我国社会医疗保险体系的构建可通过表5—1—1清晰地表现出来。

表5—1—1　　社会医疗保险体系构建基本历程

发文单位和时间	文件名	主要内容
国务院1998年12月	《关于建立城镇职工基本医疗保险制度的决定》（国发〔1998〕44号）	在全国范围内建立以城镇职工基本医疗保险制度为核心的多层次的医疗保障体系
中共中央、国务院2002年10月	《中共中央、国务院关于进一步加强农村卫生工作的决定》	逐步建立以大病统筹为主的新型农村合作医疗制度
国务院办公厅2003年1月16日	《国务院办公厅转发卫生部等部门关于建立新型农村合作医疗制度意见的通知》（国办发〔2003〕3号）	覆盖全体农村劳动者的社会医疗保险制度建设正式全面铺开
国务院2007年7月24日	《国务院关于开展城镇居民基本医疗保险试点的指导意见》（国发〔2007〕20号）	构建起了涵盖全体城乡劳动者的社会保险医疗制度体系

二　“三项”基本医疗保险之间存在的衔接点

（一）城镇居民基本医疗保险制度与新型农村合作医疗保险制度的衔接点

通过对城镇居民基本医疗保险制度与新型农村合作医疗保险制度的对比，我们可以看到，从总体来说，两者在制度模式、筹资方式、统筹层次、缴费标准、保障结构和保障期限上基本一致。两者在性质上都是自愿性、福利性和共济性，最为根本的是在筹资模式上，不论是新型农村合作医疗保险，还是城镇居民基本医疗保险，共同的筹资方式都是：个人缴费、地方财政补贴和中央财政定额转移支出。这些相同点说明在二者间建立衔接转换机制，基本条件是具备的。但不容忽视的是，这中间也存在三大障碍。一是长期以来城乡二元化的社会经济发展模式，将居民身份人为划分为城镇居民和农村居民，分别建立的医疗保险制度也带上了二元化色彩，在资金来源、管理机构、保障水平等方面都存在明显差异。具体来说，在资金来源方面，居民医保是个人缴费为主，财政补助为辅，而新农合正好相反，是以财政补助为主，个人缴费为辅；在管理机构方面，居民医保由人力资源和社会保障部门主管，而新农合由卫生部门主管，建立不同的经办机构、网络平台、信息系统和管理办法，分割独立，难以共享资源和信息；在保障水平方面，居民医保一般优于新农合。二是现行的新型农村合作医疗制度对农村居民参保予以补助，如果不能建立城乡统一的财政补助体系，城镇居民基本医疗保险制度与新型农村合作医疗制度之间的衔接机制将很难实施。三是参保对象的经济属性的差异。城镇居民基本医疗保险的正常保障对象是城镇非就业居民，尤其是学生群体，其缴费来源基本上是依靠家庭，而新型农村合作医疗保障对象是承包土地而拥有生产资料的农业人口。与城镇居民相比，具有稳定的经济收入来源。这就使得在衔接的机制和保障的水平上难以兼顾农村与城镇。

近年来，许多地方积极探索统筹城乡医保体系建设。据统计，截至2011年，天津、重庆、青海、宁夏、新疆生产建设兵团5个省级区域、41个地市（主要集中在华东、华南、华中等地）、162个县（市、区，下同）先后以多种不同形式实行城乡医保的统一或整合。其中，上述5个省级区域全面实现城乡医保在制度、管理以及信息系统的整合，并在经办管理体制上都统一归并到人力资源和社会保障部门统一管理；在上述41个地级市中，有90.2%的地市实现制度整合并将经办职能归并到人力资源和社会保障部门并且这些部门实施管理，有92.7%的地市将有关行政管理职能归并到人力资源与社会保障部门，有75.6%的地市实现城乡医保信息系统的整合；在上述162个县中，有76.5%的地方实现制度的整合，有55.6%的县将有关行政管理职能归并到人力资源和社会保障部门，有64.8%的县将经办职能归并到人力资源和社会保障部门，有82.1%的县实现有关信息系统的整合。有的地方（如广东省东莞市）甚至已经将城乡居民医保与城镇职工医保合并，由当地人社部门统一管理，全面建立覆盖全民的、统一的社会医疗保险制度①。在前面的分析中，我们也看到贵州省毕节市的威宁县（该县从2013年7月1日起作为省直管

① 中国社会保障网：《专访金维刚：统筹城乡医疗保障已经成为大势所趋》，2012年12月10日，http://www.cnss.cn/new/ztzl/201212/t20121210_253668.htm，2013年12月30日。

县的行政管理改革试点县之一）从 2013 年 1 月 1 日起也实施了统一的《威宁县 2013 年城乡居民基本医疗保险实施方案 》，该方案在缴费标准、保障范围等方面都作出了较为详细的规定和安排，但并没有明确究竟应该由卫生部门或人力资源和社会保障部实施统一经办，还是在原有构架上，两个部门都可以经办。只是在实施方案的第六条中规定：“统一信息管理。实行以省级新型农村合作医疗信息管理平台为依托，覆盖全县各级定点医疗机构和城乡居民基本医疗保险经办机构的城乡居民基本医疗保险信息管理系统。”只说了利用卫生部门构建的信息平台来实施统一的城乡基本医疗保险制度的管理，而原有的城镇居民基本医疗保险信息平台是弃置不用还是与新型农村合作医疗保险制度的信息平台实施对接，如何衔接等技术方面的具体问题并没有作出具体的规定。

根据以上介绍，从全国来看，城镇居民基本医疗保险制度与新型农村合作医疗制度衔接的主要模式有以下三种。

1. 实施统一的城乡居民医疗保险制度，保障水平与缴费水平挂钩，即“一制多档”，由城乡居民自主选择。这种方式下，城镇居民医疗保险和新农合不再作为独立的制度存在，城乡居民参加医疗保险不以户籍划分，统一参加“城乡居民基本医疗保险”，其基本制度构架包括目标和原则、参保、筹资、费用支付、医疗服务管理、基金管理、组织领导等。

2. 仍保留城镇居民医疗保险和新农合两个不同的制度，但统一行政管理体制。在此模式下，两项制度划归一个部门统一规划管理，或成立专门机构进行管理，实行统一的经办管理系统、信息系统、结算办法、定点医疗机构管理办法等。

3. 两项制度的行政管理体制暂不统一，先行整合经办资源，统一信息系统、业务流程、数据标准、参保信息、就医凭证等①。

（二）城镇职工基本医疗保险制度与城镇居民基本医疗保险制度的衔接点

通过对城镇职工基本医疗保险制度与城镇居民基本医疗保险制度的对比分析可知，二者除在保障结构和管理机构上相同以外，在制度模式、筹资方式、统筹层次、缴费标准、保障期限和保险性质方面均存在较大差异。具体而言，在制度模式上，职工医保有个人和大病统筹两个账户，

① 刘君、赵同松：《医保三项制度如何实现衔接》，《中国社会保障》2008 年第 5 期。

而居民医保一般只有统筹账户，即门诊统筹与大病统筹账户；在筹资方式上，职工医保是单位和个人共同筹资，居民医保是个人缴费和财政补助相结合的筹资方式；在统筹层次上，省属企业的职工医疗保险的管理在省级社会保险部门，其他企业职工医疗保险在市级社会保险部门，居民医保则是在县（市、区）统筹；在缴费标准上，职工医保是按照企业工资的总额为基数按照一定的比例缴纳医疗保险费，具体规定如下：“用人单位缴费率应控制在职工工资总额的6%左右，职工缴费率一般为本人工资收入的2%。随着经济发展，用人单位和职工缴费率可作相应调整；职工个人缴纳的基本医疗保险费，全部计入个人账户。用人单位缴纳的基本医疗保险费分为两部分，一部分用于建立统筹基金，一部分划入个人账户。划入个人账户的比例一般为用人单位缴费的30%左右，具体比例由统筹地区根据个人账户的支付范围和职工年龄等因素确定。”而居民医保是直接按照绝对额的标准缴费。一般情况下职工医保的筹资水平要高于居民医保，所以职工医保的保障水平也要高于居民医保；在保障期限上，职工医保保终身，具体规定：“退休人员参加基本医疗保险，个人不缴纳基本医疗保险费。对退休人员个人账户的计入金额和个人负担医疗费的比例给予适当照顾。”而居民医保只保当期；在保险性质上，职工医保是强制性、共济性的，居民医保是自愿性、福利性和共济性的。虽然二者之间存在如此多的差异，但它们之间转换衔接也不是完全没有操作性的。要成功地进行城镇职工基本医疗保险与城镇居民基本医疗保险的衔接，首先要解决的是两者账户之间的资金转移及缴费年限的折算问题。

（三）城镇职工基本医疗保险制度与新型农村合作医疗制度的衔接点

城镇职工基本医疗保险制度与新型农村合作医疗制度既有相同点又有不同点。相同的是二者在保障结构上都实行起付线和封顶线。不同的是，首先是在制度模式上，职工医保有个人和大病统筹两个账户，而新农合一般只有统筹账户，即门诊统筹与大病统筹账户；其次是在筹资方式上，职工医保是单位和个人共同筹资，新农合是个人、集体和政府多方筹资；再有是在缴费标准上，职工医保是按照企业工资的总额为基数按照一定的比例缴纳医疗保险费，而新农合是直接按照绝对额的标准缴费。一般情况下职工医保的筹资水平要高于新农合，所以职工医保的保障水平也要高；在保障期限上，职工医保保终身，而新农合只保当期，期限高于新农合；在管理机构上，职工医保由人力资源和劳动保障部门主管，而新农合由卫生部门主管；在保险性质上，职工医保是强制性、共济性的，新农合是自愿性、福利性和共济性的。由于新农合与居民医保在很多方面都是相似的，而且我国现在已经有些地方把二者合并了，因此新农合与职工医保之间的衔接和居民医保与职工医保之间的衔接机制是可以通用的，这里就重点来解决新农合医保与职工医保之间的衔接问题。

表 5—1—2　“三项”基本社会医疗保险制度的主要指标对比表

	城镇居民基本医疗保险制度与新型农村合作医疗制度的衔接点	城镇职工基本医疗保险制度与城镇居民基本医疗保险制度的衔接点	城镇职工基本医疗保险制度与新型农村合作医疗制度的衔接点
相同点	制度模式、筹资方式、统筹层次、缴费标准、保障结构和保障期限	保障结构和管理机构	保障结构
不同点	资金来源、管理方式和保障机构	制度模式、筹资方式、统筹层次、缴费标准、保障水平、保障期限和保险性质	制度模式、筹资方式、统筹层次、缴费标准、保障水平、保障期限、保险性质和管理机构

第二节　“三项”基本医疗保险制度的衔接

一　企业职工医疗保险与新农合制度衔接分析

关于职工医保与新农合的转移。职工医保与新农合之间的衔接转移问题，既包括由新农合转移到职工医保，当然也包括由职工医保转移到新农合。目前，对于两者如何进行衔接以及身份变化时账户的资金如何进行转移全国均无统一的具体操作办法和规定。根据《中华人民共和国社会保险法》第三十二条，采取分段计算参保者在各地参保的“缴费工资指数”及对应年限来解决由于各地缴费水平和待遇水平不一致给关系转移接续带来的阻碍。随着我国城镇化的加剧，越来越多的农民工进城务工，二者之间的衔接问题越来越重要，也越来越迫切。另一方面，我们认为与城镇居民基本医疗保险相比，从经济人的角度看，新农村合作医疗保险与企业职工基本医疗保险制度具有相互衔接的基础，农民是以承包的土地为生产资料取得经济收入，工商企业职工受雇于企业依托机器设备或商品从事生产活动，虽然依托的生产资料不同，但都是通过付出劳动获得收入，从这点上，二者具有共同性，也就是从这两项基本医疗保险制度的保障对象上看，具有相同的经济基础，不同之处在于依托的生产资料的属性不同罢了。

新农合与职工医保的账户之间衔接应遵守的原则目前比较有代表性的，可以归纳为以下三点：首先是坚持公平和兼顾的原则，在二者进行衔接的过程中，既要保护新农合参保者的利益，又要保护好职工医保参保者的利益，任何一方的利益都不得损害，还有就是在衔接过程中要公平地对待不同的参保者，从而贯彻公平和兼顾的原则。其次是坚持一切从简的原则，新农合与职工医保大病统筹账户之间衔接是一个复杂的过程，因此在衔接机制设计时，采取科学从简的做法，坚持一切从简的原则对于二者衔接工作的顺利进行是十分重要的。最后就是要坚持一切从参保者的利益出发的原则，我们之所以要进行二者的衔接就是方便农民和企业职工身份转变时使他们的医疗保障可以随着他们的身份的变化而变化，保障参保者的权益①。我们认为还应该遵循“社会统筹与个人账户”兼顾的原则。我国社会保险制度采取个人账户与社会统筹相结合的原则予以设立是在借鉴国际上成功的做法而设计的，它既考虑了国家对公民的福利建设，又兼顾了个人应该承担的责任，规避了福利国家在这方面存在的弊端，又体现了社会的公平与效率。因此，制度衔接设计中应该将此作为一项基本的原则予以遵循，以保持制度的延续性。

我们在这里之所以强调把“社会统筹与个人账户”作为一项基本的原则予以确立，是因为在现实中，由于个人账户具有“私属”性，一定程度上属于个人财产（《社会保险法》明确规定个人账户可以继承），因此在关于医疗保险制度的研究和分析中都是依据管理部分按照“现收现付”制度的方式来对“统筹基金”年度运行状况进行分析，而忽视了“个人账户”的研究，加上由于我国城镇化进程的快速发展，劳动力流动性强，基本医疗保险制度的统筹层次参差不齐，整个医疗保险制度的跨

① 王小春、梁永郭：《新型农村社会养老保险与企业基本养老保险衔接问题研究》，《安徽农业科学》第39卷第36期。

地区即时结算尚未实现，这就使得流动人口健康意识不足，以及公共医疗服务资源不足，一旦身体不适，第一措施是凭借经验或常识自己买点药解决，这种普遍的情况反映在医保的年度财务报告中，便是基金的历年积累的增加。依据保险原理，这种积累的增加，是用于应对更大的疾病风险事故的发生，而不能误判为基金运行的状况良好，从而对制度本身设计产生怀疑，进而提出制度改革，并提出将目前的"社会统筹与个人账户"改为"现收现付"制的观点。我们认为这是不妥的。因为，随着我国城镇化目标的逐步实现，人口的流动将会相对降低，加上我国人口的日益老年化，基本医疗需求将成为常态化（关于这一点在城镇居民基本医疗保险制度中，老年参保率高，而对大病医疗保险没有积极性就给了较为充分的证明），更为重要的是转制的成本由谁买单，换句话说，把钱花在转制上还不如将此钱用于补充基本医疗保险基金，以扩大基本医疗保险的责任范围和降低起付线，提高报销比例，而更有利于民生和社会的和谐建设。

鉴于职工医保中的个人账户归个人所有，无互济功能，只解决小额医疗花费。其在运行中日益暴露出多种问题，资金严重沉淀，管理难度大，保值增值难。这就有必要研究如何将个人账户资金合理地应用于当期消费，使个人账户能更好地发挥其功能。而其中一条比较有效的途径便是考虑封存个人账户，将个人缴费和单位缴费中划入个人账户的部分合起来构建门诊统筹基金。在新型农村合作医疗上，全国已在由"家庭账户"向"门诊统筹"模式的转变中，而在实际的运行中"门诊统筹"也显露出自身的优势，在参合积极性、医疗服务的利用以及受益度和互济性方面都发挥了很好的作用。而近年来，随着人口老龄化趋势的发展，门诊费用尤其是慢性病门诊费用不断上升，使得个人门诊负担日益加重，很多疾病特别是慢性病在门诊得不到治疗。如此，考虑借鉴新型农村合作医疗门诊统筹模式，构建门诊统筹管理，将个人账户与社区卫生服务相结合，从而提高个人账户的利用效率①。我们认为这是盘活个人账户，提高个人账户的使用效果的有效路径之一，尤其符合我国建立社区公共医疗服务体系建设和发展趋势的要求，也适应"居家养老"社区化的客观需要。此外，随着我国金融体制的改革，按照市场供求关系确定的利

① 张玲：《城镇职工社会医疗保险个人账户功能分析》，硕士学位论文，西北大学，2011 年。

率机制逐步形成，个人账户的保值增值和安全也面临一定的风险，因此，建议个人账户积累的资金按照相应的国库券利率予以计息。这样不仅可以确保个人账户的保值增值和安全性，还可以提高个人参保的积极性，同时也是构建国民分享经济社会发展成果的机制的一条直接而既经济又有实效的途径。

二 企业职工医疗保险与新农合衔接方式分析

基于职工基本医疗保险的个人账户有向门诊统筹发展的可能性，所以我们在这里只讨论二者大病统筹账户之间的资金转移及缴费年限的折算问题，其经验可以运用到个人账户向门诊统筹账户转移的衔接。

实现二者的衔接之前，先要明白这两个账户都是统筹账户。如果在由职工医保向新农合转移时，转移职工医保大病统筹账户里的基金，这样一来就会减少了企业职工的社会统筹基金，对于其他参加城镇职工基本医疗保险的参保者是不公平的。同理，对于由新农合向职工医保转移时，也一样。所以，在实现新农合与职工医保衔接时，一般不转移统筹账户里的基金。例如，贵州省毕节市规定，参保人员流动时，由社会保险经办机构按规定办理医疗保险关系的转移和接续手续，其结余的个人账户资金随同转移，无法转移的，可一次性结算给本人[①]。

实现二者大病统筹账户的衔接还必须重视二者之间的一个重要区别，即二者的保障期限不同。职工医保保终身，而新农合只保当期。根据我国《社会保险法》的有关规定，职工不再缴纳基本医疗保险费，还能按照国家规定享受基本医疗待遇的条件有两个：一是达到法定退休年龄；二是累计缴费达到国家规定年限。达到法定退休年龄，累计缴费却未达到国家规定的，可以缴费至国家规定年限。由此可以得出，农民工要想在达到法定退休年龄时，能够享受基本医疗待遇，就必须累计缴费达到国家规定。另外各地对于退休后享受医疗保险待遇，还设置了另外的条件，例如毕节市规定：凡单位或个人欠缴基本医疗保险费的即为脱保，并从欠缴费之日起，停止享受医疗保险待遇。脱保后又重新缴纳基本医疗保险费的单位或个人，应将脱保期间基本医疗保险费一次性补缴，并按规定加收滞纳金后，于次月重新开始享受基本医疗保险待遇，脱保期

① 《毕节市城镇职工基本医疗保险暂行办法》第十九条。

间视同缴费年限，不享受医疗保险待遇[1]。另外南京市规定灵活就业人员参保后除应当连续缴费至法定退休年龄，还必须满足正式办理退休手续前的基本医疗保险实际连续缴费年限不少于10年的条件；如果实际连续缴费年限少于10年，在退休时以全市上年度在岗职工月平均工资为基数，按单位费率补足所差最长缴费年限的基本医疗保险费后，方可享受退休人员的基本医疗保险待遇[2]。而由于农民工流动频繁，经常会发生因失业、短期回乡或工作变换出现保费中断未缴的情况。农民工在脱保期间，一般享受的是新农合，其医疗保障远低于职工医保，而在补缴时却又完全按照职工医保的缴费标准；另外处于流动中的农民工也无法满足连续缴费的条件。这些都造成了农民工为职工医保统筹基金作出了更多的贡献，却无法享受应有的待遇。这显然有失社会公平。所以有些地区为解决这些情况，进行了一定的探索，但全国还无统一的具体操作办法和规定。

如何解决上述衔接和制度运行中存在的问题，我们认为可以借鉴农民工大病医疗保险与职工医保的大病统筹账户的衔接模式予以探索。现有农民工大病医疗保险规定在劳动关系存续和缴费期间，农民工才能享受医疗保险待遇，一旦解除劳动关系和停止缴费，便不再享受待遇，也就是只保当期。韩秀兰、阚先学（2009）研究了农民工大病医疗保险与职工医保大病统筹账户的衔接可采用参保年限折算方式、折算参保时间并补缴差额以及视同参保年限补缴保费三种模式[3]。在具体实行的地区一般以缴费标准作为计算依据。

所以，职工医保与新农合大病统筹账户的衔接，在理论上也应该有三种方式：折算参保年限、折算参保时间并允许补缴差额和视同参保年限但需补缴。

一是折算参保年限。通过将新农合参保时间打折的方式实现其与基本医疗保险的转移和与退休后的医疗保险待遇之间的衔接。

二是折算参保时间并允许补缴差额。新农合参保时间同样可以折算为职工医保的参保时间，但与以上第一种模式不同的地方在于，农民工需要补缴折算后不足年限的差额。这一过程可以分为两步，第一步，按

① 《毕节市城镇职工基本医疗保险暂行办法》第十二条。

② 《南京市城镇社会基本医疗保险办法实施细则》。

③ 韩秀兰、阚先学：《农民工医疗保险政策设计中存在的问题及对策》，《山西高等学校社会科学学报》第21卷第8期。

照既定比例将新农合缴费年限折算成职工医保的缴费年限；第二步，折算年限后需一次性补缴不足缴费年限的医保费。

三是视同参保年限但需补缴。新农合参保时间可按城镇职工基本医疗保险计算无须折算，前提是农民工需补缴保费。补缴后计算城镇职工基本医疗保险的实际缴费年限①。

三 企业职工医疗保险与新农合衔接机制分析

贵阳市企业职工基本医疗保险制度和贵州省新型农村合作医疗保险制度的规定，按照上述介绍的三种方法实施两种制度衔接的探讨。

贵阳市规定，基本医疗保险费由用人单位和职工个人按月缴纳。用人单位以本单位上一年度职工月平均工资总额为缴费基数，缴费比例为6%左右；职工个人以本人上一年度月平均工资收入为缴费基数，缴费比例为 2%。对单位和个人月缴费基数按上一年度全省在岗职工月平均工资60%—300%进行保底封顶，即低于上一年度全省职工月平均工资 60%的，以上一年度全省职工月平均工资的 60%为缴费基数；高于上一年度全省职工月平均工资 300%以上的部分，不计入缴费基数。退休人员不缴费。职工个人缴纳的部分，全部进入个人账户；用人单位缴纳的部分按照具体情况进行分配：45 岁以下的职工，按本人缴费基数的 1.5%划入个人账户，其余的进入统筹账户；45 岁以上的职工，按本人缴费基数 1.8%划入个人账户，其余进入统筹账户。另外贵州省 2011 年全省在岗职工月平均工资为 3110 元②。

2013 年贵州省新农合的筹资标准为每人每年 330 元，其中农民个人缴费 50 元，各级政府补贴 280 元。由于贵州省各统筹地区具体情况不同，在这里假设政府补贴 280 元全部进入大病统筹账户。

在进行计算前，要考虑一个因素。那就是农民工在转入职工医保前一般享受的是新农合，其医疗保障远低于职工医保。如果转换时按照一般职工医保的缴费标准，对于农民工是不公平的，所以可以按照最低标准转入，即以上一年度全省职工月平均工资的 60%为缴费基数。为了计算方便，假设上一年度全省职工月平均工资一直为 2011 年的 3110 元，并

---

① 参考胡务《农民工大病医疗保险与城镇基本医疗保险的转移和衔接》，《经济管理》2007 年第 4 期。

② 数据来源于《贵州统计年鉴 2012》。

只考虑45岁以下的职工的情形，且不考虑利息的作用。按照最低标准，职工医保大病统筹账户一年可以集资约1680元。

一是折算参保年限。根据缴费相等原则，1680/280＝6，即新农合缴费六年可折算职工医保一年，即新农合缴费十二年可折算职工医保两年，依此类推。

二是折算参保时间并允许补缴差额。根据缴费相等原则，280×n＋y＝1680，其中n为多少年新农合可相当于一年职工医保，y为需要补的差额。具体结果见下表：

（单位：元）

n	2	3	4	5
y	1120	840	560	280

以n＝3，y＝840来举例，新农合缴费三年可折算为职工医保缴费一年，但需补缴840元；新农合缴费六年可折算为职工医保缴费两年，但需补缴1680元。

三是视同参保年限但需补缴。根据缴费相等的原则，1680—280＝1400，即新农合缴费一年视同职工医保缴费一年，需补缴1400元；新农合缴费两年视同职工医保缴费两年，需补缴2800元，依此类推。

以上三种衔接模式既保护了新农合参保者的利益又保护了职工医保参保者的利益，而且简便易行，既有利于减轻工作人员的负担又有利于方便参保者。但是这些模式也存在自身问题：第一种模式，根据计算的结果，可知折算比例太低，农民工只有在早期转入职工医保，才能在退休年龄时享受医疗保障；第三种模式，一年的新农合相当于一年的职工医保，但补缴的费用过于庞大，对于农民工是个沉重的负担；相比较其他两种模式，第二种模式给了农民工更多的选择，更符合农民工的实际情况。

第三节　基本医疗保险制度衔接的制度保障安排

上述我们只是对现行“三项”基本医疗保险制度进行了技术上的微观层面的探讨，改革开放的实践已经充分地表明，任何项制度的改革和实施都是一个综合管理的系统并涉及关联方面的利益，只有统筹安排进行综合改革，才能达到预期的目标。为此我们对宏观的管理层面的改革作如下分析。

一　统一管理体系是实现“三项”基本衔接的基础

在前面的分析中，我们已经系统地分析了“三项”基本医疗保险制度分为卫生和社会保障两个管理部门的利弊关系，并提出了相应的改革意见。这里我们又探讨了“三项”基本医疗保险制度的衔接及机制问题，但要实现制度的有效衔接，一个最根本的问题是必须涉及基金的统筹问题，在管理体制存在“二元”的状况下，利益机制趋势必然会阻碍制度的衔接按照经济社会发展的要求相应地得以实现，即便迫于现在的要求制定了衔接的具体实施方案，也会因此而丧失效率，因为，只有将“三项”基本医疗保险制度的信息资源整合在一个共享的资源平台上，才有利于技术上的分析并据此作出科学的决策。因此，这种管理体制分割的格局必须改变制度的衔接安排才具备实现的基础。从这个意义上说，部门利益应该而且必须服从大局利益及整个社会保险制度建设发展趋势。

二　基金市（州）或省级统筹实现相互衔接体的基本条件

同样，在前面的分析中，我们可以看出现行“三项”基本医疗保险制度的统筹分为县级统筹、市（州）级统筹和省级统筹三个层次，在省内或地区内又存在县级、市（州）并存的状况，而且在上述“二元”管理体制的状况下，还一定程度地存在条款分割的状况。在这样的管理状况下，形成的管理壁垒必然阻碍制度衔接的实现，从而导致劳动者在流动过程中难以全程获得医疗保障，“人人享有医疗保障”或“人人覆盖”的目标必然被“制度覆盖”所取代，从某种意义上说，由于“三项”基本医疗保险制度不能科学、合理、公平地有效衔接，那么损害的必然是投保人的利益。或者因制度的约束而导致劳动者丧失应有的流动性，那么这种制度设计就是违反市场运行规律的。另一方面，保险遵循的规律是“大数法则”，统筹层次越高，基金的抗风险能力越强，安全性也就越高，越能依据基金的运行状况，进行科学决策，实现社会公平的社会管理建设目标。因此，我们建议将基本医疗保险制度的基金统筹到市（州）或省一级，因为，县级在经办能力和技术、基金规模上都不具备“三项”

基本医疗保险制度相互衔接所要求的条件。

三 实施统一的信息系统建设，是“三项”基本医疗保险制度相互衔接的技术支持

由于上述管理体制和基金统筹方面存在的问题，各个统筹地区和不同管理体制下基本医疗保险制度的信息系统建设处于各自为政的状态，“三项”基本医疗保险在制度之间、不同的统筹层次之间难以直接对接，投保人的信息状况因管理指标的要求不同，而在不同制度之间难以实现共享。因此，构建统一的基本医疗保险制度信息平台，不仅可以为制度之间的相互衔接和转移提供便利，而且也可以为整个制度的发展，提供规范的、标准的数据准备。

四 构建统一的经办服务平台是实施制度衔接的保障

“三项”基本医疗保险制度的转移在我国《社会保险法》中已经有明确规定，但制度的衔接办法却没有相应的规定，因此，加强经办服务平台的构建，是确保制度衔接的根本保障，而当前的经办仅仅是以完成覆盖率为目标的参保经办，并没有体现更多服务职能的经办功能，因此在社区或乡镇建立起具有综合功能的经办服务平台，不仅只是经办参保行为，还应包括制度衔接、关系转移等服务性功能，从而起到利民、便民、惠民的作用。

第六章　医疗保障与贫困

我国是一个幅员辽阔、人口众多、多民族的国家，加上历史、社会和自然条件等原因，贫困问题尤其是农村贫困问题尤为突出。消除贫困、实现共同富裕，是社会主义制度的本质要求。新中国成立以来，党和政府一直致力于消除贫困的伟大事业，中国的扶贫事业取得了巨大的成就。以农村为例：以绝对贫困标准测量，农村绝对贫困人口规模从2000年的3209万人下降到2008年的1004万人，绝对贫困发生率从2000年的3.5%下降到2008年的1%；以低收入标准测算，贫困人口从2000年的9422万人下降到2010年的2688万人，共减少6734万人，平均每年减少673万人。贫困发生率从2000年的10.2%下降到2010的2.8%，减少7.4个百分点。这表明，无论用哪一种标准测量，我国贫困人口都大幅减少了，贫困状况明显缓解，贫困人口的生活条件得到改善。

但是，由于经济体制改革、扶贫标准的不断提高、区域发展不平衡、农村医疗条件差、公共卫生体系不健全等原因，全国各地仍存在大量的贫困人口，尤其在中西部地区较为集中。在1亿多贫困人口中，有很大一部分是“因病致贫”、“因病返贫”的，农村“因病致贫”、“因病返贫”的现象更为严重。《第四次国家卫生服务调查分析报告》指出：被调查地区贫困户的致贫主要原因依次为疾病或损伤、劳动力少、失业或者无业、自然环境差、人为因素等。在城市，失业或无业是首要原因，其次是疾病和损伤、劳动力少；在农村，疾病或损伤是首要原因，其次是劳动力少、失业或无业。疾病或损伤引起贫困表现在两个方面，一是直接引起劳动力短期或长期失能，导致家庭因劳动力丧失无法取得收入而致贫；二是由于医药费用而导致家庭贫困。本次调查的结果显示，25.3%的贫困家庭是病伤导致劳动力损失所致，9.2%的贫困家庭是治疗病伤的医疗费用所致①。此外，根据我们的调查，因病致贫不仅会导致家庭的贫困，而且一定程度上还会在族群中产生一定的经济负担，这种情况在贫穷和经济比较脆弱的民族地区尤为突出。由此可见，疾病依然是导致贫困的主要因素。因此，必须健全医疗保障制度，尽量防止“因病致贫”、“因病返贫”的现象发生。《中国农村扶贫开发纲要（2011—2020年）》在医疗卫生方面的目标是：到2015年，贫困地区县、乡、村三级医疗卫生服务网基本健全，县级医院的能力和水平明显提高，每个乡镇有一所政府办的卫生院，每个行政村有卫生室；新型农村合作医疗参合率稳定在90%以上，门诊统筹全覆盖基本实现；逐步提高儿童重大疾病的保障水平，重大传染病和地方病得到有效控制；每个乡镇卫生院有一名全科医生。到2020年，贫困地区群众获得公共卫生和基本医疗服务更加均等。这个目标既说明了农村医疗卫生水平较低，也反映了医疗卫生对于反贫困有着巨大的作用。

本章介绍反贫困的一些理论，并探讨疾病与贫困的关系，指出存在“疾病—贫困—疾病”的恶性循环。基于医疗保障的视角，打破这种恶性循环就必须进一步深化“三项”基本社会医疗保险的改革，建立统一的全民基本医疗保险制度，促进基本医疗服务均等化，保障人人能够享受基本医疗服务。

第一节　贫困

一　相关概念界定

（一）贫困

贫困是一种客观的经济社会现象，迄今为止还没有一个统一的定义，国内外学者从各自的视角给出了相应的解释。早期的学者比较注重从物质层面考察贫困，英国的郎特里认为，“如果一个家庭收入不足以维持家庭人口最基本的生存活动要求，那么，这个家庭就基本陷入了贫困之中”。我国学者屈锡华、左齐也认为“贫困是指经济收入低于当时、当地

① 卫生部统计信息中心：《2008中国卫生服务调查研究：第四次家庭健康询问调查分析报告》，中国协和医科大学出版社2009年版，第11页。

生活必需品购买力的一种失调状况”①。中国国家统计局的贫困研究课题组在《中国城镇居民贫困问题研究》中对贫困作了如下解释：“贫困一般是指物质生活困难，即一个人或一个家庭的生活水平达不到一种社会可接受的最低标准。他们缺乏某些必要的生活资料和服务，生活处于困难境地。”

随着人类社会的不断进步，仅仅从物质的角度界定贫困显然是片面的。随着对贫困内涵研究的深入，国内外学者对贫困的认识也从单向走向多维、从静态走向动态。印度学者阿玛蒂亚·森认为，“贫困不仅仅是相对的比别人穷，而且还基于得不到某种基本物质福利的机会，即不拥有某些最低限度的能力。贫困最终并不是收入问题，而是一个无法获得某些最低限度需要的能力问题”。这就意味着贫困不再仅仅是一个收入层面的问题，而是一个无法获取生存必需品的能力问题。《世界银行2000—2001年度报告》指出：“贫困不仅意味着低收入、低消费，而且意味着缺少受教育的机会，营养不良，健康状况差。贫困意味着没有发言权和恐惧等。”② 这揭示了贫困人群几个特点：一是贫困人群缺少机会参与经济活动；二是在关系到自己利益重大决策上没有发言权；三是容易受到收入下降、疾病等因素的影响。康晓光在《中国贫困与反贫困理论》中认为，贫困是人的一种生存状态，人由于不能合法地获得基本的物质生活条件和参与基本的社会生活的机会，以至于不能维持一种个人生理和社会文化可以接受的生活水准。可见，学术界对于贫困的认识已经由最初狭义的物质贫困转变到包括机会、能力、权利等多方面内容在内的非物质贫困。贫困的具体内容不仅仅表现为物质的贫困，还应当包括教育、疾病、基础设施等非物质方面的贫困，具体表现为教育落后、文盲率高、医疗卫生条件差、营养不良、参与社会组织的机会被剥夺以及生存与发展权利不足。因此，在衡量和反映贫困问题时，除了使用收入、消费等经济指标外，还应该用预期寿命、婴幼儿死亡率、营养、教育等指标作为补充。

综上所述，贫困是一个不容易确定的概念，贫困是经济、政治、文化和社会进程相互作用的结果。因此，对于贫困问题，应该从经济、政治、文化等方面予以综合性的考察。在这里，笔者认为贫困是指这样一

① 屈锡华、左齐：《贫困与反贫困——定义、度量与目标》，《社会学研究》1997年第3期。

② 中国发展研究基金会组织：《在发展中消除贫困：中国发展报告2007》，中国发展出版社2007年版，第428页。

种状态，在一定环境条件下，人们在长时期内无法获得足够的收入来维持一种生理上要求的、社会文化可接受的和社会公认的基本生活水准的状态。[①] 这个定义包括了两方面的内涵：第一，贫困是一个绝对的概念，它是指在特定的社会生产方式和生活条件下，个人或家庭依靠劳动所得或其他合法收入，却不能维持其基本的生存需要的状态。第二，贫困是一个相对的概念，即随着社会进步和人们生活水平的不断提高，人们可接受的生存状态也随之提高。

（二）绝对贫困与相对贫困

根据不同的分类标准，可以把贫困分为不同的类型。按照贫困的程度，可以把贫困分为绝对贫困和相对贫困。绝对贫困概念是由英国的郎特里和布斯首先提出的，他们认为一定数量的货物和服务对于个人和家庭的生存和福利是必需的，缺乏获得这些物品和服务的经济资源或能力的个人或家庭的生活状况，即绝对贫困。简单讲，如果一个家庭的总收入所能取得的物质不足以维持其生存，那么这个家庭就处在绝对贫困的境地。绝对贫困是从人的生存角度出发，强调了收入的贫困性，即食不果腹、衣不蔽体的生存状态。因此绝对贫困就是一种生存贫困，是指在特定的社会生产方式和生活条件下，个人或家庭依靠其劳动所得或其他合法收入，却无法维持其基本生存需要的状态。[②] 应当注意的是，维持基本生存的必需品并不是一成不变的，而是随着社会的进步而变化的。

相对贫困一方面指由于社会经济发展，贫困线不断提高而发生的贫困；另一方面指同一时期，由于不同地区之间、各个社会阶层之间和各阶层内部不同成员之间的收入差别而产生的相对贫困，贫困不仅有其某种客观的下限标准，而且有其所赖以衡量的相对参照系[③]。相对贫困不再强调收入的贫困，而是强调收入的分配公平。相对贫困的人群温饱问题基本解决，但是达不到社会公认的基本生活水准，获取应有的教育、医疗或其他服务的机会和能力均较弱。

（三）贫困线

识别贫困人群和非贫困人群的标准就是贫困线。贫困线通常有绝对

① 李珍：《社会保障理论》，中国劳动社会保障出版社 2007 年版，第 36 页。

② 同上书，第 236 页。

③ 康晓光：《中国贫困与反贫困理论》，广西人民出版社 1995 年版，第 3 页。

贫困线、相对贫困线和主观贫困线三种。绝对贫困线通常是指一个家庭实现收支相抵的最低收入水平，或仅购买所谓的最低生活必需品的收入水平，特定社会中一个具有足够营养条件的人的总消费支出。[①] 绝对贫困线的确定通常是根据个体或家庭维持生存所需要的基本食物的费用。比如，我国政府确定农村绝对贫困线的标准为：每人每天的食品提供 2100 千卡热量，食品支出占总支出的 60%。相对贫困线的确定则是根据特定社会的生活水平。例如，经济合作与发展组织国家通常将中位收入的 40%、50%、60%作为贫困线。主观贫困线强调贫困的个人对自身福利状况的判断[②]，即通过广泛地对贫困人口进行调查，旨在使贫困人群自我感觉最为满意的贫困标准。绝对贫困线计算烦琐但能较好反映贫困状况和反贫困政策的效果，主观贫困线更能体现贫困的本质特征且计算相对简单。

目前，我国城镇居民的贫困线主要是以城镇居民最低生活保障线为标准。由于城镇居民只有小部分存在温饱问题，所以城镇相对贫困人口数量比较多。农村的贫困线包括农村扶贫线和农村最低生活保障线。目前，我国将农民人均年纯收入 2300 元作为扶贫标准。农村最低生活保障线因地区而异，如贵州威宁县将年收入 1680 元作为标准。总体上，东部农村的相对贫困人口数量多于绝对贫困人口数量，而中西部农村的绝对贫困人口数量多于相对贫困人口数量。

（四）贫困发生率

贫困发生率是由布斯和郎特里在 1901 年首先提出用以分析当时英国贫困状况的。所谓贫困发生率是指贫困人口与全部人口之比。通常用 H 表示贫困发生率，用 n 代表全部人口，用 q 代表贫困人口，则

$$H = \frac{n}{q}$$

（五）健康贫困

所谓健康，通常理解为身体没有任何疾病。1946 年，成立之初的世界卫生组织在其宪章中对健康下了定义：“健康是一种在身体上、心理上和社会上的完美状态，而不仅仅是指没有疾病和虚弱。”这至今仍被公认为是对健康最为权威和科学的界定。在对贫困问题研究过

① 杨立雄、胡姝：《中国农村贫困线研究》，中国经济出版社 2013 年版，第 16 页。

② 曲大维：《主观贫困线研究述评》，《当代经济》2011 年 9 月。

程中，发展经济学家试图从经济学的角度对贫困和健康的内涵加以理解。在众多学者的研究基础上，我国学者孟庆国和胡鞍钢认为，“因病致贫”、“因病返贫”不是单纯由相对高昂的医疗费用所致，而是“因为享受基本医疗保障和公共卫生服务的可及性丧失，以及因为健康水平下降而导致参与经济活动能力被剥夺的结果”[①]，并据此首次提出了健康贫困的概念：“健康贫困是一种机会丧失和能力剥夺，即由于经济发展水平低下、支付能力不足所导致的参与医疗保障、卫生保健和享受基本公共卫生服务的机会丧失，以及由此所造成的健康水平下降导致的参与经济活动的能力被剥夺，从而带来了收入的减少和贫困的发生或加剧。”[②]

（六）因病致贫与因病返贫

目前，学术界并没有对“因病致贫”和“因病返贫”作出统一定义。笔者认为，“因病致贫”、“因病返贫”已经作为一种客观的社会现象而长期存在，从反贫的目的性上有必要对其加以界定。因病致贫，从字面理解就是因为疾病而导致的贫困。这里有两点值得注意：一是贫困标准的界定。比如，在农村，是以人均年纯收入 2300 元为标准，还是以当地政府规定的最低生活保障为准？二是致贫的主要原因是疾病。有些慢性病的治疗费用虽然是某个家庭或个人的一笔长期花费，但这笔长期花费是否为致贫的主要原因则很难界定。综合上述，笔者认为，因病致贫是指由于重病、大病或占家庭支出较大比例的慢性疾病导致人均可支配收入低于当地上年人均可支配收入的情形。

返贫是一个社会中在反贫困过程中出现的一种客观现象。因病返贫的情形则更为复杂，主要有三种情况：一是贫困人群在脱贫之后由于重大疾病而重新陷入贫困；二是原本贫困的人群由于重大疾病、慢性疾病的影响，贫困程度进一步加深；三是非贫困人群因病致贫的情形。由于城镇的医疗保障体系较为健全、医疗卫生水平较高，所以因病返贫的现象主要集中在农村地区，特别是中西部农村地区。

（七）反贫困

20 世纪 60 年代，冈纳·缪尔达尔在《世界贫困的挑战——世界反贫

① 孟国庆、胡鞍钢：《消除健康贫困应成为农村卫生改革与发展的优先战略》，《中国卫生资源》2000 年第 6 期。

② 同上。

困大纲》[①] 一书中首先提出“反贫困”这一概念。随之学界对此概念进行了探讨，目前世界范围内关于反贫困概念有三种表述：一是指减少贫困的因素，强调反贫困的过程性，反贫困的重点在于减少贫困人口的数量；二是指减轻、缓和贫困的程度，强调的重点在于减缓贫困的程度；三是消除贫困，其含义为根除、消灭贫困，强调反贫困的目标最终在于消除贫困。[②] 本书所指反贫困，其重点在于减少贫困因素和缓解贫困程度。

二　疾病与贫困的关系

诸多研究表明，疾病与贫困是密切相关的，疾病是致贫返贫的重要因素。早期研究者主要强调疾病与贫困存在较强的关联性。刘洪钟、刘贵生（1998）对内蒙古苏木乡贫困人群进行调查，结果表明：贫困人口中的40%是因病致贫，15%是因病返贫，50%左右的贫困户在患病后因没钱而未就诊[③]。李小云、唐丽霞（2005）专门就艾滋病与贫困的关系进行了全面深入的案例研究，结果发现艾滋病与贫困存在互为因果的关系[④]。随着对贫困研究的深入，研究者开始关注健康状况与贫困的关系。汪燕敏（2009）对农户健康不良与贫困的关系进行了实证分析，分析结果表明无论是绝对贫困指标，还是相对贫困指标，两者均呈负相关的关系[⑤]。洪秋妹、常向阳（2010）指出：我国农村贫困与健康贫困状况不断得到改善，但也存在反复与波动；贫困户更易受到健康冲击，对医疗服务的有效需求不足，医疗负担过重；由于医疗保障制度的缺失以及医疗价格的高涨，疾病仍然是我国农村致贫的重要原因之一[⑥]。实际上，疾病还可能产生更深远的影响。孙昂、姚洋（2006）认为一旦农户中的劳动力因为受到大病冲击，自身的健康状况下降，不得不减少子女的教育人

---

① ［瑞典］冈纳·缪尔达尔：《世界贫困的挑战——世界反贫困大纲》，北京经济学院出版社1991年版，第6—7页。

② 廖赤眉等：《贫困与反贫困若干问题的探讨》，《广西师院学报》（哲学社会科学版）2002年第3期。

③ 刘洪钟、刘贵生：《乌盟贫困地区“因病致贫”、“因病返贫”的调查》，《卫生经济研究》1998年第8期。

④ 李小云、唐丽霞：《艾滋病与贫困的关系研究》，《中国农村观察》2005年第3期。

⑤ 汪燕敏：《居民健康对我国农村居民相对贫困影响的实证研究》，《卫生软科学》2009年第8期。

⑥ 洪秋妹、常向阳：《我国农村居民疾病与贫困的相互作用分析》，《农业经济问题》2010年第4期。

力资本投资，从而降低了子女未来的期望收入，这长期导致了整个家庭平均收入水平的下降①。

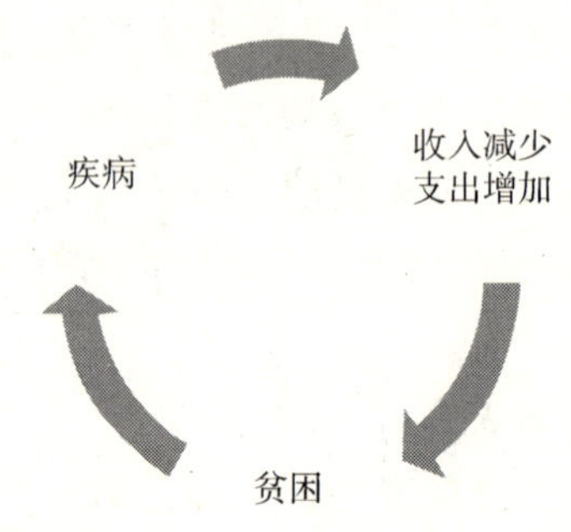

图6—1—1 疾病与贫困的关系图

疾病之所以导致贫困，是因为疾病会使得患病家庭支出增加和收入减少。支出的增加表现在两方面：一是医疗费用的支出；二是为了得到治疗所发生的交通费、通信费等其他费用。患病者由于需要治疗，则必须放弃工作时间，从而使得自己的收入减少。如果患病者还需要人照顾，不但本身失去了收入，而且家庭成员也不得不放弃一些工作时间。这样，从整个家庭的角度看，疾病会使一个家庭收入有所减少。一般来说，疾病会使家庭支出增加和收入减少同时发生，这样就增大了家庭陷入经济困境的风险。贫困人口一般生活条件差、医疗服务可得性差，其健康水平一般不好，患病的风险比较大。贫困人口在患病之后，由于收入低，通常采取“拖”、“扛”的策略，最终小病熬成大病，使得自身的健康水平进一步恶化。这样，形成了“因病致贫”、“因贫致病”的恶性循环。

表6—1—1 扶贫重点县农村居民人均纯收入构成

年份	工资收入（%）	家庭经营收入（%）	财产性收入（%）	转移性收入（%）
2002	33.4	61.0	1.0	4.7
2003	32.1	61.5	1.9	4.5
2004	30.9	62.9	1.8	4.4
2005	32.5	60.4	1.6	5.5
2006	33.4	59.3	1.7	5.6

① 孙昂、姚洋：《劳动力的大病对家庭教育投资行为的影响》，《世界经济文汇》2006年第1期。

续表

年份	工资收入（%）	家庭经营收入（%）	财产性收入（%）	转移性收入（%）
2007	34.4	57.3	2.3	6.0
2008	34.0	56.2	1.6	8.2
2009	36.6	53.6	1.4	9.4
2010	35.7	53.7	1.7	8.9

数据来源：《2011 中国农村贫困监测报告》。

疾病对家庭最直接的影响就是增加了家庭的支出。这部分直接支出不仅包括治疗疾病的费用，还包括为了得到治疗而产生的交通费等其他费用。如果疾病的费用高昂，则家庭不得不动用储蓄、借贷甚至变卖家产以应对，因此，患病家庭有可能长期处于贫困状态。

表 6—1—2　　扶贫重点县农户不及时就医的原因

年份	经济困难（%）	医院太远（%）	本人不重视（%）	小病不用医（%）	其他（%）
2002	63.3	23.8	2.6	6.5	3.8
2003	62.2	24.6	3.4	5.2	4.6
2004	61.8	25.8	3.3	4.7	4.4
2005	61.9	26.4	2.9	4.6	4.2
2006	62.7	28.3	2.5	3.3	3.2
2007	58.6	31.9	2.9	3.0	3.6
2008	56.3	32.9	3.5	3.6	3.7
2009	55.5	33.9	3.5	3.5	3.6
2010	54.5	34.6	3.6	3.6	3.7

数据来源：《2011 中国农村贫困监测报告》。

此外，疾病还可能使家庭损失另一个劳动力，致使家庭收入暂时或者长期减少。如表 6—1—1 所示，家庭经营收入是农村居民收入的主要来源。家庭经营收入是指农村住户以家庭为生产经营单位进行生产筹划和管理而获得的收入。在农村，家庭经营收入主要来自粮食作物和经济作物等农业种植。如果家庭里的男性劳动力患有疾病，则主要的收入就会受到影响。

因贫致病的原因。一是贫困人口生活条件一般都比较差，尤其是偏远农村地区不注重个人卫生和公共卫生，患病的风险较高。二是由于收入水平很低，饮食结构长期失衡，营养不良，从而使得身体健康程度较低。三是贫困群体获得医疗服务的可得性和可及性较差，患病后不能及时有效救治，病情逐步恶化，治疗费用也大幅增加。如表 6—1—2 显示，贫困人口患病不愿就医的主要原因是经济困难和医院太远。疾病首先造成了收入贫困，收入贫困又增大了贫困人群患病的风险。

三　反贫困理论综述

（一）马尔萨斯“抑制人口增长”的反贫困理论

马尔萨斯在对贫困产生的原因进行分析后，提出了著名的“人口剩余致贫论”。马尔萨斯认为社会人口按几何级数增加，而生活资料因土地有限而只能按算数级数增加，因人口增长速度快于食物供应的增长速度，随时间推移，最后因食物不足导致人口过剩，必然导致贫困、恶习等出现。[①] 按照马尔萨斯的观点，人口过剩无可避免，由于食物的供给有限，大多数人必定要处于贫困和饥饿的生活状态中。贫困的主要原因在于贫困者本身，与社会制度、财产的不平等分配和政府的形式毫无关系。因此，马尔萨斯认为消除贫困的唯一途径在于“抑制人口增长”。为了寻求人口增长与食物供应间的平衡，马尔萨斯进一步具体提出两个途径来解决人口危机。第一种途径是降低出生率，即鼓励人们采用节育、晚婚等方法减少人口的增加，以寻求生活资料供应和人口增长相一致；第二种途径是提高死亡率，即通过战争、饥荒、疾病以及瘟疫等办法达到抑制人口增长的目的。虽然他认为降低出生率较提高死亡率是避免人口过剩的较佳途径，但他同时指出大多数人不会主动采取节育、晚婚等方式以减少人口的增加，所以有必要通过极度的贫困、传染病、战争、瘟疫、饥荒等来提高死亡率，以期达到减少人口增加的目的。

马尔萨斯的反贫困理论由于受到所处历史时代、阶级立场等因素的制约，通过“抑制人口增长”来达到消除贫困的观点显然是片面的，甚至是极端错误的。但有人论证出马尔萨斯在这一问题上的预见性和正确性，朱霞梅在其博士论文中写道：“中国作为一个农业人口大国，在人口问题上曾经出现的重大失误是制约我们经济发展的一个重要因素，目前我国所采取的晚婚晚育、限制生育的人口政策从某种程度上讲也正是以马尔萨斯的人口理论为基础的；而作为另一个人口大国的印度，其在反贫困中进展缓慢的一个重要原因也在于一直不重视控制人口的增长问题，

① ［美］马尔萨斯：《人口原理》，朱映等译，商务印书馆 1992 年版，第 16—17 页。

使得经济的增长大部分被人口的高增长所抵消，导致很大部分贫困人口难以摆脱贫困，成为当今世界上贫困人口最多的国家。”[①] 从现代的视角来看，生育权利是人类最基本的权利之一，解决生活资料供应与人口增长平衡的问题，应该通过技术进步、解放生产力来解决，而不应该把贫困的原因归结于贫困人民本身。马尔萨斯“只考虑到实际中存在着什么东西，而不考虑谁在控制着这些东西”，并且，马尔萨斯“只关注食物相对于人口的比率是十分幼稚的，这一幼稚的方法在过去几个世纪中一直起着混淆是非的作用，并且扭曲了以往的反饥荒政策”[②]。其试图通过“消灭贫困者来消灭贫困”的反贫困理论，从其本质上来讲，就是错误的。

（二）纳克斯与缪尔达尔的反贫困理论

在第二次世界大战之前，贫困理论大多是以西方国家贫困为研究对象的。而在战后，发展中国家的贫困问题开始受到关注。研究对象的变化，也使得贫困理论有了新的发展和突破。纳克斯提出了“贫困的恶性循环”理论，侧重于从“资本形成”的视角考察发展中国家存在长期贫困的原因。而缪尔达尔的“循环积累因果关系”从整体看待发展中国家贫困的问题，并侧重劳动力质量的考察。

纳克斯在其《不发达国家的资本形成问题》一书中指出，发展中国家之所以存在着长期贫困，是因为存在“贫困的恶性循环”。根据经济学增长理论，投资、劳动力和技术进步是经济增长的源泉。在假定技术水平不变的前提下，投资就成了经济增长的唯一途径。因此，考察发展中国家资本形成能力可以反映发展中国家经济增长的情况，有助于解释发展中国家长期贫困的原因。发展中国家本身经济水平落后，收入少，人们的购买力水平低，社会需要有限，所以投资机会少，从而资本形成不足，就业机会少，产出水平低和人均收入少；有限的产出和收入必定用于生活消费的支出，储蓄率必然很低，从而导致投资少，无法扩大生产和提高生产率。这样，就形成了一个“贫困的恶性循环”，之所以贫困是因为贫困。打破这种“贫困的恶性循环”，就必须挖掘发展中国家的潜在的储蓄能力，寻求国外贷款等方式来增加投资机会，增加就业，提高产

① 朱霞梅：《反贫困的理论与实践研究——基于人的发展视角》，博士学位论文，复旦大学，2010年，第59页。

② ［印］阿玛蒂亚·森：《贫困与饥荒——论权利与剥夺》，商务印书馆2004年版，第14—15页。

出和收入水平。

作为瑞典学派创始人之一的缪尔达尔在贫困问题领域的研究有较大的影响力。缪尔达尔认为发展中国家的贫困是政治、经济与文化等因素综合作用的结果，因此绝对不能把发展中国家的贫困问题当作一个纯粹的经济现象考察，而是要用制度的、整体的、动态的方式来研究。在一国经济增长源泉中，劳动者的素质和质量也很关键。具体讲，发展中国家人均收入水平低，贫困人口的生活质量差、医疗保健条件差、教育落后，劳动者的质量不高，劳动生产率低下，从而产出增长缓慢甚至停滞。低水平的产出造成人均收入低下，贫困人口的生活水平进一步恶化。这就使发展中国家深陷于低收入和贫困的循环积累的泥沼中。缪尔达尔强调，在发展中国家的低收入与贫困的循环积累因果关系中，包含着经济、政治和制度等诸多方面的因素，最重要的因素是资本形成不足和收入分配不平等。因此，发展中国家的反贫困，应当“通过权利关系、土地关系以及教育体制等方面的改革，使收入趋于平等，增加贫困人口的消费，从而提高投资引诱并增加储蓄，以促使资本形成，提高产出水平和生产率，带动人均收入水平的提高。这样，发展中国家将从低收入和贫困的循环积累的困境中摆脱出来，进入一个良性循环积累因果运动过程”。

（三）“赋权”反贫困理论

纳克斯与缪尔达尔的反贫困理论虽然强调的重点不同，但都隐含了经济增长可以减少贫困的暗示。但是经济的增长，不仅未能解决发达国家的贫困，对解决发展中国家贫困问题的作用也十分有限。

在西方发达国家，资本主义经济的繁荣，并没有提高工人阶级的生活水平，反而使得贫困人口的生活水平更为糟糕。费边社会主义、新自由主义和德国新历史学派等开始重新审视贫困问题，并且逐渐认识到贫困并不是贫困者本身的问题，而是社会制度、经济结构本身存在的问题。不仅个人要为贫困负责，政府也有责任和义务对贫困负责。经济的发展不一定能够让贫困者受益，因此，政府必须通过某些手段促使财富在富有者和贫困者之间再分配，以确保贫困者也能享受到经济发展的益处，保障其基本生活。从发展的进程看，政府通过建立工伤、疾病、养老和失业等一系列社会保障制度，以达到反贫困的目的。

在发展中国家，由于多数经济学家都认为贫困与经济增长水平有着密切的关系，并且认为经济增长是消除贫困的强大力量；同时，许多发展中国家有着强烈的追求经济增长和减少贫困的愿望，把经济增长放在优先地位，对公平重视不足，造成收入两极分化的后果。“但是经济增长与贫困减少之间的联系远非自动形成的[①]”，贫困的减少并不完全依赖于经济增长，“经济增长对贫困的影响程度取决于由经济增长所带来的额外收入是否为穷人所享有。如果经济增长能使最贫困人口所获得的收入份额增加，贫困人口收入的提高就会快于平均收入的提高，减贫幅度就大；如果经济增长使最贫困人口所获得的收入份额减少，贫困人口收入的增长就会滞后于平均收入的增长，贫困人口的贫困程度就会愈发深重”[②]。因此，只有通过适当的社会政策和制度安排，贫困的减少才会依赖于经济的增长。

实现经济增长减少贫困，不仅要通过社会保障制度等方式，实现收入再分配，让贫困人群享受到经济增长的好处，更重要的是，要让贫困人群有平等的能力和机会去赢取工作机会，创造财富以摆脱贫困。相关研究表明，减轻贫困的程度与初始不平等密切相关，一般初始不平等程度很低的国家所带来的减贫效果是不平等程度很高国家的 2 倍[③]。因此，降低初始不平等的程度有助于减少甚至是消除贫困。诺贝尔经济学奖获得者阿玛蒂亚·森在这一方面作出了卓越的贡献。森研究发现“贫困的实质源于权利的贫困”，并且使赋权真正成为一种反贫困理论。1981 年，森出版了《贫困与饥荒》一书。在该书中，森在系统分析了饥荒之后指出，“即使是最严重的饥荒，只是因为他们未能获得充分的食物权利的结果，并不直接涉及物质的食物供给问题。也就是说，一个人支配粮食的能力或他支配任何一种他希望获得或拥有东西的能力，都取决于他在社会中的所有权和使用权的权利关系。”[④] 基于这种权利贫困的视角，森认为贫困和饥荒不仅在经济不景气时期发生，也有可能在经济繁荣时期发生。饥荒的发生与否，取决于一个人在权利体系中是否有权得到足够的食物。

森揭示了贫困和饥荒发生的原因，也就找到了减少和消除贫困的途

---

① 世界银行：《2003 年人类发展报告》，中国财政经济出版社 2003 年版，第 39 页。

② 叶普万：《贫困问题的国际阐释》，《延安大学学报》（社会科学版）2003 年第 1 期。

③ 世界银行：《2000/2001 年世界发展报告》，中国财政经济出版社 2001 年版，第 56 页。

④ ［印］阿玛蒂亚·森：《贫困与饥荒——论权利与剥夺》，王宇等译，商务印书馆 2001 年版，第 40 页。

径。既然贫困的根源在于权利的缺乏，要解决贫困，我们要做的就是保证每个人获取食物的权利。但是，权利关系是由政治制度、经济结构、文化等诸多因素所影响，所以对于贫困者权利的实现必须依靠制度安排，以确保贫困者享有基本的教育、医疗卫生、自由权、发言权等。赋权的反贫困理论，有助于贫困者表达自己的意见、提高自身素质，从而达到摆脱贫困的目的。

（四）人力资本反贫困理论

阿玛蒂亚·森在提出“权利贫困”理论之后，又提出了“能力贫困”的概念，并把舒尔茨提出的人力资本理论用于贫困问题的研究，使人力资本理论成为当前世界上反贫困理论研究的最新成果。以森为代表的学者认为，贫困应被视为基本可行能力的剥夺，而不仅仅是收入低下。基本可行能力的剥夺表现在没有接受过教育、享受不到基本医疗服务、生存环境恶劣等。个人和国家之所以贫困落后，其原因不在于生活资料的缺乏，而在于人们获取这些生活资料的能力缺乏。因此，解决贫困的根本途径是提高个人的人力资本，改善贫困人口的健康状况，提高贫困人口的教育水平和劳动技能，使他们拥有足够的能力去追逐生存和发展的机会，从而摆脱贫困的生活。世界银行就指出，发展中国家在制定减贫战略时应“大力提高公共企业的资金营运效率，在不影响安全的情况下减少军费，以及减少一些需要高投入而不太紧急的项目投资，使更多的资金能够用于像小学教育、基本卫生保健这样的项目上”①，现在越来越多的发展中国家把人力资本投资作为反贫困的重要途径。

四　医疗保障视角下的反贫困理论评析

生存权、生育权和健康权是人类最基本的权利。马尔萨斯从生活资料供给与人口增长需求的矛盾中看到了人口危机的问题，有一定的正确性和预见性。但把贫困者贫困的原因归结于贫困者本身且主张通过抑制人口增长来消除贫困显然是片面的，甚至是错误的。生存权、生育权和健康权是每一个人的基本权利，我们应该通过社会保障制度、扶贫制度等手段，实现收入再分配，以保障贫困人口基本权利的实现。对于贫困人口，必须建立相应的医疗保障制度，以实现健康权。以强调经济增长、

① 世界银行：《1980 年世界发展报告》，中国财政经济出版社 1980 年版，第 36 页。

收入再分配为核心的反贫困理论，必须建立在贫困人口基本权利的实现和能力提高的基础之上。在人力资本反贫困理论的视角下，缓解和消除贫困的有效路径就是增加穷人的人力资本投资来提升其能力，重点改善的是贫困人口的健康状况和受教育水平。值得注意的是，健康状况的改善是其他方面的前提，贫困人群只有拥有了健康状态，才可能有机会接受其他方面的人力资本投资，才可能有机会展现已经获得的可能性，也才可能获取人力资本投资的收益。正如古希腊思想家赫拉克利特所说："如果没有健康，智慧就无法表露，才华就无法施展，力量就无法战斗，知识就无法利用。"因此，健康是人力资本的重要内容之一。由于疾病导致健康被剥夺，不仅使得家庭医疗费用增加，更是让患病者失去了接受和展现人力资本投资的机会，也在一定程度上影响了患病者家庭成员，从而使得整个家庭的收入获取能力受到冲击。这样，疾病就极有可能导致家庭的贫困。对于原本就贫困的家庭来说，由于营养不足、医疗可得性和可及性较差等原因，其健康水平不容易提高，患病的风险也更大，最终形成了"疾病—贫困—健康水平进一步恶化"的恶性循环，这种由于低水平健康造成的人力资本投资不足而产生的贫困就是所谓的"健康贫困"[①]。

要想打破这种健康贫困的恶性循环，就必须切断因病致贫这条线。从实践看，健全的医疗保障制度能够有效防止和切断"因病致贫"、"因病返贫"、"因贫致病"的恶性循环。从这一视角出发，深化城镇职工医疗保险、城镇居民医疗保险、新型农村合作医疗制度改革的重点是使每一位公民在医疗方面有所保障。对于非贫困家庭，能够切实防止其"因病致贫"、"因病返贫"；对于贫困人群，要尽量减轻疾病产生的影响，使其保持拥有一个正常的健康状态，从而使得贫困人群能够有机会获得人力资本的投资，最终有机会和能力摆脱贫困的状态。

第二节　贵州省贫困与反贫困现状

一　我国贫困现状

在城镇，一般将低保人群视为贫困人口。近五年来，我国城镇低保

① 樊桦：《农村居民健康投资不足的经济学分析》，《中国农村观察》2006 年第 1 期。

人口基本稳定在2300万人左右，基本实现应保尽保。城镇人口主要包括四部分人群：一是经济体制变革中出现的失业人员、下岗职工；二是城镇传统存在的无生活来源、无劳动能力、无法定抚养义务人的居民；三是低收入人群，主要指打零工的人、残疾人和孤寡老人；四是流入城镇打工的农民工群体。农民工在流入地居住趋于长期化，部分已经是事实上的居民，但这部分人群多数收入较低，且权益得不到有效保障，所享受到的福利与当地居民差距很大，从而形成了城镇边缘贫困人口。不过，从享受低保待遇的人员构成情况看，70%的低保人员具有劳动能力①。

2009年，我国政府取消了农村绝对贫困线，将相对贫困线作为识别农村贫困人口的标准。2011年，党和政府决定将农民人均纯收入2300元（2010年不变价）作为新的国家扶贫标准，这一标准比2009年提高了92%，贫困人口增加至约1.28亿，且同时规定经济发达地区可根据自身实际和能力确定更高的本地扶贫标准。农村贫困人口主要是因病失去劳动能力的、居住地区自然环境和资源条件恶劣的人群、孤老人群等。《第四次国家卫生服务调查分析报告》指出：被调查农村地区贫困户致贫的主要原因依次是疾病或损伤、劳动力少、自然环境差、人为因素等。

（一）城镇贫困现状及成因

2011年年末，我国共有657个设市城市，建制镇有19683个。城镇人口69079万人，占总人口的51.27%，城镇人口首次超过农村人口。城镇就业人员35914万人，登记失业率为4.1%，城镇居民人均可支配收入21810元。流动人口为2.3亿，外出农民工为15863人。我国共有城市低保对象1145.7万户，共2276.8万人，贫困发生率约为3.3%。全年各级财政共支出城市低保资金659.9亿元，其中中央财政补助资金502.0亿元。城市低保月人均标准287.6元，城市低保月人均补助水平240.3元。②

改革开放之前，城镇贫困人口主要以三无人员、鳏寡孤独和残疾人为主。20世纪80年代开始，随着国有企业改革和经济体制的变革，大量下岗工人、离岗和失业人员成为贫困主体。在这样的形式下，1999

① 汪泽英、何平等：《建立覆盖城乡居民社会保障体系》，中国劳动社会保障出版社2010年版，第208页。

② 汪光焘：《中国城市状况报告2012/2013》，外文出版社2012年版，第39页。

年国务院颁布《城市居民最低生活保障条例》，城市居民基本生活保障制度开始建立。2004 年以来，城镇贫困人口一直维持在 2200—2350 万人之间。

目前，城镇贫困人群主要有四种：一是传统存在的无生活来源、无劳动能力、无法定抚养义务人的居民和失业的部分农转非人员。这类贫困人群数量占低保人口总量比例较低，人数相对稳定，且长期存在。二是失业人员，这类贫困群体在低保人口总量中占的比例较高。失业人员是由于经济结构的调整造成的下岗职工，或者是企业效益不好的退休人员以及其他情况造成的。三是因无固定工作而收入低下的人员。这类人群大多文化程度较低，没有稳定的工作，依靠个体经营或临时工作取得收入。由于没有固定的工作，大部分人没有参加社会基本保险，一旦患有重大疾病，或者支付高昂的教育费用，或购买住房等重大开支时，家庭的生存状态就会陷入困境。四是农民工群体。农民工在流入地居住趋于长期化，主要从事加工制造业、建筑业、家政、餐饮等工资水平较低的行业，农民工目前还难以融入其就业所在的城市，社会权益得不到有效保障，福利和当地居民差距很大。特别是新生代农民工缺乏从事农业的技能，且不愿回农村，从而形成了城镇边缘性的贫困群体。

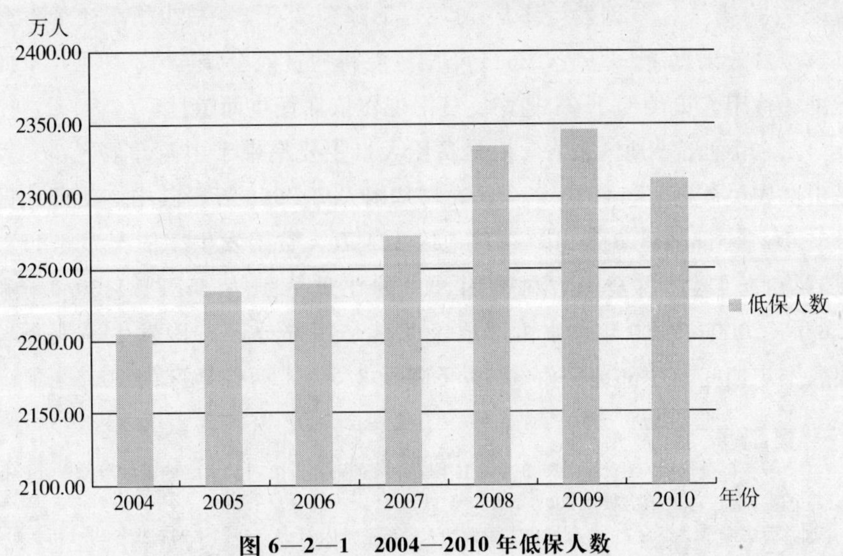

图 6—2—1　2004—2010 年低保人数

数据来源：根据各年《民政事业发展统计报告》整理。

由上述贫困人口构成可以看出，失业和疾病是城镇人口致贫的主要原因。第四次国家卫生服务调查分析报告指出：在城市，致贫原因首先是失业或无业，其次是疾病和损伤、劳动力少[①]。城镇贫困群体的人口规模庞大，收入低、财产少、购买力差、消费水平低、营养不良的现象比较普遍，且心理压力较大，因此他们的患病机率往往高于非贫困者。尹志刚关于北京市的共 499 份样本的一份调查报告显示“低保”劳动人口的身体健康状况堪忧。从患有一般或严重疾病的户数看，没有患病人口的 261 户，占 52.3%；有患病人口的 238 户，占 47.7%。其中，有 1 人患病的 180 户，占 36.1%；有 2 人患病的 51 户，占 10.2%；有 3 人患病的 6 户，占 1.2%；有 4 人患病的 1 户，占 0.2%。患病的劳动人口共有 304 人，占劳动年龄总人口的 30.6%[②]。患病人群不仅无法正常学习和工作，其家庭还要提供医疗费用，倘若没有相关的医疗保险进行保障，就会使得原本贫困的处境进一步恶化。

（二）农村贫困现状及成因

2008 年，根据十七大关于“逐步提高扶贫标准”的精神，我国正式采用低收入标准作为扶贫的工作标准。以低收入标准测算，表 6—2—1 反映了从 2000 年至 2010 年这段时间贫困人口的变化情况。期间，扶贫标准由 865 元提高到 1274 元；贫困人口由 9422 万人下降到 2688 万人，共减少 6734 万人；贫困发生率从 10.2%下降到 2.8%，减少了 7.4 个百分点，减贫效果显著。但是，2011 年国务院将扶贫线上调至 2300 元，按此标准，贫困人口约为 1.28 亿，反贫困工作依然任重而道远。

从东中西部[③]地区来看，农村贫困人口主要集中于中西部地区，尤其是山区和民族地区。2010 年全国农村贫困人口 2688 万，其中，西部地区 1751 万，中部地区 813 万，东部地区 124 万，贫困发生率依次为 6.1%、2.5%和 0.4%，占全国农村贫困人口的比重分别为 65.1%、30.3%和 4.6%。2000—2010 年，中西部地区尤其是西部地区贫困发生率下降较快。十年期间，中部地区由 8.8%下降至 2.5%，西部地区由 20.6%下降

① 卫生部统计信息中心：《2008 中国卫生服务调查研究：第四次家庭健康询问调查分析报告》，中国协和医科大学出版社 2009 年版，第 11 页。

② 尹志刚、洪小良：《北京城市贫困劳动人口的就业及社会支持网络调查报告》，《新视野》2006 年第 3 期。

③ 采用新东中西部划分，东部包括北京、天津、河北、辽宁、上海、江苏、浙江、福建、山东、广东、海南；中部包括山西、吉林、黑龙江、安徽、江西、河南、湖北、湖南；西部包括内蒙古、广西、重庆、四川、贵州、云南、西藏、陕西、甘肃、青海、宁夏、新疆。

至6.1%。值得注意的是，东部贫困地区人口占全国贫困人口的比重由2000年的10.2%下降至2010年的4.6%，中西部地区贫困人口占全国贫困人口的比重由2000年的89.8%上升至2010年的95.4%，这说明贫困人口进一步向中西部地区集中。

表6—2—1　　中国农村贫困状况（2000—2010年）

年份	标准（元/人）	规模（万人）	贫困发生率（%）
2000	865	9422	10.2
2001	872	9029	9.8
2002	869	8645	9.2
2003	882	8517	9.1
2004	924	7587	8.1
2005	944	6432	6.8
2006	958	5698	6.0
2007	1067	4320	4.6
2008	1196	4007	4.2
2009	1196	3597	3.8
2010	1274	2688	2.8

数据来源：《2011中国农村贫困监测报告》。

表6—2—2　　全国农村贫困人口分布变化情况

		2000年	2005年	2010年
贫困人口规模（万人）	全国	9422	6432	2688
	东部	962	545	124
	中部	2729	2081	812
	西部	5731	3805	1751
贫困发生率（%）	全国	10.2	6.8	2.8
	东部	2.9	1.6	0.4
	中部	8.8	6.6	2.5
	西部	20.6	13.3	6.1
占农村贫困人口比率（%）	东部	10.2	8.5	4.6
	中部	29.0	32.3	30.3
	西部	60.8	59.2	65.1

数据来源：《2011中国农村贫困监测报告》。

从地势上来看，山区、平原和丘陵的贫困发生率都在下降，山区的贫困发生率从2000年的23.2%降至2010年的4.9%，共下降18.3个百分点；平原和丘陵地区的贫困发生率从2000年的17.4%降至2010年的1.6%，共下降15.8个百分点，这说明山区农户的贫困发生率下降比平原和丘陵地区快。但是，2000年山区贫困人口占全部农村贫困人口的比重为48.7%，到2005年这一比重增至49.1%，2010年再增至52.7%，这说明贫困人口有进一步向山区集中的趋势。

表6—2—3　　山区贫困人口分布变化

	2000年	2005年	2010年
山区贫困人口占农村贫困人口比率（%）	48.7	49.1	52.7
山区的贫困发生率（%）	23.2	14.2	4.9
平原和丘陵的贫困发生率（%）	17.4	—	1.6

数据来源：《2011中国农村贫困监测报告》。

2010年年末民族自治地区农村贫困人口1481万人，比上年减少474万人；贫困发生率12.2%，比上年下降4.2个百分点。民族自治地方低于1274元标准的农村贫困人口为1481万人，占全国农村贫困人口的比重为55.1%，比上年（54.3%）上升0.8个百分点。① 由表6—2—3可以看出，2006—2010年五年期间，全国贫困发生率依次为6.0%、4.6%、4.2%、3.8%和2.8%，而民族自治地区同期贫困发生率分别是18.9%、18.6%、17.6%、16.4%和12.2%，容易看出民族自治地方的贫困发生率远远高于全国同期的贫困发生率。并且这五年间，民族自治地区农村贫困人口占同期全国农村贫困人口的比重分别为44.5%、52.2%、52.5%、54.3%和55.1%，呈逐年增加趋势，表明民族自治地方的贫困程度比其他地方更严重。

表6—2—4　　民族地区贫困发生率

	2006年	2007年	2008年	2009年	2010年
民族地区贫困发生率（%）	18.9	18.6	17.6	16.4	12.2
全国贫困发生率（%）	6.0	4.6	4.2	3.8	2.8
民族地区贫困人口占农村贫困人口比率（%）	44.5	52.2	52.5	54.3	55.1

数据来源：《2011中国农村贫困监测报告》。

① 国家统计局住户调查办公室：《2011中国农村贫困监测报告》，中国统计出版社2012年版，第59页。

农村贫困形成的原因有很多，疾病已成为最主要的原因之一。《第四次国家卫生服务调查分析报告》指出：在被调查地区，贫困家庭的主要致贫原因依次为疾病或损伤、劳动力少、失业或者无业、自然环境差、人为因素和其他因素，图 6—2—2 直观反映了各种致贫原因的所占比例。

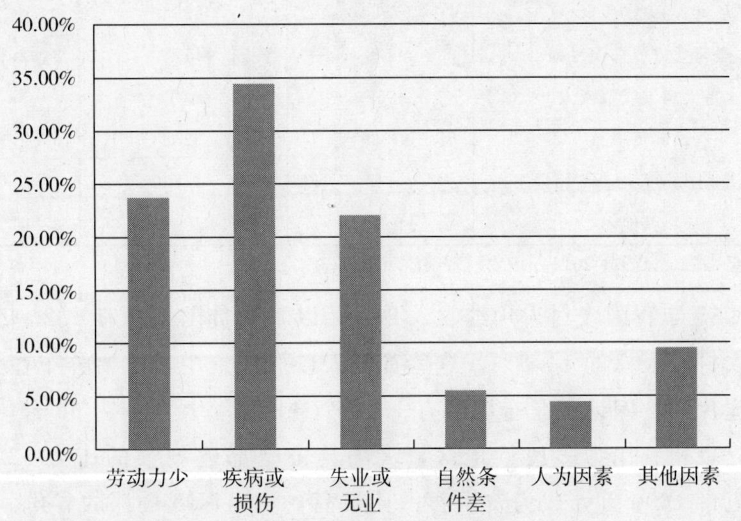

图 6—2—2　贫困家庭的致贫原因构成

数据来源：《第四次国家卫生服务调查分析报告》。

在农村，疾病或损伤是首要原因，其次是劳动力少、失业或无业。疾病或损伤致使贫困具体表现为：一是会直接引起劳动力短期或长期失能，导致家庭因劳动力丧失无法取得收入；二是为了治疗疾病或损伤而产生的医药费用会增加家庭的支出。本次调查的结果显示，25.3％的贫困家庭是病伤导致劳动力损失所致，9.2％的贫困家庭是治疗病伤的医疗费用所致。在很多贫困地区，疾病都是致贫的首要因素。以安徽省凤阳县为例，表 6—2—5 显示家庭中有重大疾病患者或残疾人为导致贫困的主要原因，贫困人数比例高达 55.12％。

二　贵州省贫困现状

（一）基本情况

在前面基本医疗保险制度的分析中，我们从国家扶贫政策的角度分析了贵州省贫困的基本状况，现在结合贵州省的实际情况，具体分析如下。

表 6—2—5　　凤阳县 2012 年农村贫困户致贫原因构成

致贫原因构成	贫困户数（人）	贫困人口数（人）	构成（%）
水灾	60	129	0.28
旱灾	47	98	0.22
劳动力素质低	2924	6293	13.87
经营无方或失误亏损	408	1178	2.60
重大病人或残疾人	10579	25014	55.12
供养负担重	1029	3285	7.24
土地特别少（人均 0.5 亩以下）	448	1389	3.06
其他	4994	7996	17.62

数据来源：凤阳县 2012 年度农村贫困监测报告。

1985 年我国农村人均纯收入 200 元以下的贫困人口有 1.25 亿，占当时农村总人口的 14.8%。这些贫困人口居住集中，主要分布在 18 个集中连片的贫困地区。全国共有 1019 个贫困县，贵州省占 50 个，位居第二，贵州省作为多民族地区，贫困县占全部建制县的比为 62.2%，贫困人口 1600 万，成为贫困县占比最高，贫困深度最深的省份。为进一步解决农村贫困问题，缩小东西部地区差距，实现共同富裕的目标，国务院决定：从 1994 年到 2000 年，集中人力、物力、财力，动员社会各界力量，力争用七年左右的时间，基本解决全国农村 8000 万贫困人口的温饱问题（即《国家“八七”扶贫攻坚计划》），贵州省占 1000 万，是全国贫困人口的 12.5%，其中人均年纯收入不到 200 元的极贫人口 392 万人，集中连片的贫困县 48 个。贫困人口主要分布在深山区、石山区、高寒山区、地方病高发区和少数民族聚居区。文化教育落后，人畜饮水困难，生产生活条件极为恶劣等一系列原因使得贵州成为我国贫困人口最多、贫困发生率最高的省份。

贫困人口的多少与贫困标准紧密相关，贫困标准低，则贫困人口较少，而贫困标准高，则贫困人口就多。1985 年，贵州省农村贫困人口有 1500 万人，占农业人口的 57.5%。从这一年开始，贵州省开始实施有组织、有计划的扶贫开发，到 1993 年，全省农村贫困人口减少到 1000 万人，占农村总人口的比重下降到 35%。到 2007 年，贵州省贫困人口减少到 216.14 万人，贫困发生率（主要指贫困人口占农村总人口比重）下降到 6.5%。但 2008 年随着贫困标准从 869 元提高到 1067 元，贵州省贫困人口增加到585.38万人，贫困发生率达17.4%，其中85%以上集中分布在武陵山区、乌蒙山区、滇桂黔石漠化区等连片特困地区，贫困人数剧增至占全国贫困人口的14.6%，使得扶贫开发任重道远。之后，尽管每年贫困标准都在提高（2009年为1196元/年、2010年为1274元/年、2011年为1500元/年），但贫困人口均有不同程度减少，到2011年贫困人口减少到418万人，贫困发生率下降到12.1%。然而，到2012年，按照2300元/年的国家新贫困线标准，贵州贫困人口又增加到1521万，贫困发生率高达45.1%，是全国贫困人口最多的省份，相当于全国每9个贫困人口中就有1个是贵州人。全省88个建制县（市、区）中，有扶贫开发任务的县为83个，其中有50个是国家扶贫开发重点县。这表明，贵州作为多民族的山区内陆省份，扶贫开发仍然任重而道远。

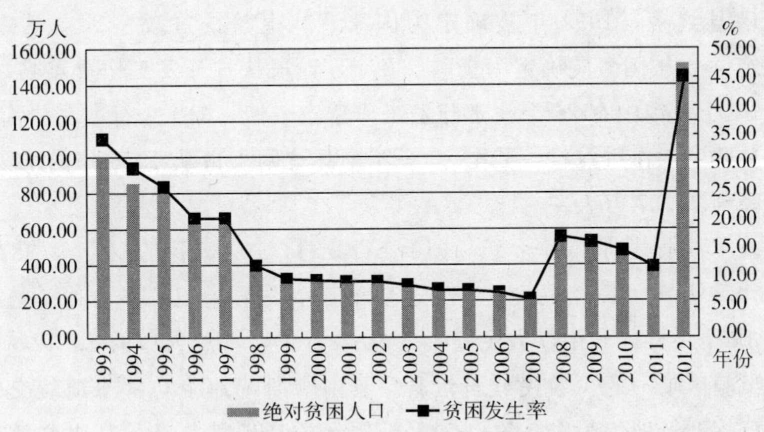

图6—2—3　贵州省绝对贫困人口与绝对贫困率

数据来源：根据贵州省各年统计年鉴自行整理。

（二）贵州典型地区贫困与反贫困——以贵州威宁县为例①

2009年9月时任中共中央总书记胡锦涛、国务院总理温家宝针对一份关于反映贵州省威宁县贫困状况的新华社《内参清样》进行批示，2009年10月中共中央、国务院同意在威宁县开展“喀斯特地区扶贫开发综合治理试点”工作，2011年12月中共中央、国务院印发了《中国农村扶贫开发纲要（2011—2020年）》，规划出了十一个区域作为连片特困地

① 本节数据来源若无特殊说明，均是调研所得。

区（六盘山区、秦巴山区、武陵山区、乌蒙山区、滇桂黔石漠化区、滇西边境山区、大兴安岭南麓山区、燕山—太行山区、吕梁山区、大别山区、罗霄山区等），作为扶贫攻坚的主战场，地处云贵高原乌蒙山腹地的威宁彝族回族苗族自治县在贵州省委、省政府的领导下，统筹各方面资源，开启了一场反贫困的攻坚战。我们依据课题的设计要求，对贵州省毕节市威宁彝族回族苗族自治县及所辖的迤那镇、幺站镇和石门乡进行了调查。

1. 威宁彝族回族苗族自治县贫困基本情况

威宁地域辽阔、地貌类型多样、气候独特，但由于历史、自然和社会等多方面的原因，全县经济社会发展还很缓慢，贫困面大、贫困人口多、贫困程度深的状况很突出。因此，1986 年被国务院首批认定为全国的贫困县之一，1994 年被确定为国家“八七”扶贫攻坚重点县之一，2001 年再次被国务院确定为全国 592 个新阶段扶贫开发工作重点县之一。全县 35 个乡镇中有 26 个扶贫开发工作重点乡镇，610 个行政村中有 362 个扶贫开发工作重点村。截至 2008 年全县贫困人口从 1986 年的 73.2 万人下降到 24.27 万人左右。

威宁县全县辖 35 个乡镇，610 个行政村，10 个居民委员会，3872 个组，30.6 万户，131.9 万人（列全省第三），居住着汉、彝、回、苗、布依等 18 个民族，其中少数民族人口 30.5 万人，占总人口的 23.12%，是毕节试验区唯一的少数民族自治县。县内喀斯特地貌与常态地貌交错出现，以喀斯特地貌为主，约占 53%。因地质和地貌复杂，其水文的地域性与时间性变化大，分布不均。中部高原面河流少，加之属喀斯特地貌，水源缺乏，水利设施差，干旱严重，人畜饮水困难，农作物生长主要靠天然降水，抗御自然灾害的能力弱。境内四周高山河谷地区，虽然河流密布，地下水丰富，但地势较陡，山高水低，水土流失严重，喀斯特地区石漠化较重。威宁既是贵州西部喀斯特地区典型的经济小县，人口大县，财政穷县，又是国家新阶段扶贫开发的重点扶持县。作为贵州省最贫穷的“六山”地区（麻山、瑶山、月亮山、雷公山、武陵山、乌蒙山）之一的乌蒙山区贫困县，经济基础极为薄弱。按贫困村综合指标衡量，全县尚有贫困村 362 个，农村年纯收入在 1196 元以下贫困人口 24.27 万人，其中 820 元以下绝对贫困人口 12.6 万人，2000 元以下基本解决温饱的人口 77.87 万人，其中 1196—1300 元的 11.7 万人。

威宁县土地贫瘠、分散，低温、干旱、洪涝、冰雹自然灾害频繁发生，抗灾减灾能力差。农业生产受自然条件的制约大，农村产业结构单一，粮食产量低而不稳，农民经济收入来源少。丰年能解决温饱，灾年返贫的情况较为普遍。全县农业人口人均基本农田仅为 0.17 亩，而现有贫困人口人均不足 0.15 亩。农户生活困难，因病、建房、供子女入学、婚嫁、农业生产、自然灾害等造成了贫困农户，这一部分农户占全县贫困农户的 70%。全县有残疾人 2.8 万人，而贫困残疾人达 2.6 万人，占残疾人总数的 90%；残疾人无住房户 1454 户共 2051 人。由于地质灾害或交通制约，全县有 1486 户共 7105 人不具备生产生活条件，需要进行易地搬迁解决温饱。

人口规模大，农村人口文化素质偏低。2009 年年末，全县总人口 131.9 万人，在全省县市中排名第三。126.5 万农村人口中：0—6 周岁的 22.5 万人，7 周岁及以上的 104 万人。在 104 万人中，文盲 6.5 万人，占 6.25%；小学文化程度的 61.85 万人，占 59.47%；初中文化程度的 24.14 万人，占 24.17%；高中文化程度的 7.71 万人，占 7.41%；高中以上文化程度的 2.8 万人，占 2.7%。小学以下文化程度的占了近 66%。农村人口规模过大、文化素质偏低，导致绝大多数农户因循守旧、创造性差、接受新技术新事物的能力较弱，从而导致其发展能力也弱，这是贫困的最主要原因之一。

随着威宁县人民群众健康需求日益增加，新农合工作所面临的困难更加突出。目前，县合医办仍无专门的办公用房，日常报销审核工作举步维艰。乡镇卫生院业务用房平均只有 1000 平方米左右，床位设置有限，村级卫生状况不良，群众看病难，村级卫生室不完善，多数系个体医生所有，没有场地，基本医疗设备和常用药品不齐全，多数村没有卫生室，卫生专技人员空编严重，现有卫生专技人员素质普遍偏低，特别是乡镇卫生院更为突出，严重制约了威宁县农村卫生事业发展。

2. 反贫困的历史阶段和主要成效

1949—1985 年，这个阶段主要采取救济式扶贫。全县共发放救济款 453.5 万元，优抚款 315.2 万元，无息支农贷款 5000 万元，发放救济粮 3360.5 万公斤，低价返销粮 225.5 万公斤，救济棉被 2000 余床，救济衣 70000 余套，新修或维修房屋 4600 余间。这一阶段，农村绝大部分人基本实现了生产、生活自立，确保了多数群众生产发展，生活自给，社会稳定。

1986—1993年，这个阶段开始采取开发式扶贫。全县共投入扶贫资金7847.5万元，实施项目541个。其中种植业项目64个，3227.54万元，占41.2%；养殖业202个，1119.14万元，占14.3%；农副产品加工18个，561万元，占7.1%；其他项目257个，资金2941.86万元，占37.4%。这一阶段，全县贫困人口从73.2万人减少到41.2万人。农村生产生活在原有基础上有较大改善。

1994—2000年，这个阶段是攻坚阶段。全县共投入21745.99万元，其中：财政扶贫资金1138.27万元，占5.2%；支援不发达地区资金1101.35万元，占5.1%；以工代赈资金5858.7万元，占26.9%；社会扶贫资金1889.87万元，占8.7%；信贷扶贫资金11757.8万元，占54.1%。通过这一阶段的扶贫攻坚，一是贫困人口大幅度减少。从41.2万人减少到11.98万人（628元）。二是农民生活水平进一步提高。到2000年年末，全县农民人均纯收入达到1222元。三是农村基本生产生活条件有所改善。全县共建成基本农田19.8万亩，解决了12.03万人和11.23万头大牲畜的饮水困难，基本实现乡乡通路、通电、通程控电话，对居住在不具备生存条件地方的2523户极贫户、15427个贫困人口实施了易地扶贫搬迁。四是科技、教育、文化、卫生事业有较快发展。2000年全县适龄儿童入学率由1993年的52.1%上升到96.74%，能接收电视的村由8个增加到234个，乡镇卫生院由14个增加到35个，村卫生室由110个增加到260个。

2001—2010年，这个阶段是扶贫开发的新阶段。在新阶段扶贫开发期间，2001—2005年全县共投入扶贫资金14702.96万元，实施项目760个。投入财政扶贫资金12981.96万元，实施项目703个。中央、省财政扶贫资金6261.36万元，实施项目568个（其中省财政扶贫资金337.7万元，实施项目19个）；以工代赈资金2549万元，实施项目128个；信贷扶贫资金4171.6万元，实施项目7个。项目涉及种植、养殖、道路交通水利等基础设施建设、基本农田、文明村寨建设、农经网建设、文教卫生社会事业等内容。投入社会扶贫资金1721万元，帮扶项目57个。其中：学校建设项目21个，投入资金628万元；公路建设项目16个，投入资金573万元；人饮工程项目5个，投入资金210万元；小水窖建设项目2个，投入资金70万元；灾后民房重建项目3个，投入资金49万元；精神文明活动中心项目2个，投入资金40万元；村级卫生院建设项目3个，投入资金90万元；病房改造项目2个，投入资金30万元。

为此，在原有扶贫开发的基础上，尤其是2009年9月以来，在国务院扶贫办牵头开展的“威宁喀斯特地区扶贫开发和治理试点”的助推下，再加上党中央、国务院实施《中国农村扶贫开发纲要（2011—2020）》的发力，到2012年威宁县的扶贫开发工作取得了阶段性的实质成效，贫瘠落后的面貌正在发生天翻地覆的变化，正以“跨越式”发展的势头，追赶全面建成小康社会的步伐。主要表现如下：

（1）经济发展又快又好。根据统计，到2012年县经济发展综合测评排名从2011年的全省第54位，上升到第13位［全省88个建制县（市）］，2012年全县实现工业总产值95.5亿元，实现财政收入14亿元。全县固定资产投资完成141.1亿元，增长6.1倍，招商引资完成113.75亿元，增长9倍，城镇居民可支配收入达到17910元，增长76%，农民人均纯收入达到4861，增长近1倍。从这些简单的数据，可以看出这片贫瘠而沉睡的土地，正爆发出新的活力。

（2）扶贫开发取得了实质成效。2009年以来在国家扶贫开发的支持了，共计投入财政资金4.2亿元，扶持农业产业发展，农民人均纯收入从2009年的2553元增加到2012年的4861元，其中产业项目的贡献率达到13%。农民纯收入的增速高于同期贵州省农民人均平均纯收入增速11.54个百分点，高于全国农民人均纯收增速14.18个百分点，这表明威宁县与贵州、全国的农民人均纯收入的差距正在加速缩小。此外，全县16个重点扶贫乡（镇）实现了“减贫摘帽”（全县共计35个建制乡镇，其中有26个重点扶贫乡镇）。实现24.37万人全部脱贫的目标指日可待。

（3）基础设施得到了根本性的改变。“要致富，先修路”这是“地无三分平”的贵州脱贫致富的根本经验。在国家和地方财政的支持下，基础设施建设取得了根本性的成就。2012年全县实现了乡乡通油路、村村通公路。此外，解决了全县所辖610个村的安全饮水问题，并启动了这些村的居民配电电网改造工程，完成农村危房改造、生态文明家园建设86379户，尤其是农村危房改造率达到100%。

（4）社会事业得到了全面发展。从2009年到2012年70.34万人（次）纳入农村低保户，实现了“应保尽保”，全县新型农村合作医疗保险2012年参合率达到99.23%，从2009年到2012年累计共报销补偿参合农民 68661.92 万元，受益人数达 5360001 人次，不仅给予了相应的医疗保障，减轻了经济负担，还一定程度上遏制了“因病致贫、因病返贫”。城乡居民养老保险参保率为 99.1%，实现了 60 周岁以上老人 100%参保，并累计发放养老金 14356 万元。教育事业得到全面发展，在加大教育基础设施投入的同时，教育事业的各项指标得到了大幅提升，2012 年学前三年幼儿入园率从 2009 年的 11.97%提升到 34.01%，义务教育阶段适龄儿童入学率达到 99.13%，高中毛入学率，从 2009 年的 29.16%，提高到 45.97%。优生优育得到了有效贯彻，呈现出了人口自然增长率和人口出生率“双降”的态势。2012 年与 2009 年相比，人口出生率从 15.66‰下降到 8.21‰，人口自然增长率从 8.56‰下降到 4.14‰，三年少出生人口 4.6 万人，一定程度上遏制了超生而导致贫困的状况。

（5）生态环境治理效果突出。从 2009 年到 2012 年这段时间全县完成人工造林 88 万亩，森林覆盖率从 34.6%提高到了 40.2%，石漠化治理 65.79 平方公里，每年减少土壤侵蚀量 12.34 万吨，整个生态环境面貌得到了有效改善。①

上面简要介绍了威宁县彝族回族苗族自治县在经济发展、扶贫开发、民生工程、环境治理等方面的主要成效，其中还包括社会环境、干部队伍建设等，这里就不做介绍了。总的来说，取得的成绩用国家威宁试点工作协调小组组长、国务院扶贫办主任范小健在威宁考察时作出的结论是最具代表性：“如果我们的扶贫工作都像威宁这样抓，全国贫困地区的发展变化就大有希望。”

三　“攻坚克难”案例

威宁彝族回族苗族自治县作为连片特困地区之一，也是贫困面最大、贫困程度最深、贫困发生率最高的地区，能够取得上述的成效，一些经验和做法是值得总结与运用的，现介绍如下：

案例一，威宁县彝族回族苗族自治县幺站镇的扶贫与开发。

2009 年 9 月一份登载在新华社《国内动态清样》上的对威宁彝族回

① 根据威宁自治县喀斯特地区扶贫开发综合治理试点工作领导小组编《威宁科学发展之路》整理，2013 年 3 月。

族苗族自治县幺站镇新飞村贫困妇女采访的报道，引起了党中央、国务院的高度重视，时任中共中央总书记胡锦涛、国务院总理的温家宝分别进行了批示。在党和国家的关心下，2009 年 10 月中共中央、国务院同意在威宁县开展“喀斯特地区扶贫开发综合治理试点”工作。三年多过去了，2013 年 7 月我们来到幺站镇就扶贫开发工作进行了调研。

1. 幺站镇基本情况。幺站镇位于威宁县南端，距县城 25 公里，东西南北分别与本县金钟镇、麻乍乡、金斗乡、草海镇相接，全镇平均海拔 2115 米，处于亚热带季风湿润气候区，年平均气温 16.5℃，年平均降水量 700 毫米左右，无霜期 280 天，全镇总面积 196.7 平方公里，其中耕地 127367 亩，林地 109648 亩，牧草地 22950 亩。全镇辖 16 个行政村，102 个村民组，全镇共 7864 户，总人口 36579 人，其中农业人口占总人口的 98.25%。境内居住着汉、彝、苗、回、蒙古、白 6 个民族，少数民族占总人口的 13.47%。农业收入占全镇国民总收入的 65%以上。农作物主要有玉米、马铃薯、荞麦、小麦、燕麦等；主要经济作物有烤烟、旱烟、辣椒、芸豆、大蒜、魔芋等。主要经果林有核桃、板栗。经果林面积 0.848 万亩，畜牧业主要有猪、牛、羊等。按照 2008 年 826 元人均收入以下的贫困标准，全镇有 6900 多人，此后，国家将贫困标准不断提升，到 2011 年全镇贫困人口为 7666 人，而 2012 年年末人均年收入在 2300 元以下的贫困户还有 1961 户，5739 人，占全镇总户数的 24.94%，占总人口的 15.69%，与 2008 年相比，尽管贫困线从 826 元提高到 2300 元，但贫困人口却从 6900 多人降至 5739 人，也就是说，尽管贫困线提高了 1474 元，但贫困人口不但没有因贫困线的提高而增加，反而下降。这表明一方面脱贫措施得力，脱贫的基础稳定，已经构建起了稳定增收的机制，只有这样，才会使得脱贫不至于脆弱，不然一旦国家提高贫困线，又陷入贫困状态；另一方面现有贫困人口脱贫难度更大，贫困的程度更深。从而使得脱贫致富力度必须更大，才能有效解决这部分人的贫困问题。

2. 扶贫攻坚的重点：“减贫摘帽”。针对上述所表现的绝对贫困状况情况，幺站镇镇委、镇政府紧紧围绕省委、省政府扶贫攻坚战略和县委高速发展、加快脱贫、推动跨越的总体要求，把扶贫攻坚作为第一民生工程，将“减贫摘帽”作为最紧迫的任务，及时成立了“减贫摘帽”的专门工作领导小组，制定了具体操作的实施方案和措施，展开了面向绝对贫困的攻坚工作。主要有如下措施：

（1）做到“三个确保”。一是确保组织领导到位。成立了镇党委书记为第一组长，镇长为组长，党政班子成员任副组长，成员单位涉及 8 个单位和部门的“减贫摘帽”工作领导小组；二是确保协调到位。建立了“减贫摘帽”工作联席会议制度，积极发挥联席会议牵头议事的作用，定期研究扶贫攻坚有关工作，督查指导各村“减贫摘帽”工作。三是确保责任到位、帮扶到户。镇党委、政府研究制定和实施了一系列约束性制度和工作指标。如《幺站镇扶贫开发“规划到户、责任到人”工作方案》《幺站镇扶贫攻坚“减贫摘帽”工作方案》等，将“减贫摘帽”工作纳入镇目标考核，逐年进行细化、分解，落实责任，在全镇范围内形成了党政领导牵头、单位部门配合、社会参与共同指导扶贫攻坚的工作格局。

（2）加大扶贫投入，加强攻坚力度。一是整合上级和本级财政扶贫资金。为全镇 16 个村落实了核桃、板栗、茶叶、种草养羊（牛）、能繁母猪养殖、养鸡、马铃薯、中药材（板蓝根、金银花）所需资金，同时开展相应的产业技能培训、村级扶贫互助资金等方面工作，投入总资金达 3200 余万元。二是积极引进外来资金，投入到基础设施建设。如利用中央彩票公益金扶贫项目和深圳市对口帮扶办统筹安排了 1235.41 万元用于幺站镇改善基础设施建设、发展社会事业发展，夯实“减贫”的社会基础。三是加大资金整合力度。2009 年以来，累计整合各种渠道扶贫资金共约 1.15 亿元，用于脱贫方面的基础设施、社会事业、农业产业化等方面的建设。

（3）提高劳动人口基本素质，促进劳务输出，加大民生工程力度。围绕市场需求，整合办学资源，多形式开展劳动力转移就业培训工作，努力提高劳动力人口基本素质，促进劳务输出，发展劳务经济。一是开展“订单式”培训，根据用工单位和企业的工种、技术需求，实行“订单式”培训，定向输出；二是“三位一体”培训，由县扶贫办组织农村劳动力，企业招工、培训、就业，企业先招工、培训、安排就业，扶贫办再出资补贴，实行“谁用工、谁培训、谁出资、谁享受补贴”政策；三是实施“雨露计划、圆梦行动”和“雨露计划、助学工程”，开展劳动预备制培训，资助农村贫困子女接受高等学历教育和中等学历教育＋中级职业技能培训；四是加大产业化培训，促进农民工就地转移就业；五是加大社会保障力度，不断改善基础设施建设。

（4）运用贴息杠杆，推动小额贷款扶贫。认真贯彻落实贵州省扶贫办《关于认真做好小额贴息贷款发放工作的通知》精神，切实加强对小额贴息贷款、妇女小额贴息贷款发放工作的组织领导。有280余万元的小额贷款投放到农户手中，成立9个村级扶贫互助社发放借款185万元，及时解决了生产资金紧缺问题，为农户发展家庭经济增产增收奠定了基础。

（5）深化挂帮工作，强化帮扶效果。为推进“减贫摘帽”进程，进一步深化“规划到户、责任到人、帮扶到户”活动，镇党委、政府出台文件，对帮扶到户工作做了明确规定，对计划“减贫摘帽”的农户的挂帮要坚持“不脱贫，不脱钩”，要求镇党委、政府领导，各包村干部联系到户，采取“一帮一”等形式，对每个贫困户根据实际情况落实一个帮扶项目。

（6）完善考核机制，加大考核力度。把扶贫开发工作“减贫摘帽”纳入年度目标考核，将工作结果作为个人年度考核的重要评价依据，对扶贫开发工作不重视、成绩不明显、经济发展缓慢、扶贫发生率上升、群众收入差距大或未按规划完成“减贫摘帽”任务的村和包村干部，当年内不能评先选优，不能提拔重用。除重大自然灾害外，对巩固脱贫成果不力、“摘帽”后出现反弹、贫困发生率不降反升的，将追究有关人员的责任。

3. 取得的成效

（1）经济发展态势良好，全面实现各项经济指标。2012年，财政收入突破260万元，比2011年增加81万元以上，增长31.1%。农民收入稳步增加，2012年人均纯收入预计达到4413元，比2011年的3618.16元增加了794.84元，增长幅度达18%。全镇农村贫困人口不断下降，由2011年的7666人下降到5839人，净减少1827人，贫困发生率从23.2%下降到17.8%。

（2）扎实做好各大项目，财政收入稳步增长。2012年全镇招商引资3800余万元，其中投资1300余万元的田上村水电站已建成投产，投资1500余万元的新飞村大理石加工项目正在进行规划征地过程中。通过强化财税增收责任、优化纳税环境、落实农业“三项政策”、确保应收尽收，实现了财政收入的较快增长，财源建设切实得到加强，2012年第一次突破200万元大关（达260万元）。通过调整支出结构，强化预算约束，实施财政监督，确保了财政资金安全，提高了财政资金使用效益，实现了“保工资，保运转，保稳定，促发展”的目标。

(3) 民生工程有效推进，社会保障得到落实。一是完成农村贫困劳动力转移培训900人，有组织输出420余人，全镇常年外出务工人数达2000余人。二是农村最低生活保障，以解决人民最关心、最直接、最现实的利益问题为重点，完善了农村低保制度，按照应保尽保的原则，将1086户符合条件的农村贫困群众纳入最低生活保障范围，每季度发放低保款达52余万元。敬老院工作进一步规范化，现安置16位五保老人，真正做到衣、食、住、医、葬有保障。三是安居工程有效开展，经省、市、县验收完成2009年以来危改工程2479户，生态文明家园建设1808户，有效改善了农村群众的住房条件。四是新型农村合作医疗保险覆盖面不断扩大，2012年，全镇应参合29173人，实参合28006人，参合率达96%，比2011年提高4个百分点。五是全镇新型农村养老保险应参保14237人，现已参保13244人，参保率达93.03%，应续保5505人，已续保4808人，续保率87.34%。六是通过开展整村推进、项目帮扶、科技支撑、救灾救济、移民搬迁等方式，大力实施“阳光工程”和“雨露计划”。

(4) 基础设施不断改善。一是积极争取人民群众高度关注的九可公路的升级改造。目前已完成招投标，正在放线，很快进场施工；铜厂河大桥改造工程已启动；铜厂河至五嘎10.56公里、老汉地至导洪管21.86公里（包括岔河至大山7.775公里）、新飞至联合5.28公里的通村油路正在建设中。二是中小学教师周转房40套主体已完工，正在进行装修。积极争取在2013年的教师节，周转房和公租房达到108套。新建岔河小学教学楼。积极争取全国五百强民营企业——汇福集团帮扶大树村，先期投资5万元改善水塘小学办学条件。三是积极争取到投资400万元的镇卫生院门诊大楼项目。四是实施中央彩票公益金扶贫项目，共完成串户硬化35152.5平方米，新建通组道路64.217千米，解决了54个村民小组4485户23585人的出行难问题。五是新建小水池199口，完成饮水管道18千米，新建3个集中供水点，解决了3个村12个村民小组1367人的人畜饮水困难；庭院硬化86485平方米，8个行政村2479户环境卫生得到极大的完善。六是投资200万元的新飞村阳方组的扶贫项目正在实施中。

（5）通过“一对一”的责任到人的帮扶，通过不断调整和优化农业产业结构使得农民实现了增产增效。全镇共种植农作物5.49万亩，其中薄膜玉米1.78万亩，土豆种植2.618万亩，荞麦种植0.3万亩；加大经济作物的种植力度，共种植烤烟4150亩，收购烟叶72万斤。同时畜牧发展稳步推进，全镇大牲畜存栏数达0.5万余头（匹）；生猪存栏3.4万头，出栏1.1万头；羊存栏1.122万余只，出栏1244只；鸡禽存栏3.9814万羽，出栏0.7023万羽。经果林种植力度加大，现有核桃6000余亩，板栗800余亩。因地制宜的扶贫措施正在成为农民脱贫、增收致富的保障和基础。[①]

4. 存在的问题及解决的途径

通过上述幺站镇提供的数据结合我们的实际调查，我们认为幺站镇的扶贫开发存在如下问题：

（1）组织领导方面还有待加强。由于整个镇委、镇政府新的领导班子才逐步配齐，整个扶贫工作的开展是在基层尤其是村一级组织建设的调整中进行，上下一心的合力才开始显现，老百姓对政府的信任正在恢复之中，干群关系逐步融洽，这就使得脱贫致富的步伐不如其他乡镇。

（2）开拓创新的精神还有待提高。整个扶贫开发工作的思路基本上仍然沿袭原有的套路，特色不突出，没有形成自身的一套完整的思路与方法。

（3）因农业产业调整，农民还未掌握相应的生产技术和技能，相应的技术指导跟进不足。如个别养殖户因缺乏相应的饲养技能，而导致牲畜死亡的现象，因而对牲畜饲养失去信心。种植经济林木、水果、中药材也一定程度存在这种想象。这虽然在一个村里不算多少，而恰恰正是这部分人最贫困、最需要耐心细致的、诚心诚意的帮扶。

（4）受自然因素的影响，没有形成一定规模的工业企业，使得经济发展和劳动力就地转移后继乏力。

上述存在的问题应该从以下几个方面着手予以解决：

一是加强组织建设，充分发挥党组织的堡垒作用。我国的制度优势就在于党的组织建设，建好一个班子“致富一方百姓”已经被实践所证明。尤其是村组党员的示范带头作用更是决定性因素。因为，在偏远交通不便和文化程度不高的地区，家庭、亲情和家族是社会的基础，这种

① 根据幺站镇人民政府《威宁县幺站镇扶贫工作总结》整理，2013年6月。

示范带头的效应一旦发挥出来，便是具有几何级数的扩散效应。关于这一点，我们认为下面将要介绍的迤那镇的经验是值得借鉴的。

二是要有开拓创新精神。2009 年 9 月温家宝总理的批示为："对各个乡、各个村都要作出科学而具体的规划和措施，并狠抓落实"。可见没有开拓创新精神，即便有了"科学的规划"也难"狠抓落实"，而"狠抓落实"的重点，对于极端贫困地区在"狠"字上。没有开拓创新精神，这个"狠"字就难以落实，按部就班，难有作为，同步进入小康路就很漫长。

三是加大劳务输出和技术指导，发展商贸是幺站镇可持续发展之路。由于幺站镇农业人口占总人口的 98.25%，农业产值低，距离威宁县城只有 25 公里，通过劳务输出，利于威宁县城镇化的集聚效应实现、农业劳动力的转移，实现农民增收；在农业产业结构的调整中，技术指导和支持是决定成败的关键。正如问题中分析的，由于历史的原因，农民靠世代相传而掌握的传统劳动技能，难以适应现代农业发展的需要，没有相应的技术和技能予以支持，现代农业的经济效益是难以获取的。此外，鉴于幺站镇传统就具有商贸的传统，可通过现代物流的进入，全面提升商贸水平，从而实现经济的稳定发展。

总之，我们认为，幺站镇的自然地理条件，难以有效利用工业化发展效应，必须根据自己的实际，走出一条具有自身特色的脱贫致富之道。

案例二，威宁县彝族回族苗族自治县迤那镇脱贫与小康建设实践。

迤那镇位于乌蒙山区腹地的威宁自治西北部，距离县城 74 公里，距离云南省昭通市 48 公里，辖区平均海拔 2140 米，全镇总面积 206.35 平方公里，耕地面积 118037 亩，辖 14 个行政村，95 个村民组，居住着汉族、彝族、回族、苗族等 8 个民族。2012 年年末，全镇总人口 39837 人，其中少数民族 12141 人，占总人口的 30.48%；农业人口 39036 人，占总人口的 97.99%。迤那镇属亚热带季风性湿润气候，年日照时间 1960 小时，无霜期 195 天，年降水量 850 毫升，年平均气温 14℃，盛产玉米、马铃薯、芸豆等粮食作物和烤烟、水果、核桃、白瓜子等经济作物。境内矿藏丰富，主要有煤、铁、锌、石膏；交通便利，102 省道和内昆铁路贯穿全镇 7 个行政村。2009 年 9 月，在国务院扶贫办实施开展"喀斯特地区扶贫开发综合治理试点（2010—2015）"之前，这个近 4 万人的大镇，经济社会发展极为落后，生态环境脆弱，基础设施落后，产业结构单一，群众生活十分困难，全镇 14 个行政村中就有 13 个贫困村，“半年粮食都不够，有女莫嫁遮那郎”的民谣是遮那的真实写照。

1.“四帮四促”与“集团帮扶、整镇推进”显成效。2011 年 1 月 13 日至 15 日，时任贵州省委书记、省人大常委会主任栗战书同志亲临遮那镇开展“四帮四促”活动（“帮助学习领会精神，促进思想统一；帮助理清发展思路，促进科学发展；帮助解决实际问题，促进增比进位；帮助化解矛盾纠纷，促进和谐稳定”）时提出“围绕脱贫这个中心，突出打基础调结构、提素质惠民生、控人口保生态的总体要求，以开发扶贫、生态建设、人口控制为主题，以增加农民收入、加快脱贫致富为核心”的指示，当地制定了“强基础、扶产业、提素质、创机制、探路子”的路子，采取“集团帮扶、整镇推进”（即建立领导挂帮、党建扶贫、部门帮扶的“三位一体”的集团帮扶机制；由单个项目支持向产业化扶贫转变、由一家一户向区域性转变、由撒胡椒面向资金项目相对集中的有效使用转变）的措施开启了扶贫攻坚。

（1）强基础。一是狠抓基础设施建设。结合遮那镇的实际紧紧围绕“治穷先治水，致富先修路”开展。通过发挥“集团帮扶”机制，政府整合资金资源，投资了 2 亿多元，建设水利设施工程项目 12 个，新建了一批“三小”工程（小水池、小水窖和小水塘），从根本上解决了人畜饮水问题。政府投资 8000 多万元，对涉及遮那 134.5 公里的通乡、通村通路进行全面建设和改造，还投资 1750 万元对全镇 14 个村农网进行了集中改造，从而彻底解决了影响发展的制约因素。

（2）扶产业。政府按照“合作组织＋基地＋农户”的产销模式，落实帮扶资金 7000 万元，实施了“七个两万”工程（两万亩玉米高产工程、两万亩优质烤烟工程、两万亩优质马铃薯种薯扩繁基地工程、两万亩经果林种植工程、两万亩以蔬菜中药材为主的特色产业种植工程、两万头生猪出栏工程、两万头牛羊存栏工程），实现了以产业为纽带，统筹规划、整合资源、集中投入、推进连片开发的扶贫开发综合效益。

（3）提高素质。这主要包括三个层次的提升。一是加强队伍建设，提高干部素质。政府构建起了“镇党委＋片区工委＋村（社区）党支部”的领导模式，明确村支两委负责人平均年龄在 35 岁，学历在高中以上，并选派 8 名科技人员到村任第一书记或村委会主任助理，同时，新建村党员活动室13个；另一方面，组织28名村支书、村主任到江苏华西村进行培训，组织36名村干部和致富带头人分别到陕西杨凌、四川成都考察学习，这些措施使得基层干部不但素质提高，而且具有了开拓精神，党的基层建设得到发展，党员的先锋模范和示范作用在扶贫开发中发挥了堡垒作用；二是积极实施全民教育，增加人力资本积累。新建小学3所和遁那第二中学，新建文化服务中心300平米，农家书屋10个和一批文化广场；三是积极开展职业培训教育，为劳动力转移服务。新建了遁那农民转移就业职业技能培训基地2个，举办蔬菜、养殖、果树栽培等专场培训10多期，并先后对5600多名农民进行了技能培训和劳动力转移培训，为扶贫开发储备了劳动力资源。

(4) 保民生。着力实施“三大民生”工程。包括农村危房改造整镇推进工程，改造危房2133户，改造率为100%，并按黔北风格对5500多户农民土坯房、农家小院进行维修改造，使得农民的生活居住条件发生了翻天覆地的变化；在中央和地方财政转移制度的扶持下，全面推行新型农村养老保险制度和新型农村合作医疗保险制度参保、参合率均在99%以上；全面实施农村最低生活保障制度，实现了“应保尽保”，构筑起了反贫困的坚强堡垒。

(5) 创机制。不断创新开发实践新机制。主要有：一是建立干部挂牌帮扶机制，做到“一户扶贫对象有一名干部帮扶，有一项帮扶措施”，全县组织了167名干部实施这种“1对1”的挂牌帮扶。二是建立科技、金融配套服务机制。组织专家技术人员指导玉米、马铃薯高产创建基地、蔬菜基地的建设，并通过贵州省农村信用合作社以实施“诚信农民”为主题，按照项目实施贷款。政府每年用于产业发展、新农村建设的资金高达5000多万元。三是建立扶贫产业开发和人才保障机制。选派18名大学志愿者、17名技术人才驻村帮助工作。四是建立领导责任、沟通协调督促检查机制。一方面省、县党建扶贫工作队与遁那镇党委、政府建立会议联系、信息交流、沟通协商制度，每月一次联系会，督查活动，强化了扶贫项目的执行和落实力；另一方面县委、县政府成立遁那项目申报实施工作小组，加强对产业开发和项目建设工作的协调领导。四是围绕扶贫开发建立发挥党组织和党员作用的“双考双评双挂钩”（即本职工作与帮扶工作一起考核、一起评价、一起兑现绩效）的绩效考核新机制，激发了干部群众脱贫致富的信心和干劲。

(6) 探路子。不断探索扶贫开发的新路子。如实行了“市场调节＋龙头带动＋基地示范＋科技投入＋农民主体”的“五位一体”的产业化经营开发模式、“一乡（镇）一特、一乡（镇）一业、一村一品”的产业格局，按照“公司＋合作社＋基地＋农户”模式构建示范基地、实施了“劳动力＋培训＋公司或基地”的“1＋1＋1”的劳动转移模式等。

2. 取得的成效。通过上述措施及对策，到2012年迤那的经济社会发展走出了贫困之路，取得了历史性的成效。表现为：2012年年末，迤那镇实现生产总值38070.2万元，比2010年增长171.33％；人均生产总值达9490元，比2010年增长158.58％；财政收入达1605.7万元，比2010年增长98.17％；完成固定资产投资51446.91万元，比2010年增长514.29％；社会消费品零售总额达8835万元，比2010年增长282.47％；贷款余额为6150万元，比2010年增长82.44％；存款余额为9950万元，比2010年增长114.67％；农民人均纯收入达5795元，比2010年增长89.19％；城镇居民人均可支配收入达18022元，比2010年增长89.71％。按照国家原来人均纯收入低于1196元的贫困标准，迤那镇2011年年末率先在全省实现“减贫摘帽”目标。

3. 脱贫致富奔小康。走出贫困之路的迤那镇，已经规划出与全国同步全面建成小康社会的蓝图。

2013年至2020年，努力实现人均生产总值年均增长22％以上，城镇居民人均可支配收入年均增长8％以上，农民人均纯收入年均增长10％以上。

到2016年，全镇人均生产总值达到22610元、城镇居民人均可支配收入达到24740元、农民人均纯收入达到8630元，发展基础较好的五星、合心、中心、中海、莲花五个村率先达到小康标准，全面小康实现程度达35.71％；

到2017年，全镇人均生产总值达到27585元、城镇居民人均可支配收入达到26965元、农民人均纯收入达到9490元，发展基础较薄弱的双营、茨营、新田、乡民四个村达到小康标准，全面小康实现程度达64.29％；

到2018年，全镇人均生产总值达到33650元、城镇居民人均可支配收入达到28850元、农民人均纯收入达到10340元，发展基础最薄弱的水塘、文昌、青山、大山、樱桃五个村达到小康标准，全面小康实现程度达97.5％；

到2020年，全镇人均生产总值达到46460元、城镇居民人均可支配收入达到39340元、农民人均纯收入达到12400元，力争全镇各项核心指标达到全面小康标准，与全省、全国同步全面建成小康社会。为了实现上述目标，采取如下保障措施：

（1）加强领导，明确责任，强化监督。为确保同步全面小康工作顺利实施，成立以镇党委书记任组长的同步全面建成小康社会工作领导小组，抽调思想素质高、业务能力强的人员专职负责具体业务工作，力争小康创建队伍政治过硬、业务精通、作风正派，保持奋发进取的精神状态，确保工作得以顺利实施。主要领导负责对小康创建工作进行安排和部署，做好监督管理工作；常务副组长和副组长负责制定小康创建工作绩效考核机制，并实施考核；各成员具体负责各项工作的落实、材料的收集、数据的整理、信息的上报等工作。

（2）不断提升镇域综合经济实力。主要包括：第一，全力打好“工业强镇”攻坚战，实施工业强镇战略。坚持打好“工业强镇”攻坚、“招商引资”攻坚和新一轮“减贫摘帽”三大攻坚战，坚持把迤那镇打造成工业强镇，按照“工业为突破，招商为重点，项目为抓手”的要求，一是做大做强返乡农民工创业产业，以品质提升为导向，着力培育迤那农民工产业品牌。二是依托煤炭资源，夯实煤炭基础，尽快实现茨营煤矿的整合、开采，合理规划布局以采石场为重点的建材市场。三是依托马铃薯资源，建设马铃薯加工厂，并提升产品附加值。四是依托中药材等产业，建立特色农产品加工厂。2013年努力实现地区生产总值4.6亿元，增长20%以上；财政收入达到2000万元，增长25%以上；完成固定资产投资6.9亿元，增长35%以上；城镇居民人均可支配收入达到19600元，增长25%以上；招商引资到位资金1.1亿元，增长20%以上；农民人均纯收入达到6400元，净增600元以上。力争到2018年，各项经济指标达到全面建成小康的标准。第二，进一步完善基础设施建设，提升发展环境和城镇品质。一是加快特色示范小城镇建设进程，加强基本农田保护，杜绝乱搭滥建；二是完善农贸市场、客运站、集镇供水、人畜饮水、农网改造、教育设施、污水处理厂、公厕等基础设施；三是加强农村公路建设，力争组组通公路，着力公路养护，确保公路畅通；四是建设“经济发展、文化繁荣、素质提升、风气文明”的特色生态小城镇，确保到2018年全镇城镇化率达50%以上，城镇人口达2万人以上，实现人均居住面积35平方米以上，镇区绿化率达30%以上。第三，全面发动全民招商，依托项目助推经济新跨越。进一步完善招商引资政策，强化招商引资意识，提高招商引资能力，2013 年力争实现招商引资到位资金 1.1 亿元以上。充分发挥政府职能，为招商提供良好的制度环境，加大政策招商工作力度，采取多渠道、多途径招商。集中全力抓招商意向转化、协议升级、合同履约、资金落地，确保完成任务目标。在 2018 年之前将迤那打造成全省最具活力、最有生机、最富商机的经济高地之一。第四，大力夯实现代农业基础，促进城乡一体化发展。切实加大农业基础设施投入力度，加快水利设施建设项目实施工作；完善农业服务体系，积极完善各类专业合作组织，提高农民组织化程度；完善农村金融体系，提高金融服务“三农”的能力。抓住烤烟产业的主体地位不动摇，不断培育新烟农，扩大种植面积，改善土地环境，合理规划，科学种植，提高烟叶产量和质量，2013 年力争实现全镇烤烟产量达到 6 万担以上，产值 6000 万元以上，人均烤烟收入 1500 元以上；力争到 2016 年成为一个高标准、高规格的烤烟专业镇、产业镇。大力发展特色农业，促进农民增收。一是发展壮大种草养畜，种草养羊规模，逐步向规模化、专业化发展，并力争每个村形成 1—2 个规模化养殖小区；二是加大中药材种植力度，扩大中药材种植面积；三是逐步扩大优质马铃薯种植面积，归马铃薯种植基地管理；四是加大经果林（核桃、苹果）种植和管护力度，创造农民增收新支点；五是进一步加强反季节蔬菜基地建设；六是继续推进玉米种植等传统产业发展，确保粮食安全。通过现代化农业的推进，实现城乡一体化发展，到 2018 年实现农民整体达到小康水平的目标。第五，加强项目建设和管理，保障发展后劲。充分依托迤那镇煤矿资源开发，烤烟、马铃薯、玉米等特色农产品种植和加工；党参、板蓝根等中草药种植与加工等发展优势，从民生和社会事业、农业农村、科技创新、能源交通、城镇建设、生态环保、资源节约、防灾减灾等方面加快大项目编制。积极向上争取项目，科学确定投资规模、布局和建设时序，不遗余力向上争取国家和省、市、县投资项目，对外引进项目。加快完善重点项目建设用地、资金等供给的联动机制，强化重点项目实施保障。建立和完善项目咨询决策、执行、监督和责任追究体系，确保项目快落地、快推进、快完成、快见效。到 2018 年，固定资产投资翻一番，支撑加快发展的基础设施大项目全面竣工。

（3）努力改善和保障民生，提高人民群众生活水平。第一是卫生、计生工作持续推进。继续深化医药卫生体制改革，改善医疗卫生服务条件，提升医疗卫生服务质量，健全覆盖镇、村两级的医疗服务网络。加大镇、村卫生疾病防疫工作，预防重大传染病的发生。注重镇卫生院、村卫生室两级医疗机构的规范管理，完善新型农村合作医疗补偿制度，力争到2018年卫生发展指数达100%；加大人口与计划生育法律法规宣传力度，严格执行党和国家现行的计划生育政策，强化优质服务，提升服务水平，努力实现“一升双降”目标。继续抓好“村为主”管理，严格实行责任追究，继续推行“党政领导联系村、干部职工包保组、村干部管理户”的计生工作模式，确保符合政策生育率达96%以上，人口出生率控制在9.5‰以内，自然增长率控制在5‰以内，到2018年实现“少生快富”工程各项指标任务。第二是办好人民满意的教育。继续深化教育教学改革，巩固“两基”和“普实”成果，普及三年免费中职教育，扎实推进教育“9＋3”计划。加强对学校及教师队伍的管理与培训，提高教学质量，努力办好人民满意的教育。一是抓好教师培训工作，提高教师素质，强化教师以德育人、以绩服人；二是抓好学校营养餐管理，让学生吃得放心；三是切实解决适龄儿童“入园难”、“学前难”问题，加大幼儿教育力度，创新幼儿教育方法，培育幼儿生活习惯，注重幼儿智力开发；四是加大对贫困学生的帮扶帮困作用，民政、财政等部门要把帮扶贫困生纳入工作议事日程，绝不能有一个学生因贫困而上不起学；五是狠抓“控辍保学”和普及三年免费中职教育，到2018年达到小学零辍学率，初中零辍学率，实现整班交接目标，100%的初中毕业生全部升入高中阶段学习，人均受教育年限达到9年以上。第三是加速推进社会保障事业。切实加强社会保障力度，继续加大对新型农村养老保险、新型农村合作医疗等相关政策的宣传，号召全镇人民积极参合、参保，实现新农合、新农保全覆盖，对年满60周岁人员的养老金足额按月发放到位。到2016年实现新农保、新农合覆盖率达100%。第四是继续推进民政工作，加速新一轮“减贫摘帽”。完善弱势群体最低生活保障制度和医疗救助制度，切实做到“应保尽保、应退则退”。及时公开临时救助，确保镇村特困家庭基本生活水平稳步提高；进一步加快新一轮“减贫摘帽”步伐，到2018年达到“无人需保”、“无人需扶”的目标任务。第五是全力打好“生态移民”攻坚战。生态移民工程是迤那镇2013年至2015年工作的一个重头戏，要始终以群众满意为标准，积极争取落实已申报的400

户生态移民项目工程。项目落地后，要充分发挥村党支部的作用，切实做好社会保障、计划生育、矛盾化解等各项工作，确保移民安置点经济发展、环境优美、村民和谐；移民安置点建成后，要有针对性地开展实用技术培训，确保移民群众发展有基础、增收有保障、致富有路子。力争到2015年年末实现生态移民搬迁安置工程全部完成，并实现移民“搬得出，住得起、稳得住，逐步能致富”的目标任务。第六是全面改善交通、供水、通信、保障性住房等基础设施建设。着重发展通组联户路建设，重视交通客运覆盖范围，到2018年，实现通组联户路达100%，并实现村村通集镇到村客运车辆；加强教师和医疗卫生服务人员“公租房”、学生宿舍等保障性用房的建设和管理，到2018年实现迤那镇所辖各中小学教师公租房、学生宿舍全部建设完工；继续深入实施贵州省水利建设、生态建设、石漠化综合治理，重点解决城镇供水设施和受旱严重地区、边远缺水山区、农村学校等安全饮水工程问题，到2018年实现所有村组、集镇街道安全饮水全覆盖；加快农村电网升级改造，到2018年，实现村组、自然村寨、散居农户农网改造全覆盖，镇村各类用电同网同价；加快乡村移动通讯网、广播电视网、互联网“三网融合”信息基础设施建设，整合农村党员干部现代远程教育工程，到2016年实现“村村通宽带、组组能上网、村村都建信息站”等农村信息化目标，全面提高城镇信息化水平。

(4) 大力开展文化建设，提高人民群众的科学文化水平和素质。一方面，狠抓文化阵地建设。规范文化活动室、老年活动中心、火车站站前广场等工程建设；抓好生态公园、农家书屋、农民健身场地建设，推进公共文化体育设施建设；加快实施广播电视户户通工程等文化惠民工程，推进全镇文化信息资源共享。到2016年，全面实现村村有文化活动室、农民文化家园、农民健身场所、村民文体活动小广场等公共文化服务设施，广播电视全覆盖，实现“村村通”、“户户通”。另一方面，狠抓精神文明建设。坚持用党的理论创新成果武装党员、教育群众，用民族精神、贵州精神、威宁精神和迤那精神凝聚力量、激发活力，倡导爱国主义、集体主义、社会主义思想，加强理想信念和形势政策宣传教育，不断增强加快发展、后发赶超的信心和力量。加强公民道德建设实施纲要宣传教育，深入开展评选表彰道德模范、学习宣传先进典型等活动，广泛开展“五心教育”、“春晖行动”等活动；扎实推进“整脏治乱”专项行动和创建卫生文明镇活动；深化“四在农家”创建，到2020年实现全覆盖，不断培养人民群众高尚的道德情操和文明向上的生活行为。

（5）加快民主政治建设，全面建成人民满意的政府。一是加强政府自身建设。常怀敬民之心，勤思富民之策，继续坚持“问政于民、问需于民、问计于民”，真正深入到群众中去察民情、听民意、解民忧，做到依法行政、科学执政、勤勉理政、从严治政、廉洁从政。坚持解放思想、坚持依法行政、坚持兑现承诺、坚持改进作风、坚持转变职能、坚持勤廉执政，到2018年真正成为发展型政府、创新型政府、法治型政府、诚信型政府、绩效型政府、服务型政府和廉洁型政府，使人民群众对政府的满意度达100%。二是推动民主政治建设。坚持党的领导、人民代表大会制度、人民民主专政和依法治国的有机统一，保障和支持人大充分发挥其积极作用。到2016年，全面推行重大决策公示制度和听证制度。建立健全决策责任机制、决策信息反馈机制和决策评估机制，增强政府的法制意识和服务意识，全面提升政府的执行力和公信力。积极开展“村官民评”、“村务公开”、“村事公示”等活动，依法保障民权，到2018年，全镇民主自治建设完善率达到90%以上。加强人民武装、统一战线和民族宗教工作，加快少数民族聚居村经济社会发展，到2018年，全镇团结和睦指数达到90%以上。支持镇工会、共青团、妇联等人民团体依法遵章开展工作。三是切实抓好政法工作，助推依法治镇建设。加强社会管理综合治理，坚持打防结合、预防为主、专群结合、依靠群众，健全一体化的社会治安防控体系。严厉打击“黄赌毒”等社会丑恶现象，持续开展“两抢一盗、涉黑涉恶、毒品犯罪”等专项打击行动，完善“重点区域、行业排查”整治长效机制，持续提升人民群众的安全感。确保到2016年，进一步加强“党委领导、政府负责、社会协同、公众参与”社会管理新格局，不断完善社会矛盾纠纷调处机制、利益协调机制、群众诉求表达机制、干部社会调查制度和预警与应急处置机制。加强人口管理，有效推进特殊人群管理，全面推广“以证管人、以房管人、以业管人”的流动人口管理模式。认真落实安全生产责任制，加大对道路交通、煤矿、非煤矿山、危险物品、烟花爆竹、建筑施工、食品药品、森林、消防、学校等重点行业和领域的安全监管。深入开展“六五”、“七五”普法，2016年，实现“依法治镇”创建目标。

（6）加强生态文明建设和加大环境保护力度。大力开展石漠化综合治理，着力实施好天然林、天保林、特色林、退耕还林等林业重点工程，大力恢复植被、增加森林面积，统筹推进城乡绿化全面协调发展，到2018年，全乡森林覆盖率达55%以上，到2018年建成农村“清洁家园、清洁田园、清洁水源”工程；大力开展生态农业工程建设，实现农民增收和农业的可持续发展；坚持走新型工业化路子，合理开发利用自然生态资源，加快产业结构调整步伐，大力改造提升传统产业，积极发展循环经济。

大力实施以空气污染防治、水污染防治、工业污染防治为重点的“天蓝、水碧、地净”工程，加强环境保护能力建设，健全环境保护的长效管理机制。加大生态镇、生态村创建力度，建立废弃物分类回收和利用体系，到2014年完成街道垃圾无害化处理场建设。到2018年，全镇城镇环境空气质量达标率达100%，集中式饮用水源地水质达标率达100%，生活垃圾无害化处理率达40%以上。

(7) 着力加强和改进党的建设，永葆党的先进性、纯洁性，为同步全面小康提供坚强的组织保证。以“建和谐班子、带过硬队伍、兴务实作风、促科学发展、助同步小康”为目标，把基层党组织建设成发展型、学习型、民主型、创新型、实干型、廉洁型的战斗堡垒，努力为提前实现全面建成小康社会提供坚强组织保证。

一是着力加强干部队伍建设，以实施稳定一批骨干力量、发展一批新生力量、培养一批后备干部“三个一批”，优化调整村干部队伍，建强村支“两委”班子，提升村级基层组织的凝聚力、战斗力、执行力。

二是着力加大农村经纪人队伍的培育力度，大力发展专业合作社，通过“支部+合作社+基地+农户”方式，鼓励能人党员领办、创办农村专业合作社，切实提高农村专业合作社的覆盖率和带动力；充分发挥典型引路、示范带动的作用，认真创建一批不同规模、不同类型的党员创业带富示范服务基地；深入实施“双培双带”工程，增强农村党员队伍的整体“带富”能力；注重在大学生村官、大中专毕业生、复员退伍军人、优秀返乡农民工中培养党员致富带头人，不断扩大党员创业带富工程主体。

三是全面深入贯彻落实党的十八大精神，围绕党的先进性和纯洁性建设这条主线，以强制度、重服务为重点，努力提高党风廉政建设工作的科学化水平。注重完善制度，推进反腐倡廉建设，切实把制度建设作为一项重大而紧迫的战略任务来落实，进一步建立健全督办机制和制度，执行问责机制，确保反腐倡廉建设落到实处。注重增强服务能力，加强党的作风建设，高度重视围绕如何更好地服务群众、服务基层、服务发展这一重大问题，以思想教育、集中整顿、严肃纪律为抓手，进一步拓展内容、提升手段、完善载体，深入推进作风建设，建立健全作风建设长效机制，努力在作风和效能建设上实现再突破、再提升，进一步优化经济社会发展环境。

(8) 实施以点带线、以线带面的示范工程建设。通过几年的努力，到 2016 年，将迤那镇莲花村、五星村、合心村、中海村、中心村打造成小康创建示范村，为迤那镇全面建成小康社会树立样板，带动其余各村的全面小康建设，形成“你追我赶”，与全省、全国同步全面建成小康社会的良好发展格局。①

从上述两个案例可以看出自然地理的差异是不可比的，但为何一个镇是“稳步推进，常规路，脱贫小康路慢慢”，而另一个镇是“红红火火，万马奔腾奔小康”，相比之下，笔者认为还是人为因素，没有将我国改革开放以来的制度优势充分发挥出来，也就是说没有通过组织建设将广大党员的先锋模范作用发挥出来。正如毛泽东同志所说“路线方针正确了，人的因素是第一位的”。

第三节　贵州医疗保障发展状况

一　贵州省居民健康总体状况

国际上通常用期望寿命、婴儿死亡率和孕产妇死亡率这三个指标来衡量一个国家（地区）的国民健康状况。由于统计口径的不同，这里使用孕产妇死亡率、新生婴儿死亡率和 5 岁以下儿童死亡率来衡量贵州居民健康状况。根据统计资料，1992 年以来孕产妇死亡率、新生婴儿死亡率和 5 岁以下儿童死亡率整体保持下降趋势，偶有小幅度反弹。其中，孕产妇死亡率降幅最大，下降幅度高达 87.19%。同时期，新生婴儿死亡率和 5 岁以下儿童死亡率的下降幅度为 82.44%和 74.59%，这说明二十几年来贵州省妇幼保健水平有了很大提高。值得注意的是，在 1993—

① 资料来源：威宁自治县喀斯特地区扶贫开发综合治理试点工作领导小组编《威宁科学发展之路》2013 年 3 月，马祥宏《威宁县迤那镇创建同步全面小康社会工作汇报》2013 年 8 月。

2002 年期间，孕产妇死亡率、新生婴儿死亡率和 5 岁以下儿童死亡率分别降低了 45.78％、40.51％和 37.19％；而在 2003—2012 年期间相应分别降低了 72.05％、65.78％和 63.88％。最近十年比上一个十年下降速度分别快了 1.57 倍、1.62 倍和 1.72 倍，这很大程度上得益于同时期“三项”基本医疗保险制度的建立完善。

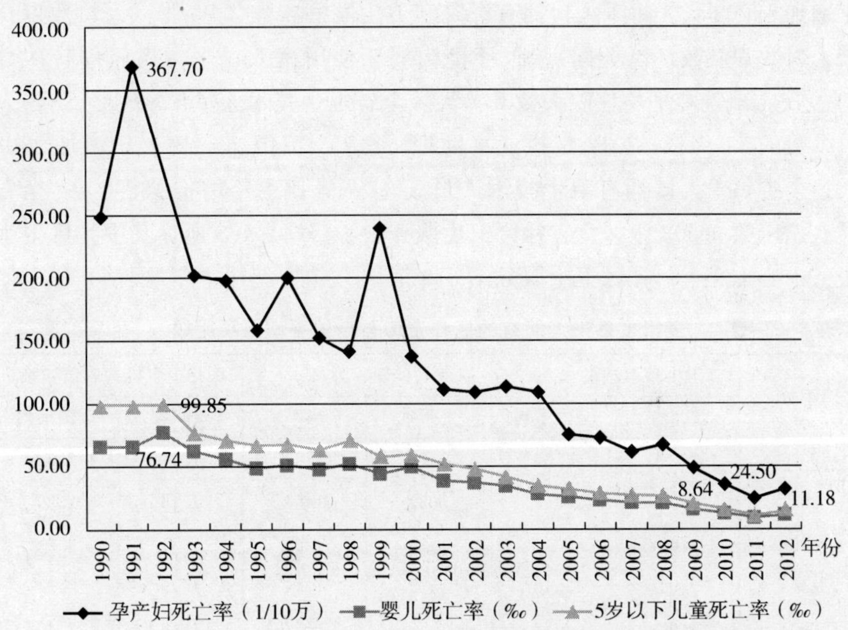

图 6—3—1　1990—2012 年贵州省居民健康指标

资料来源：根据《贵州六十年》《贵州省 2011 年卫生事业发展情况简报》《贵州省妇女发展规划（2011—2015 年）》《贵州省儿童发展规划（2011—2015 年）》自行整理。

但是与国内东部发达省份相比，贵州省居民健康水平还有待提高。以江苏省为例，2011 年江苏省孕产妇死亡率为 6.00/10 万、婴儿死亡率为 4.04‰[①]，而同时期贵州省的孕产妇死亡率为 24.5/10 万、婴儿死亡率为 8.64‰[②]。由此可见，虽然贵州省居民身体素质较以前有很大改善，但与国内发达省份相比还有很大差距。

---

① 《江苏省卫生年鉴》编辑部：《江苏卫生年鉴（2012）》，2012 年 7 月，第 6 页。

② 《贵州省 2011 年卫生事业发展情况简报》，http：//www.gzwst.gov.cn/front/web/showDetail/3149，2014 年 1 月 2 日。

二 贵州省医疗资源总体状况

随着经济发展水平的提高，贵州省医疗资源总量不断增加，但人均医疗资源拥有量增长缓慢。截至2012年，贵州省共有卫生机构5934所（不含村卫生室），与上年相比增加251所。全省卫生机构床位数136542张，比上年增加19008张。每千人口拥有医院和卫生院病床数3.05张（人口数以户籍人口数为基数，以下同），医疗机构病床使用率83.2%，病床周转次数43.2次，出院者平均住院天数6.7天。全省卫生技术人员128049人，占人员总数的83.91%；2012年执业（助理）医师47745人，比上年增加3708人；全省每千人口拥有卫生技术人员3.01人，比上年增长13.58%。全省共有病床数96502张，全省社区卫生服务中心（站）468所，其中社区卫生服务中心139个，社区卫生服务站329个。①

表6—3—1　贵州省每千人拥有的医疗资源与全国平均水平比较

年份	卫生技术人员（人）		执业（助理）医师（人）		医疗卫生机构床位（张）	
	贵州省	全国平均	贵州省	全国平均	贵州省	全国平均
2000	2.29	3.63	1.22	1.68	1.48	2.38
2001	2.28	3.62	1.23	1.69	1.48	2.39
2002	2.09	3.41	1.13	1.47	1.51	2.32
2003	2.01	3.48	1.12	1.54	1.49	2.34
2004	1.96	3.53	1.22	1.57	1.49	2.40
2005	2.11	3.57	1.06	1.60	1.59	2.45
2006	2.10	3.66	1.05	1.63	1.69	2.70
2007	2.14	3.76	0.95	1.62	1.99	2.63
2008	2.21	3.92	0.96	1.67	2.06	2.84
2009	2.37	4.15	1.01	1.75	2.38	3.06
2010	2.48	4.37	1.04	1.79	2.51	3.27
2011	2.68	4.58	1.07	1.82	2.77	3.50
2012	3.01	—	—	—	3.01	—

数据来源：贵州省：2000—2004年来自《贵州六十年》，2005—2012年来自《贵州省2011年卫生事业发展情况简报》《2013贵州省统计年鉴》；全国平均水平：2006年、2010年和2012年《中国卫生统计年鉴》。

① 2012年贵州省省卫生机构基本情况，http：//www.gzwst.gov.cn/front/web/showDetail/3153。

从表6—3—1可以看出，进入21世纪，尽管随着贵州经济社会发展，从纵向上看医疗资源不断得到改善，但变化的幅度不大，而且不仅低于全国平均水平，差距也在逐步拉大。如每千人拥有的卫生技术人员，2000年时低于全国平均水平1.34，到了2011年却低于1.9；人均拥有执业医师2000年的差距为0.46，但到了2011年却为0.75；只有医疗卫生机构每千人拥有的床位这一指标差距在缩小，2000年为0.9，到了2011年为0.83，差距仅有0.07，其原因主要是随着新型农村合作医疗保险制度的普遍实施，加大了农村乡镇卫生院基础设施的建设，使得农村基层卫生院的医疗卫生技术条件得到了根本性的改变。但由于条件艰苦，因此，专业人才匮乏，所以，在医疗资源指标中，卫生技术人员和执业（助理）医师两项指标难以得到改善。关于这一点我们在第三章中就已分析并证明过。

三　贵州医疗保障支出水平

在相关统计资料中，有关医疗卫生支出主要是按照支出主体进行划分的。有三个组成部分：一是财政医疗卫生支出。2007年之前，“医疗卫生”并没有在财政支出项目中单独列出，而是包含在“文教卫生事业费”之中。在2007年之后，“医疗卫生”在财政支出项目中单独列出，这也从侧面说明随着我国市场经济的日益发展，公共财政支出比例越来越大，服务型政府的构建在医疗卫生方面投入和转移支付比例增大；二是“三项”医疗保险基金支出。2009年，贵州省才开始全面启动城镇居民基本医疗保险，时间较短。因此，这里主要考察城镇职工基本医疗保险基金和新型农村合作医疗保险基金的支出情况；三是个人医疗保健支出。在统计年鉴中，仅能找到城镇和农村人均医疗保健支出这一项。因此，下文仅将此项作为考察个人医疗卫生的支出情况。

（一）财政医疗卫生支出

2012年贵州省财政支出2755.68亿元，其中医疗卫生支出201.05亿元，占财政支出的7.3%。从绝对数量上看，在2007—2012年这6年间，财政支出增长了3.46倍；同时期，财政医疗卫生支出增长了4.12倍。可见，医疗卫生支出增长的幅度较大。但是，从历年医疗卫生支出占财政支出的比重来看，只有微微上升，最高比重也没有超过8%。

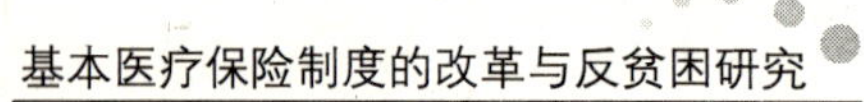

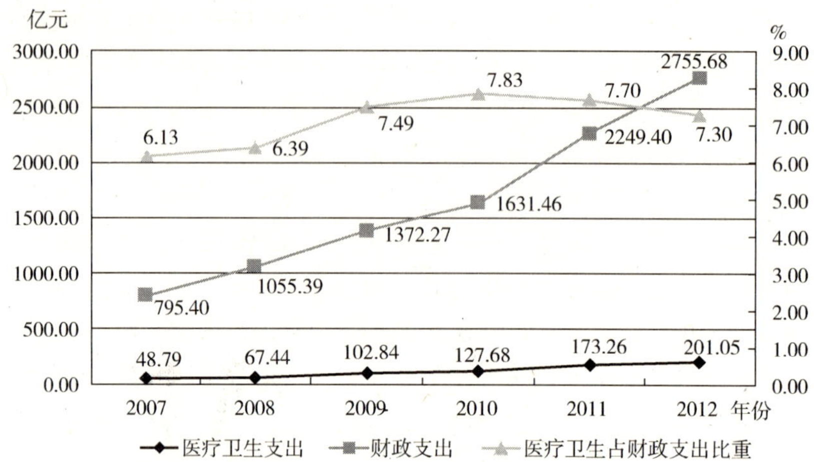

图 6—3—2　贵州省财政支出与医疗卫生支出占财政支出的比重

资料来源：据《2013 贵州省统计年鉴》自行整理。

（二）医疗保险基金支出状况

在“三项”基本医疗保险制度尚未建立之前，医疗保险基金特指国家为保障职工的基本医疗，由医疗保险经办机构按国家有关规定，向单位和个人筹集用于职工基本医疗保险的专项基金。基本医疗保险基金包括社会统筹基金和个人账户两部分，由用人单位和职工个人按一定比例共同缴纳。在“三项”基本医疗保险制度建立之后，医疗保险基金分为城镇职工医疗保险基金、新型农村合作医疗保险基金和城镇居民医疗保险基金三部分。有关“三项”基本医疗保险基金的筹集、管理、支出等事项在前文已做了详细叙述，这里主要利用相关统计资料，考察“三项”基本医疗保险基金的支出变化情况。

城镇居民基本医疗保险起步晚，关于基金支出统计数据较少，这里不做考察。作为建立时间最早的城镇职工基本医疗保险：2002—2012 年期间，城镇职工基本医疗保险基金的增长率依次为：53.67%、21.24%、16.54%、14.94%、12.75%、12.48%、13.28%、13.99%、13.07%、12.83%、14.26%。在城镇职工医疗保险初期，医疗保险基金支出迅速增长，说明多数职工已经参加且享受了城镇职工基本医疗保险，在随后的几年，医疗保险基金支出都保持平稳增长。从医疗保险基金支出绝对数额来看，2012 年是 2002 年的 37.58 倍。城镇职工基本医疗保险对于保障企业职工的医疗服务起到了巨大的作用。

关于新型农村合作医疗保险基金的统计从2004年开始。与城镇职工基本医疗保险基金支出相类似，新农合医疗保险基金支出在初期迅速增长，然后保持较为平稳的增长状态。从基金支出的绝对数额来看，2011年新农合基金支出金额是2002年的23.54倍。

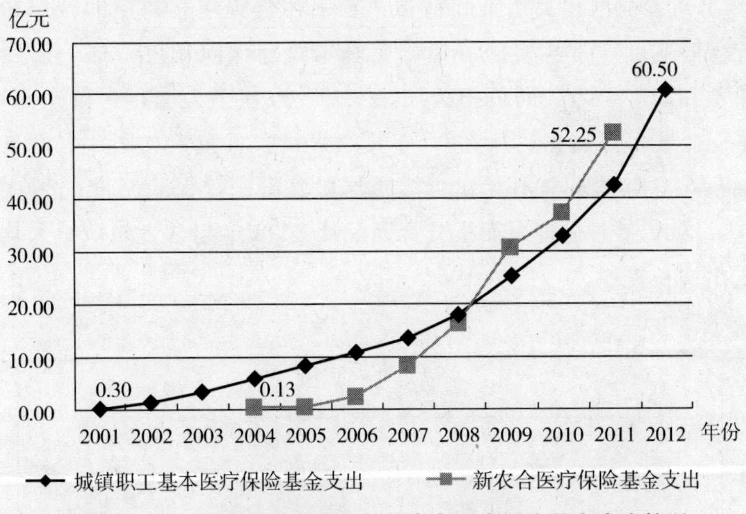

图6—3—3　贵州省城镇职工与新农合医疗保险基金支出情况

资料来源：《贵州六十年》《2008贵州省统计年鉴》《2013贵州省统计年鉴》。

（三）个人医疗保健支出状况

在统计年鉴中有“城镇居民人均医疗保健支出”和“农村居民人均医疗保健支出”两项指标，因此，下文利用这二者分别考察城镇和农村个人医疗卫生的支出状况。图6—3—4显示，贵州省城镇人均医疗保健支出总体呈增长趋势。究其原因，一方面随着经济收入的增加，生活质量的提高，人们越来越重视健康问题；另一方面，从1999年开始，“三项”基本医疗保险制度逐步建立，医疗保险基金的筹集要求参保人承担一部分责任，致使个人医疗保健费用支出增加。

1978年贵州省城镇居民人均医疗保健支出仅为1.11元，而到2012年支出达到654.53元，2012年是1978年的589.67倍。相比之下，城镇居民人均消费支出的增长要缓慢得多，1978年贵州省城镇人均消费性支出为246.53元，2012年增长到12585.70元，2012年比1978年增长了51.05倍。此外，城镇居民人均医疗保健支出占消费支出的比重也在逐年提高，从1978年的0.5%提高到2005年的6.5%，之后又有所下降，但总体呈上升趋势。说明随着城镇居民经济收入逐渐提高、生活水平不断改善的同时，人们对医疗保健方面的支出也逐渐提高，更加关注健康问题。

医疗保健费用支出增长与社会医疗保险制度的建立具有较强的关系。1999 年贵州省根据相关政策和精神，着手在全省建立新型的城镇职工基本医疗保险制度，正式实施城镇职工基本医疗保险制度，这一制度要求用人单位和职工个人共同负担医疗保险费，致使个人医疗保健支出增加。从图 6—3—4 可以看出，从 2000 年开始贵州省城镇人均医疗保健支出明显增加，2007 年贵州省开始试点城镇居民基本医疗保险制度，2008 年扩大试点，2009 年在全省全面推开，因此从 2008 年起，贵州城镇人均医疗保健支出增长较快。

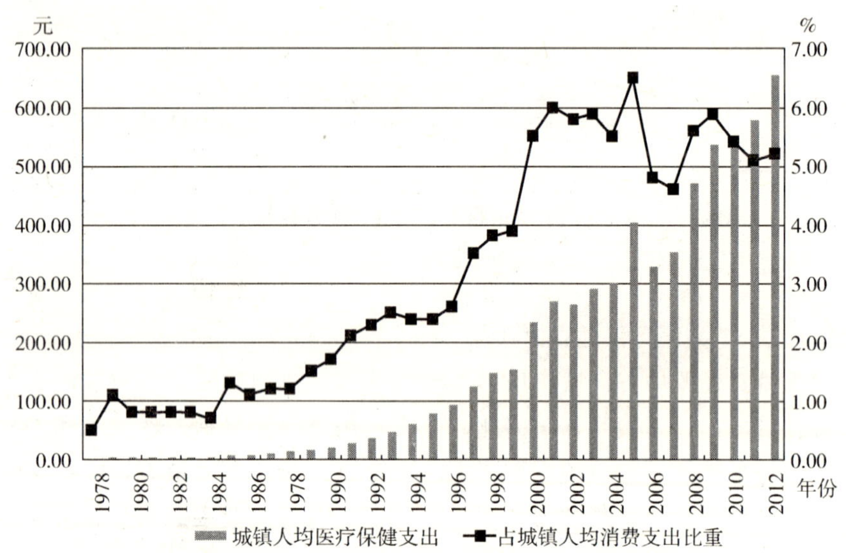

图 6—3—4　贵州省城镇人均医疗保健支出及其占人均消费支出的比重

资料来源：《贵州六十年》《2011—2013 年贵州省统计年鉴》。

相比城镇而言，贵州省农村人均医疗保健支出绝对数要少得多，支出比重总体上也要低一些，但近年来支出比重提高的趋势非常明显，甚至比城镇还高。1978 年农村人均医疗保健支出 1.63 元，到 2012 年人均支出增加到 282.51 元，人均医疗保健支出占农村人均消费支出的比重从 1978 年的 1.3％提高到 2012 年的 7.1％。从 2003 年开始，贵州农村开始了新型农村合作医疗制度的试点，所以农村人均医疗保健支出的绝对量和比重都迅速提升；到2007年，贵州省88个县（市、区）全部普及新型农村合作医疗制度，有2608.70万农民参加合作医疗，参合率达84.9%；2013年，全省参合农民人数达3213.95万人，参合率达98.72%[①]。随着参合人数增加，农村人均医疗保健支出也随之迅速增长，同时，医疗保健支出占比也快速上升。这一方面反映了新型农村合作医疗制度在农村取得了成功，大量农村居民自愿参与；另一方面也反映了农村居民随着收入提高，愿意且有能力增加健康保健方面的投入。

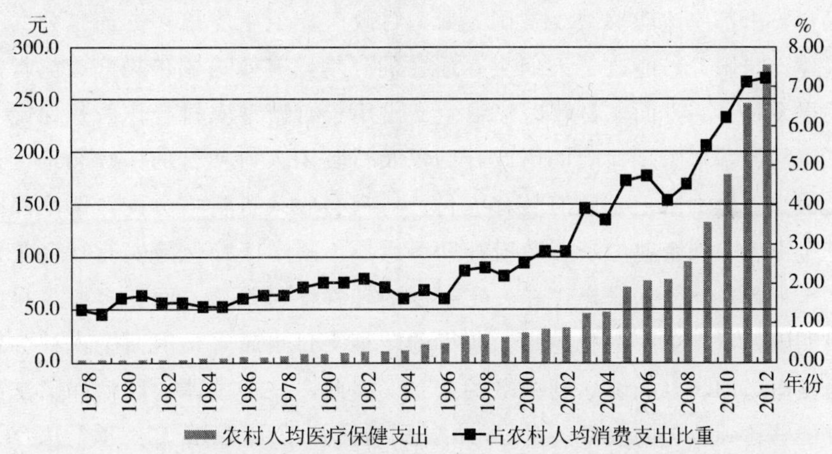

图6—3—5　贵州省农村人均医疗保健支出及其占人均消费支出的比重

资料来源：《贵州六十年》《2011—2013贵州省统计年鉴》。

第四节　医疗保障减贫效果实证分析

一　分析框架与理论假设

“三项”基本医疗保险制度建立的初衷是解决人们的就医问题，保障每个人都能享受基本的医疗服务。按照人力资本理论等反贫困理论，医疗保障制度在一定程度上提高了劳动者尤其是贫困人口的身体素质，从而有助于贫困人口进一步脱离贫困；另一方面，“三项”基本医疗保险制

① 温烨：《贵州省2013年新型农村合作医疗超额完成筹资目标任务》，《贵州日报》，http：//www.chinanews.com/df/2013/04—18/4743196.shtml，2014年1月10日。

度的建立，也在一定程度上缓解和减少了“因病返贫”的现象发生。那么，“三项”基本医疗保险制度真的有助于减少贫困人口吗？这是我们十分关心的一个问题。为了探讨这二者之间的关系，我们可以对医疗保障支出与贫困人口减少数量进行关联性分析，以确定二者之间是否存在相关关系。如果存在相关关系，是怎样的一种相关关系。

医疗保障支出按照不同主体的支出来看，可以分为财政医疗卫生支出、医疗保险基金支出和个人医疗保健支出。从理论上讲，这三种社会医疗支出都应该能够减少贫困人口。财政医疗卫生支出一方面是公共卫生建设与服务，能改善人们生存居住的环境，有效遏制传染病、流行病的爆发；另一方面，财政医疗卫生支出用于对新型农村合作医疗保险和城镇居民基本医疗保险的财政补助以及对贫困人口实行的医疗救助。这类医疗卫生本质上是政府转移支付，对社会收入进行再分配。医疗保险基金由个人和企业缴费、政府补助等组成，基本医疗保险实行社会统筹和个人账户，公共账户存在一定程度的转移支付性质。而在多缴多得的机制设计下，个人缴费越多，获得的转移支付也越多，因而个人社会保障支出增加，也能够达到减贫的效果。因此，三种主体的医疗保障支出都能够达到减贫的效果。但是，由于财政医疗卫生支出、“三项”医疗保险基金支出的统计数据时间较短，无法比较究竟哪个主体的支出所带来的减贫效果更好一些。所以，我们只能利用城镇和农村人均医疗保健支出来考察减贫的效果。

目前，我国学界在医疗保障的减贫效果方面，主要采用理论分析推定医疗保险的减贫作用。由于我国大多数贫困人口集中于农村地区，多数研究集中于新农合的减贫效果分析。总体来看，这方面的研究定性分析居多，而实证分析较少。这是因为一方面我国“三项”基本医疗保障制度建立的时间不长，缺乏连续性统计数据；另一方面，我国实行扶贫开发政策顾及方方面面，贫困减少的因素很多，究竟是何种因素致使贫困减少难以区分。在新农合研究中，颜媛媛等人利用 2005 年对江苏等全国 5 省的农村入户调查和访谈数据研究指出“新型农村合作医疗可能在一定程度上能够帮助农民减轻医疗支出负担，提高农民的就诊率和住院率”[①]，从而

① 颜媛媛、张林秀、罗斯高、王红：《新型农村合作医疗的实施效果分析——来自中国 5 省 101 个村的实证研究》，《中国农村经济》2006 年第 5 期。

有利于改善农民的健康状况。但农民健康状况的改善能否进一步体现在农民收入增加，从而达到减少贫困的目的，就需要做进一步的讨论了。齐良书利用2003—2006年覆盖全国30个省区的微观面板数据分析了新农合在全国范围内对减少农村贫困的作用，结果表明新农合的减贫效果明显，不仅能在农户层面上显著降低贫困发生率，而且能在省区层面上显著降低贫困率。① 而新农合的首要目标就是降低地区传染病、地方病的危害，减少农民“因病致贫”、“因病返贫”问题。

这里，我们采用简单的时间序列线性回归分析模型，通过考察城镇和农村人均医疗保健支出，结合观察同期的贵州省贫困人口减少状况，粗略地分析医疗保障的减贫效果。城镇贫困人口数量相对较少，且城镇医疗保障水平较高；而农村贫困人口数多，且医疗保障水平较差。我们假设：第一，城镇和农村人均医疗保健支出增加，则贫困人口减少；第二，城镇人均医疗保健支出与贫困人口减少有着较弱的关联性，农村人均医疗保健支出与贫困人口减少有着强烈的关联性。也就是说，新农合在减少贫困人口方面起到了重要的作用。

二　医疗保障减贫效果分析

为了分析城镇和农村人均医疗保健支出状况在减少贫困人口方面的效果，我们构建了城镇和农村人均医疗保健支出与当年贫困人口减少数量的线性回归分析模型。由于扶贫标准近年来每年都在提高（2008年为1067元/年、2009年为1196元/年、2010年为1274元/年、2011年为1500元/年、2012年为2300元/年），贫困人口变化很大，尤其2012年扶贫标准提高到2300元/人·年，贫困人口数量立即从418万增加到1521万，当年扶贫力度加大，减少贫困人口130万，数据波动剧烈。为了较好考察城镇和农村人均医疗保健支出与贫困人口减少数量的关系以及城镇职工基本医疗保险、新农合减贫的效果，我们分别选取1994—2011年和2004—2011年的数据进行分析，这些数据包括当年减贫的贫困人口数（*PP*）、城镇人均医疗保健支出（*CMP*）和农村人均医疗保健支出（*RMP*）。据此，我们构建如下的回归模型：

---

① 齐良书：《新型农村合作医疗的减贫、增收和再分配效果研究》，《数量经济技术经济研究》2001年第8期。

$$PP = aCMP + bRMP + C + d \tag{6.1}$$

上式中，PP 表示当年减贫的贫困人口数，C 表示常数项，a、b 分别表示待定的回归系数，CMP 表示城镇人均医疗保健支出，RMP 表示农村人均医疗保健支出，d 表示残值。利用 Eviews6.0 软件，可以得到如下回归结果：

表 6—4—1　　　　1994—2011 年模型回归结果

Variable	Coefficient	Std. Error	t - Statistic	Prob.
CMP	-0.518024	0.191523	-2.704758	0.0163
RMP	1.136103	0.501573	2.265080	0.0387
C	131.9651	33.37744	3.953721	0.0013
R - squared	0.330807	Mean dependent var		56.16667
Adjusted R - squared	0.241581	S. D. dependent var		68.50354
S. E. of regression	59.65787	Akaike info criterion		11.16614
Sum squared resid	53385.91	Schwarz criterion		11.31454
Log likelihood	-97.49527	Hannan - Quinn criter.		11.18660
F - statistic	3.707521	Durbin - Watson stat		2.875438
Prob (F - statistic)	0.049163			

表 6—4—2　　　　2004—2011 年模型回归结果

Variable	Coefficient	Std. Error	t - Statistic	Prob.
CMP	0.007456	0.077659	0.096015	0.9272
RMP	0.376261	0.125138	3.006760	0.0299
C	-9.346504	22.66539	-0.412369	0.6972
R - squared	0.897963	Mean dependent var		37.62500
Adjusted R - squared	0.857148	S. D. dependent var		27.20786
S. E. of regression	10.28342	Akaike info criterion		7.778938
Sum squared resid	528.7432	Schwarz criterion		7.808729
Log likelihood	-28.11575	Hannan - Quinn criter.		7.578013
F - statistic	22.00091	Durbin - Watson stat		2.393749
Prob (F - statistic)	0.003326			

由表 6—4—1 和表 6—4—2 的回归结果，我们可以得到：

$$PP = -0.518CMP + 1.136RMP + 131.965 \tag{6.2}$$

$$PP = 0.007CMP + 0.376RMP - 9.347 \tag{6.3}$$

从表6—4—1可以看出，在5%置信度下，各个回归系数均表现显著。经过调整的判定系数为0.2416，即贫困人口减少数量中大概有24.16%是由于城镇和人均医疗保健支出引起的。这就表明，医疗保障对于减少和缓解贫困有一定的作用，但作用有限。

从相关系数来看，城镇人均医疗保健支出与贫困人口减少呈现负相关关系，即城镇人均医疗保健支出的增加会导致贫困人口增加。对此现象，可能的解释是，城镇人均医疗保健支出比重相对农村来说要更大一些，即医疗保健支出正在成为城镇居民的一项负担。对比方程6.3，我们也可以发现，城镇职工基本医疗保险实施后，城镇人均医疗保健支出与贫困人口减少开始呈现正相关关系，但相关关系系数仅为0.007，说明城镇职工基本医疗保险对于减少、缓解贫困根本没有什么作用。

然而，新型农村合作医疗对于减少贫困起到了较大的作用。方程6.2和6.3都显示农村人均医疗保健支出与贫困人口减少呈现正相关关系。这表明，农村人均医疗保健支出有助于贫困人口的减少。新农合的实施，使得农村居民获得了基本的医疗服务，有利于农村居民健康的改善。

第五节 基于医疗保障的反贫困对策

贵州省医疗保障体系建设基本与全国的建设步伐同步，以“三项”基本医疗制度为主体的覆盖城乡居民的医疗保障体系框架已经形成，特别是新型农村合作医疗制度和城镇居民基本医疗保险制度的建立，基本实现医疗保障制度的人群全覆盖。然而，尽管几乎所有人群均对应相应的社会保障项目，但总体而言，仍存在保障水平低、卫生资源分配不均、各项制度衔接不顺等问题。在执行过程中，也出现了一些偏离政策目标的现象。这些问题都在一定程度上使得“三项”基本医疗保险的作用没有得以体现，从而削弱了减少贫困的作用。

一 现行医疗保障体系存在的问题

（一）医疗保障体系“碎片化”问题严重

目前，我国的医疗保障体系形成了以城镇职工基本医疗保险、城镇居民基本医疗保险和新型农村合作医疗为主体，医疗救助、公费医疗、企业补充医疗保险和商业医疗保险等补充性医疗保险为辅的制度构架。

从制度上来讲，我国已经步入了全民医保的时代。但由于管理体制、运行机制等原因，不是人人都享有了基本医疗保障，存在“缺保”、“漏保”问题。据相关统计，截至2011年，全国还有5.2%的人口没有任何医疗保险，即仍有6700多万人没有享受医疗保障。并且，“三项”基本医疗保险制度的参保对象在筹资、享有的医保待遇等方面差距很大。

（二）“三项”基本医疗保险保障水平低

现行的“三项”医疗保险制度虽然覆盖面大，但保障水平很低，对于缓解“因病返贫”、“因病致贫”的作用有限。以大病统筹的新型农村合作医疗制度为例，陈迎春（2005）等人对新型农村合作医疗减缓“因病致贫”的效果进行了测量，认为虽然新型农村合作医疗基金在缓解“因病致贫”、“因病返贫”方面使用效率较高，但资金供给率较低，并提出“加大新型农村合作医疗基金的筹集力度，调整补偿方案，让更多“因病致贫”的人口得到补偿，进一步提高新型农村合作医疗基金使用效率”[①] 的建议。孙晓筠（2007）等人对山东省某县实施新型农村合作医疗的效果进行了考察，结果表明“新型农村合作医疗对保护农民家庭免于因疾病导致的经济风险起到了一定的作用，但这种保护作用是有限的”[②]。贾晓蓉（2006）等人对新型农村合作医疗防止“因病致贫”能力进行了分析，指出“低收入人群住院医疗服务需求量大，大病支出较多，导致较重的住院经济负担”[③]，并提议“适当增加合作医疗基金中预防经费的比例，将基本医疗基金向低收入地区倾斜，才能减少‘小病不医酿成大病’现象的发生”[④]。闫菊娥（2009）等人研究表明新型农村合作医疗对降低参保人群贫困发生的广度和深度有一定效果[⑤]。以上研究均表明，基本医疗保障对于缓解“因病返贫”、“因病致贫”的作用十分有限。

① 陈迎春、徐锡武等：《新型农村合作医疗减缓“因病致贫”效果测量》，《中国卫生经济》2005年第8期。

② 孙晓筠、Adrian Sleigh等：《新型农村合作医疗保护农民免于疾病经济风险效果评价》，《中国卫生经济》2007年第2期。

③ 贾晓蓉、陈兴宝等：《上海市郊区新型农村合作医疗防止“因病致贫”能力研究》，《卫生经济研究》2006年第1期。

④ 同上。

⑤ 闫菊娥等：《陕西省新型农村合作医疗缓解“因病致贫”效果研究》，《中国卫生经济》2009年第4期。

（三）卫生资源分配不均，贫困人口缺乏医疗资源

我国学者孟庆国和胡鞍钢认为，“因病致贫”、“因病返贫”不是单纯由相对高昂的医疗费用所致，而是“因为享受基本医疗保障和公共卫生服务的可及性丧失，以及因为健康水平下降而导致参与经济活动能力被剥夺的结果”①，并据此首次提出了健康贫困的概念：“健康贫困是一种机会丧失和能力剥夺，即由于经济发展水平低下、支付能力不足所导致的参与医疗保障、卫生保健和享受基本公共卫生服务的机会丧失，以及由此所造成的健康水平下降导致的参与经济活动的能力被剥夺，从而带来了收入的减少和贫困的发生或加剧。”② 与非贫困地区相比，贫困地区的诸多公共卫生资源的平均水平都远远低于全国平均水平，比如2011年年末，全国每千人口医疗卫生机构床位数为3.81张，每千人口执业（助理）医师1.82人，每千人口注册护士1.66人③；而贵州省威宁彝族回族苗族自治县的每千人口医疗卫生机构床位数平均为1.25张，每千人口执业（助理）医师0.4人，每千人口注册护士0.33人。再比如，截至2011年年底，全国农村自来水普及率为72.1%，农村卫生厕所普及率为69.2%；而威宁自治县的自来水普及率为68.12%，农村卫生厕所普及率为29.7%，比全国平均水平低39.5个百分点④。此外，贫困地区的地方病和传染病的防治形势依然严峻，低水平公共卫生服务使得贫困地区人民面临着较大的健康风险，加之农村地区，特别是农村贫困地区超生率远远高于全国平均水平，医疗资源跟不上人口的增长，比较容易发生“因病致贫”、“因病返贫”的现象。

城镇贫困人口主要包括四个部分人群：一是经济体制变革中出现的失业人员、下岗职工；二是城镇传统存在的无生活来源、无劳动能力、无法定抚养义务人的居民；三是低收入人群，主要指打零工的人、残疾人和孤寡老人；四是流入城镇打工的农民工群体。农民工在流入地居住趋于长期化，部分已经是事实上的居民，但这部分人群多数收入较低，且权益得不到有效保障，所享受到的福利与当地居民差距很大，从而形

---

① 孟国庆、胡鞍钢：《消除健康贫困应成为农村卫生改革与发展的优先战略》，《中国卫生资源》2000年第6期。

② 同上。

③ 卫生部统计信息中心：《2011年我国卫生事业发展统计公报》，http://www.moh.gov.cn/zwgkzt/pnb/201204/54532.shtml，2012年4月20日。

④ 数据来源：威宁自治县民政局。

成了城镇边缘贫困人口。城镇贫困人口收入低、财产少、购买力差、消费水平低、营养不良的现象比较普遍，且心理压力也很大，他们患病的概率往往高于非贫困者。尹志刚（2006）在北京市的499份样本的一份调查报告显示“低保”劳动人口的身体健康状况堪忧。从患有一般或严重疾病的户数看，没有患病人口的261户，占52.3%；有患病人口的238户，占47.7%。其中，有1人患病的180户，占36.1%；有2人患病的51户，占10.2%；有3人患病的6户，占1.2%；有4人患病的1户，占0.2%。患病的劳动人口共有304人，占劳动年龄总人口的30.6%①。患病人群不仅无法正常学习和工作，其家庭还要提供医疗费用，倘若没有相关的医疗保险进行保障，就会使得原本贫困的处境进一步恶化。

农村贫困人口主要是因病失去劳动能力的、居住地区自然环境和资源条件恶劣的人群、孤老人群等，这部分人基本没有什么收入。农村贫困人口生活条件一般都比较差，尤其是偏远农村地区不注重个人卫生和公共卫生，患病的风险更高。由于收入水平很低，饮食结构长期失衡，营养不良，从而使得身体健康程度普遍较差。并且，贫困群体获得医疗服务的可得性和可及性较差，患病后不能及时有效救治，病情逐步恶化。表6—5—1显示贫困人口患病不愿就医的主要原因是经济困难和医院太远。

表6—5—1　　扶贫重点县农户不及时就医的原因

年份	经济困难（%）	医院太远（%）	本人不重视（%）	小病不用医（%）	其他（%）
2002	63.3	23.8	2.6	6.5	3.8
2003	62.2	24.6	3.4	5.2	4.6
2004	61.8	25.8	3.3	4.7	4.4
2005	61.9	26.4	2.9	4.6	4.2
2006	62.7	28.3	2.5	3.3	3.2
2007	58.6	31.9	2.9	3.0	3.6
2008	56.3	32.9	3.5	3.6	3.7
2009	55.5	33.9	3.5	3.5	3.6
2010	54.5	34.6	3.6	3.6	3.7

数据来源：《2011年中国农村贫困监测报告》。

① 尹志刚、洪小良：《北京城市贫困劳动人口的就业及社会支持网络调查报告》，《新视野》2006年第3期。

二 基于完善医疗保障体系的反贫困对策

基于上述的分析，结合我们在前面几章中已经涉及的问题对策和国内学者针对我国现行“三项”基本医疗保险制度存在的问题探讨，我们在这里作如下的基本归纳分析。具体的整个制度的深化和改革，将在第七章作系统的探讨。

（一）完善公共卫生服务体系，促进城乡居民享有均等化的基本公共卫生服务

公共卫生服务体系、医疗服务体系、医疗保障体系和药品供应体系这四大体系构成了我国的基本医疗卫生制度。《中共中央国务院关于深化医药卫生体制改革的意见》指出：建立健全覆盖城乡居民的基本医疗卫生制度，为群众提供安全、有效、方便、价廉的医疗卫生服务……到2020年城乡居民的基本医疗卫生制度基本建立。普遍建立比较完善的公共卫生服务体系和医疗服务体系，比较健全的医疗保障体系，比较规范的药品供应保障体系，比较科学的医疗卫生机构管理体制和运行机制，形成多元办医格局，人人享有基本医疗卫生服务，基本适应人民群众多层次的医疗卫生需求，人民群众健康水平进一步提高。

2003年7月28日时任副总理的吴仪在全国卫生工作会议上的讲话中提出：公共卫生就是组织社会共同努力，改善环境卫生条件，预防控制传染病和其他疾病流行，培养良好卫生习惯和文明生活方式，提供医疗服务，达到预防疾病，促进人民身体健康的目的。公共卫生服务体系旨在预防疾病，即通过一系列措施来改善环境卫生、控制传染病，提高人们自我保健的意识，对一些疾病能够及早发现和预防治疗，保障每一个社会成员都能够享有健康身心。与非贫困地区相比，贫困地区的诸多公共卫生资源的平均数都远远低于全国平均水平，比如2011年年末，全国每千人口医疗卫生机构床位数为3.81张，每千人口执业（助理）医师1.82人，每千人口注册护士1.66人[①]；而贵州省威宁彝族、回族、苗族自治县的每千人口医疗卫生机构床位数为1.25张，每千人口执业（助理）医师0.4人，每千人口注册护士0.33人[②]。再比如，截至2011年年

① 卫生部统计信息中心：《2011年我国卫生事业发展统计公报》，http：//www. moh. gov. cn/zwgkzt/pnb/201204/54532. shtml，2012年4月20日。

② 威宁自治县民政局调研数据。

底，全国农村自来水普及率为72.1%，农村卫生厕所普及率为69.2%[①]；而威宁自治县的自来水普及率为68.12%，农村卫生厕所普及率为29.7%[②]，比全国平均水平低39.5个百分点。此外，贫困地区的地方病和传染病的防治形势依然严峻，贫困地区人民面临着较大的健康风险，比较容易“因病致贫”、“因病返贫”。因此，改善贫困地区公共卫生服务，降低贫困地区人民健康风险，对于防止“因病致贫”、“因病返贫”有重要意义。

完善公共卫生服务体系。2009年国务院开始推进卫生体制改革，目前已经形成了县级医院、乡镇卫生院和村卫生室为基础的农村三级医疗卫生服务网络，公共卫生服务均等化水平逐步提高。要充分发挥农村三级医疗卫生网络的作用，就必须明确分工，理顺管理体制。村卫生室不但要提供常见病的诊治，更要做好疾病预防、健康教育、提高人们的保健意识等工作。乡镇卫生院和县级医院要不断增强服务能力，扩大服务范围。在管理体制和机构设立上，要考虑到未来公共卫生体系城乡一体化的趋势，既要保证当前人民对公共卫生服务的需求，也要考虑资源的整合，提高公共卫生的整体功能，为卫生体制的进一步深化改革打下基础。

加大对农村地区的财政投入，促进基本卫生服务均等化。虽然我国政府公共卫生领域的财政投入一直在增加，但人均量仍然很低。由于东西部地区经济发展不平衡，地区、城乡的公共卫生服务也有着很大的差距，政府应该增加对公共卫生体系的投入，保障基层卫生机构的基本医疗条件和基层卫生服务人员的待遇，从而保证基本医疗卫生制度的建设和运行。此外，要加大卫生健康教育的宣传力度，提高人们的保健意识，促使人们自觉改善自己居住场所的卫生条件，养成良好的卫生习惯和生活方式，从而促进人们身心健康，降低人们疾病风险。

最后，要根据公共卫生服务体系的目标和特点建立适当的评价体系。通过相关的指标，保证公共卫生服务体系的不断完善。

（二）深化医疗保障体系制度改革，努力实现人人享有基本医疗保障

目前，我国的医疗保障体系形成了以城镇职工基本医疗保险、城镇居民基本医疗保险和新型农村合作医疗为主体，医疗救助、公费医疗、

① 威宁自治县民政局调研数据。

② 同上。

企业补充医疗保险和商业医疗保险等补充性医疗保险为辅的制度构架。从制度上来讲，我国已经步入了全民医保的时代。但由于管理体制、运行机制等原因，不是人人都享有基本医疗保障。截至2011年，全国还有5.2%的人口没有任何医疗保险，即仍有6700多万人没有享受医疗保障。出现缺保漏保的主要原因是由于我国基本医疗保险制度的“碎片化”，要想人人都享有基本医疗保障，就必须深化改革，完善多层次的医疗保障体系。

整合制度，努力实现一元化的全民医疗保险制度。通过公费医疗、城镇职工医疗保险、城镇居民医疗保险、新型农村合作医疗和医疗救助这种多层次的医疗保障制度来实现全民覆盖的目标，并不是长久之策。目前的医疗保障制度表面看来可以使每位公民能够享有适合自己的医疗保障，从而可以实现全民覆盖的目标，但这不是真正意义上的全民医保。由于管理体制、“碎片化”等原因，参保对象在筹资、享有的医保待遇公平性等方面差距很大。比如，新型农村合作医疗由卫生部主管，城镇职工医疗保险和城镇居民医疗保险由人力资源和社会保障部主管，医疗救助则由民政部主管，这种多元化的管理体制造成了医疗保障在一定程度上的不公平，无法实现整个社会相互救助的目的。同时，城乡一体化建设、户籍制度改革等制度变革也会给这种带有身份特征的医疗保障制度带来冲击。因此，深化医疗保障制度改革，加快基本医疗保障的城乡统筹步伐，实现一元化的全民医疗保险制度势在必行。建立全国统一的医疗保障体系，这既是社会公平、效益、稳定的迫切要求，也是达到人人享有医保，维护人们健康权利的目标要求①。也只有人人享有基本医疗保障，才能有效地防止“因病致贫”、“因病返贫”的现象发生。

全民医保的实现路径，“三项”变“两项”，“两项”变“一项”。实现真正意义上的全民医保，采取两步走的策略。第一步，加快基本医疗保障城乡统筹步伐，先将城镇居民医疗保险与新型农村合作医疗并轨为城乡统一的居民基本医疗保险；第二步，条件成熟后，再将城乡统一的居民基本医疗保险与城镇职工医疗保险并轨为全国统一的基本医疗保险。

城镇居民医疗保险制度与新型农村合作医疗制度的并轨，这两种制

① 夏芹、尹爱田：《覆盖全民的城乡一体化基本医疗保险制度探讨》，《中国卫生政策研究》2010年第1期。

度的政策框架基本相同，主要表现在四个方面：一是都由政府组织、引导、推动，坚持城乡居民自愿参保，充分尊重群众意愿；二是都以区为统筹层次、以家庭（居民户）为主体；三是都以个人缴费和政府财政补贴相结合共同筹资；四是都坚持低水平、广覆盖的原则，以解决住院和门诊大病医疗费用为主的医疗保障制度。[①] 这两种制度基本相同的框架为二者的并轨提供了条件，我国已经有地区进行了实践尝试。江苏省昆山已经进行了社会保障城乡一体化的尝试，其中医疗保障中就是将“三项”合并为“两项”，也就是将城镇职工基本医疗保险、城镇居民基本医疗保险和新型农村基本医疗保险合并为城镇职工基本医疗保险和居民基本医疗保险制度。居民基本医疗保险的参保对象包括 18 周岁以下少年儿童，未参加城镇职工医疗保险的所有农村居民，以及未就业的城镇居民，60 周岁以上未参加职工医疗保障的所有昆山户籍的老年居民[②]。这样，居民基本医疗保险制度给原先体系遗漏的居民提供了医疗保障，实现了医疗保险全覆盖的目标。昆山的成功也证明只要处理好相关的衔接机制、管理等，新型农村合作医疗保险与城镇居民医疗保险的并轨就是可行的。

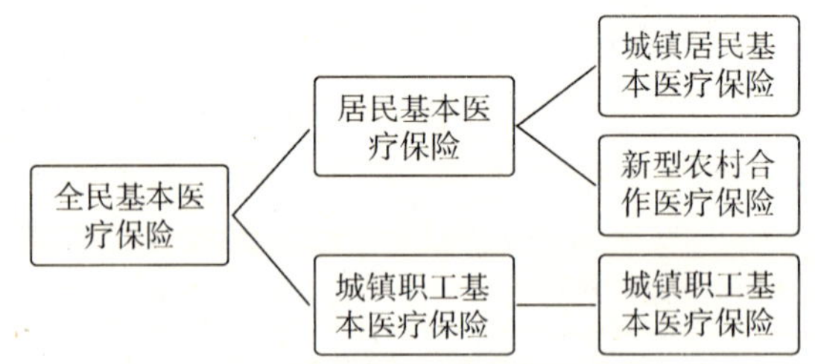

图 6—5—1　全民医疗的实现路径

实现新型农村合作医疗与城镇居民医疗保险的并轨，具体的举措包括以下几个方面。第一，完善立法。目前这两种制度均为自愿参加，即不具有强制性，算不上真正意义上的社会医疗保险，必须如城镇职工基本医疗保险一样，通过法律的形式，确定缴费标准、补偿标准等细则，这样才能保障合并后的居民基本医疗保险的有序运行和规范管理，为下一步医疗保险的全国统一打下基础。第二，加大财政投入，合理分配卫

① 石宏伟、沈思思：《统筹我国城乡居民医疗保险制度的对策研究》，《湖北农业科学》2011 年第 12 期。

② 郑功成：《中国社会保障改革与发展战略》，人民出版社 2011 年版，第 77—78 页。

生资源。虽然新型农村合作医疗和城镇居民合作医疗都强调广覆盖、低水平，但由于城乡二元经济，城乡医疗保障水平仍有较大差距，在缩小城乡医疗保障水平时不可避免会提高农村居民的医疗费用支出。因此，国家要在财政上给予更大的支持。第三，提高基本医疗保险的统筹层次，努力实现省级统筹。提高统筹层次可以有效解决三个问题：一是提高统筹层次可以提高医疗保险基金抵御风险的能力；二是提高统筹层次能够实现区域内的公平，能够避免缴费和待遇水平不一致等问题；三是能够解决异地就医问题。此外，升级统筹能够为三种医疗保险制度最终并轨创造条件。目前新型农村合作医疗一般是县级统筹，城镇居民医疗保险一般是市级统筹。可以先逐步实现市级统筹，然后过渡到省级统筹。第四，统一经办机构，理顺监管体制。一方面，要统一管理部门，将现有的管理资源进行整合，降低行政运行成本，提高资源的利用率；另一方面有利于各项医保基金的统筹，能够实现更大范围的社会互助。第五，加快医保信息化建设。一方面要加强新型农村合作医疗的网络建设，实现身份快速识别和医疗费用的实时结算；另一方面，要将新型农村合作医疗网络系统和城镇居民医疗保险网络系统进行对接和整合，"要借鉴职工医疗保险全省联网经验，实现凭卡异地就医，异地监管，异地结算，异地代缴，真正建立统一的社会医疗保险信息化管理平台"[①]。通过对城乡医疗保险网络信息系统的整合建设，可以提高医疗保障水平，并促进医疗卫生服务质量稳步提高。进一步保证了基金的安全运行，也为今后实现更高统筹层次打好基础。

应该指出的是，城镇居民医疗保险和新型农村合作医疗在并轨的过程中，应结合地区实际情况，循序渐进地进行，不能盲目并轨，更不能追求速度。要积极多进行试点，积累经验。当这两种制度完全实现并轨后，实现城乡统一的居民医疗基本保险，相应的条件成熟后，就可以进一步与城镇职工医疗保险进行并轨，最终实现全民统一的医疗保障制度。

（三）完善大病医疗保险制度，发挥大病医疗保险制度反贫困的重要作用

虽然目前医疗保障覆盖面广，但保障水平很低，对于缓解"因病返

---

① 吴伟平：《推动新农合与居民医保二险合一构建城乡居民一体化医疗保险体系》，《社会保障研究》2009 年第 5 期。

贫”、“因病致贫”的作用有限。以大病统筹的新型农村合作医疗制度为例，陈迎春等人对新型农村合作医疗减缓“因病致贫”效果进行了测量，认为虽然新型农村合作医疗基金在减缓“因病致贫”、“因病返贫”方面效率较高，但资金供给率较低，提出“加大新型农村合作医疗基金的筹集力度，调整补偿方案，让更多的“因病致贫”的人口得到补偿，进一步提高新型农村合作医疗基金的使用效率”① 的建议。孙晓筠等人对山东省某县实施新型农村合作医疗的效果进行了考察，结果表明“新型农村合作医疗对保护农民家庭免于因疾病导致的经济风险起到了一定的作用，但这种保护作用是有限的”②。贾晓蓉等人对新型农村合作医疗防止“因病致贫”能力进行了分析，指出“低收入人群住院医疗服务需求量大，大病支出较多，导致较重的住院经济负担”③，并提议“适当增加合作医疗基金中预防经费的比例，将基本医疗基金向低收入地区倾斜，才能减少小病不医酿成大病现象的发生”④。闫菊娥等人认为，新型农村合作医疗降低参保人群贫困发生广度和深度的效果较好，但对住院人群缓贫效果更好，新型农村合作医疗的补偿资金对缓解住院人群“因病致贫”有较大的贡献⑤。这些研究表明，由于现行的医疗保障水平较低，越是大病重病的人群，医疗保险补偿的作用也就越小。为了应对这种情况，大病医疗保险制度应运而生。大病医疗保险制度，保障对象为城镇居民基本医疗保险和新型农村合作医疗的参保人，一般的运作机制是从城镇居民基本医疗保险和新型农村合作医疗的基金中划出一定比例作为大病保险资金，向商业机构购买大病保险，在参保人得到城镇居民基本保险或新型农村合作医疗一次补偿后，给予符合相关规定的医疗费用不低于50%的二次补偿，且原则上个人负担越重，补偿的比例也越高。因此，在基本保障的基础上，以大病医疗保险制度作为补充，可以更好地防止“因

① 陈迎春、徐锡武等：《新型农村合作医疗减缓“因病致贫”效果测量》，《中国卫生经济》2005年第8期。

② 孙晓筠、Adrian Sleigh等：《新型农村合作医疗保护农民免于疾病经济风险效果评价》，《中国卫生经济》2007年第2期。

③ 贾晓蓉、陈兴宝等：《上海市郊区新型农村合作医疗防止“因病致贫”能力研究》，《卫生经济研究》2006年第1期。

④ 同上。

⑤ 闫菊娥等：《陕西省新型农村合作医疗缓解“因病致贫”效果研究》，《中国卫生经济》2009年第4期。

病致贫”、“因病返贫”的现象发生。

2012年8月24日，国家发改委、卫生部等六部门公布《关于开展城乡居民大病保险工作的指导意见》（以下简称《意见》），《意见》指出：城乡居民大病保险，是在基本医疗保障的基础上，对大病患者发生的高额医疗费用给予进一步保障的一项制度性安排，可进一步放大保障效用，是基本医疗保障制度的拓展和延伸，是对基本医疗保障的有益补充。开展这项工作，是减轻人民群众大病医疗费用负担，解决“因病致贫”、“因病返贫”问题的迫切需要。由此可以看出，开展医保不仅可以减轻民众大病医疗费用的负担，有效防止“因病致贫”、“因病返贫”的发生，还可以提高民众的就医公平性和可及性。《意见》对开展城乡居民大病医保的基本原则、筹资机制、保障内容、承办方式、监管等方面有了较为详细的说明，为大病医疗保险制度的顺利开展打下了良好的政策框架。在大病医疗保险制度尚未建立时，为了缓解“因病致贫”、“因病返贫”的情况，不少地方政府积极探索，其中比较典型的是“太仓模式”和“湛江模式”。太仓模式被媒体奉为大病医保新政的蓝本，而“湛江模式”则给经济不发达地区提供了借鉴的样本，二者对于大病医疗保险制度建立起到了积极的作用，也推动了《意见》的出台。

“太仓模式”。江苏省太仓市，是中国经济最为发达的县级市之一。由于在大病医疗保险制度改革的创新工作经验，引起了国内外媒体的关注，被誉为“太仓模式”。在该模式中，城镇职工医疗基本保险和城乡基本医疗保险统一纳入全市大病再保险，职工和城乡居民都享受同样的保障待遇。太仓市人力资源与社会保障局在保证基本医疗保险统筹基金良性运作的前提下，按照城镇职工每人每年50元、城乡居民每人每年20元的标准，从基本医疗保险统筹基金中划出，通过引入商业保险运作机制，建立了覆盖全市的大病补充医疗保险制度，参保人员无须缴纳额外费用就能够得到一份商业补充医疗保险。根据大病再保险的补偿标准，大病住院患者一年内单次或累计超过1万元以上的个人负担部分为“二次补偿”的起付线，按照53%—82%的分级累进比例补偿标准予以补偿，补助额度上不封顶。保障目标值为城乡居民住院医疗费5万—10万元、10万—15万元、15万—20万元、20万元以上的实际报销比例普遍达到70.4%、75.7%、74.1%和74.8%；城镇基本医疗保险实际报销比例则普遍达到78.9%、

82.7%、84.2%和83.8%[①]。这样，大病医疗费用越高，个人负担越重，补偿比例就越高，能够最大程度地减轻最需要经济补偿的参保人员的经济负担，从而降低了大病患者“因病致贫”、“因病返贫”的风险。

“湛江模式”。湛江市是广东的一个地级市，人均收入水平与中西部地区相当。2009年，在将城镇居民基本医疗保险与新型农村合作医疗并轨后，湛江市政府引入商业保险机构参与服务管理，建立全市统一的城乡居民医疗保险制度。在参保人员不额外缴纳费用的前提下，通过专业商业保险公司提供大额补充保险，使得参保人员得到了更大的保障。同时，通过引入商业保险公司，为城乡居民基本医疗保险和补充医疗保险提供一体化管理和服务，真正意义上做到了政企分离。湛江市的大病医疗保险制度也是通过对患重大疾病的参保人在基本医疗保险报销的基础上实施二次补偿。在确保基本医疗保险基金良性运作的前提下，从中拨出15%用于购买商业大病补充保险，进行二次补偿。按照最新标准，基本医疗年度累计支付5万元以上未超过年度最高报销限额的，个人自付部分再报销50%；超过年度最高报销限额的，个人自付部分再报销70%，全年最高报销一档25万，二档30万。商业保险机构参与城乡医保统筹管理，为全市居民提供包括基本医疗、补充医疗等咨询服务。保险公司利润率控制在3%的保本微利水平，超过部分50%划入基本医保基金中，超支部分承担50%。目前居民实际平均报销比例在58%以上，人均住院费用报销从2008年的1405.8元提高到2011年的3490元，提高了148%[②]，参保人员的经济负担大幅度减轻，从而可以尽量避免“因病致贫”、“因病返贫”的情况发生。

进一步完善大病医疗保险制度，对于防止“因病致贫”、“因病返贫”有着重大的意义。笔者认为应从以下几个方面对大病医疗保险制度进行完善：一是加大政府对商业保险机构和合同医院的监督，强化大病医疗保险制度规范；二是积极引入商业保险机构的参与，发挥商业保险机构的专业优势；三是培养专业人才，提升大病医疗保险管理服务水平。

（四）完善城乡医疗救助制度，保障贫困人群的基本医疗服务

医疗救助，依照王保真的定义，是指“政府通过提供财务、政策和

① 李博：《大病费用越高，个人负担越重，补偿比例越高——“太仓模式”破解“因病致贫返贫”难题》，《中国经济导报》2012年9月22日第A03版。

② 李红梅：《试点大病保险：让群众不再“因病致贫”》，《人才资源开发》2012年第11期。

技术上的支持以及社会通过各种慈善行为，对贫困人群中因病而无经济能力进行治疗的人群，或者因支付数额庞大的医疗费用而陷入困境的人群，实施专项帮助和经济支持，使他们获得必要的卫生服务，以维持其基本生存能力，改善目标人群健康状况的一种医疗保障制度”①。由以上定义我们可以看出医疗救助的内涵主要有以下几个方面：第一，政府是实施医疗救助的主体；第二，接受医疗救助的对象是无法支付医疗费用的贫困人群，或因巨额医疗费用而陷入困境的人群；第三，医疗救助手段包括必要的财务支持、政策支持和技术支持；第四，医疗救助的目的是让贫困人群获得必要的卫生服务，或者让面临巨额医疗费用的非贫困人群不陷入困境。

前文已经对疾病与贫困的关系作了论述，贫困人群由于收入水平低，通常无法维持自身健康。当他们遭遇疾病时，也难以享受到及时适当的医疗服务。结果，贫困人群陷入“因贫致病、因病致贫”的恶性循环。政府应对贫困人口提供基本的医疗救助，打破这种恶性循环。实践证明，医疗救助在打破这种恶性循环方面起到了很大的作用。如2011年，全年累计农村医疗救助6455.2万人次。其中，资助参保5186.1万人次，占80.3%，直接救助1269.1万人次，占19.7%，包括住院救助541.8万人次和门诊救助727.3万人次；城市医疗救助累计救助2481.7万人次，比上年提高11.7%。医疗救助次均住院救助水平1999元，人均门诊救助水平230元。医疗救助弥补了社会医疗保险所不能覆盖的一部分人口，并在缓解“因病致贫、因病返贫”问题上起到了很大作用。我国政府不断根据实际情况，出台相关文件，不断提高基本医疗救助水平和管理服务水平。2002年，我国政府出台了《中共中央国务院关于进一步加强农村卫生工作的决定》，提出要对农村贫困家庭实行医疗救助；2003年，民政部、卫生部、财政部联合下发了《关于实施农村医疗救助的意见》（民发〔2003〕158号），提出力争到2005年，在全国基本建立起规范、完善的农村医疗救助制度；2005年，民政部、卫生部、劳动保障部、财政部颁布了《关于建立城市医疗救助制度试点工作的意见》（国办发〔2005〕10号），这标志着我国农村医疗救助和城市医疗救助的全面启动；2009年民

① 王保真、李辑：《医疗救助在医疗保障体系中的地位和作用》，《中国卫生经济》2006年第1期。

政部等《关于进一步完善城乡医疗救助制度的意见》（民发〔2009〕81号）的出台，进一步完善了城乡医疗救助制度，保障困难群众能够享受到基本医疗卫生服务；2012年，《关于开展重特大疾病医疗救助试点工作的意见》（民发〔2012〕21号）文件出台，我国开始开展重特大疾病救助试点；2013年，《国务院办公厅关于建立疾病应急救助制度的指导意见》（国办发〔2013〕15号）指出，要保障极少数因身份不明、无能力支付医疗费用但需要急救的患者能够及时有效得到治疗。一系列政策的出台，一方面对医疗救助的目标、原则、对象范围、救助程序、资金筹集和组织管理等作了清晰的界定和阐述，使得我国城乡医疗救助制度不断完善；另一方面则说明医疗救助发挥了作用，确实减少了“因病致贫”、“因病返贫”的现象，使得其成为我国基本医疗卫生制度重要的组成部分。

完善城乡医疗救助制度，对于保障贫困人口的基本医疗卫生服务的可得性、打破“疾病—贫穷—疾病”的恶性循环具有重要作用。为完善城乡医疗救助，应该从以下几个方面进行改进。

第一，完善法律法规，为医疗救助的实施提供法律依据。目前，医疗救助具体实施的依据主要是中央和地方政府的政策文件，无法确保被救助的对象能够享受到医疗救助的权利，也无法促使政府承担起应负的医疗救助的责任。现阶段，要不断完善现有政策，然后制定相关条例，最后着手相关法律的制定。

第二，合理界定医疗救助对象，适情适时扩大救助范围。在《关于进一步完善城乡医疗救助制度的意见》中指出“具体救助对象界定标准，由地方民政部门会同财政等有关部门，根据本地经济条件和医疗救助基金筹集情况、困难群众的支付能力以及基本医疗需求等因素制定，并报同级人民政府批准”。这就要求合理设置医疗救助标准后，在界定救助对象时，要对申请人经济状况、健康状况等进行充分的调查，政府部门严格审批，落实实际情况，确保医疗救助的资源能够用于真正有需要的人。目前，医疗救助的范围包括低保户、五保户和其他经济困难家庭人员。其他经济困难家庭人员主要包括低收入家庭重病患者以及当地政府规定的其他特殊困难人员。由于各个地区经济发展不平衡，当地政府可以根据当地的经济水平、相关政策等因素，适情适时扩大救助范围。

第三，理顺管理体制，确立主管部门，多部门协作。由于医疗救助的对象多为贫困人群，民政部门应该主动承担医疗救助的主管责任，民政部门的具体职责包括："政策的制定、救助基金的设立和社会捐款的募集、救助对象的资格审核，成立医疗救助基金管理机构，以合同方式购买医疗机构提供给救助对象的医疗服务，最大化为无力支付自付费用的贫困人群提供医疗救助"[①]。医疗救助涉及民政、卫生、财政等多个部门，在确立民政部门主管的责任后，其他有关部门要积极配合，各负其责，共同把这项工作做好。

第四，建立多方筹资机制。政府是实施医疗救助的主体，因此政府在筹资中扮演重要的角色。政府在保证医疗救助制度正常运转的前提下，尽量加大医疗救助的财政投入，努力提高医疗救助水平。但中国需要救助的人口众多，仅仅靠国家财政显然是不够的。因此，要建立多方筹资机制。除了政府财政投入外，还可以发动社会力量，通过一些慈善组织、社会捐助等来筹集救助资金。

第五，规范医疗救助程序，严格监督医疗救助基金的使用。为了保证医疗救助达到预期的效果，必须规范医疗救助程序，一切有关的活动都要按照有关规定进行。要加强医疗救助队伍建设，不断提升救助工作人员的综合素质。各级卫生部门要采取多种方式加强对定点医疗机构的监督管理，严格控制医疗费用的过度消费和不合理支出，大力节约医疗成本。要公开医疗救助基金的使用情况，强化医疗救助的内外监督机制，确保医疗救助基金的有效使用。

---

① 孟宏斌：《反贫困视角的西部农村医疗救助制度优化研究》，《商洛学院学报》2007年第3期。

第七章 深化“三项”基本社会医疗保险制度改革探讨

改革开放以来，伴随我国经济体制的不断深化改革，社会主义市场经济的日益确立，关系到国民医疗和健康的医疗卫生事业，也随之从计划经济体制下的“公费医疗”转轨为与市场经济相适应的社会医疗保险制度的确立和建立，从企业职工社会医疗保险制度到新型农村合作医疗保险制度再到城镇居民社会医疗保险制度的建立，基本上构建起了覆盖所有劳动者的医疗保险运行机制，一定程度上缓解了经济社会体制改革中表现在医疗领域中的社会矛盾。“看病少花钱”、遏制“因病返贫”等，已经成为城乡广大劳动者的共识，2010 年我国国民经济第十一个五年计划结束时，整个基本医疗保险体系，为 12.7 亿人口提供了基本的医疗保障，实现了“人人享有”基本医疗保障的目标，但随着我国经济社会的发展，和谐社会的构建，如何通过综合改革解决在前面几章中分析到的整个基本医疗保险制度体系中存在的问题，又如何缩小城乡社会医疗保险制度之间的差距，并按照社会医疗保险自身的运行规律，构建起兼顾医疗社会保险各利益方之间的运行机制，是确保社会医疗保险制度健康有序发展的关键，同时也是我国第十二个五年计划在医疗保障方面实现“制度覆盖”向“人人覆盖”目标的客观要求，

第一节 “十二五”期间基本医疗保险制度改革的内容

我国“三项”基本医疗保险制度是以“一个基本规定，三大基本目录（基本医疗保险药品目录、诊疗项目目录、医疗服务设施标准）”为基础的，因此，基本医疗保险制度的深化改革也是紧紧围绕着这四个要素

进行的。通过"十一五"期间的基本医疗保险制度的建设和发展，全面完成了基本医疗保障制度全覆盖的建设，伴随我国经济社会"十二五"规划的实施，全面建设小康社会的步伐加快，基本医疗保险制度中存在的问题逐步显现和暴露出来，为此。2012年3月14日国务院发布了《国务院关于印发"十二五"期间深化医药卫生体制改革规划暨实施方案的通知》(国发〔2012〕11号)，据此，2012年11月8日贵州省人民政府发布了关于《贵州省"十二五"期间深化医药卫生体制改革规划暨实施方案》(黔府发〔2012〕第36号)，不论是国家，还是地方，在"十二五"期间都将基本医疗社会保险制度的深化改革，作为一个重要的内容予以安排。

根据国家"十二五"期间深化医疗卫生体制改革的实施方案，2012年11月8日贵州省人民政府发布了关于《贵州省"十二五"期间深化医药卫生体制改革规划暨实施方案》(黔府发〔2012〕第36号)，其中第三部分"加快健全全民医保体系"就全面进行基本医疗社会保险制度的改革提出了具体的实施意见。认为充分发挥全民基本医保的基础性作用，重点由扩大范围转向提升质量。在继续提高基本医保参保率基础上，稳步提高基本医疗保障水平，着力加强管理服务能力。通过支付制度改革，强化医保经办机构和医疗机构控制医药费用过快增长的责任，进一步完善城乡医疗救助制度，逐步建立重特大疾病保障机制。为此做出如下的规划安排。

一　关于覆盖率和保障水平

1. 在覆盖率方面。巩固扩大基本医保覆盖面。职工医保、城镇居民医保和新农合三项基本医疗保险参保率均稳定在95%以上。重点做好农民工、在校学生、学龄前儿童、新生儿、非公有制经济组织从业人员、灵活就业人员，以及关闭破产企业退休人员和困难企业职工的参保工作，不断完善相关参保政策。职工医保和城镇居民医保参保率≥95%，新农合参合率≥95%，职工医保、城镇居民医保、新农合政策范围内住院费用支付比例≥70%—75%，对救助对象政策范围内住院自负医疗费用救助比例≥70%，城镇居民医保和新农合门诊统筹支付比例≥50%。

2. 关于保障水平。稳步提高城镇居民医保和新农合政府补助标准及个人缴费水平。2012年，城镇居民医保和新农合政府补助标准提高到每人每年240元；到2015年，提高到每人每年360元以上，个人缴费水平相应提高，探索建立与经济发展水平相适应的筹资机制。职工医保和城镇居民医保、新农合政策范围内住院费用支付比例达到75%左右。通过调整补偿方案、诊疗项目和药品目录，扩大保障范围，明显缩小与实际住院费用支付比例之间的差距。进一步提高最高支付限额，职工医保、城镇居民医保分别达到上年度当地职工年均工资和居民人均可支配收入的6倍以上，新农合达到上年度当地农民人均纯收入的8倍以上。全面推进门诊统筹制度，城镇居民医保和新农合门诊统筹覆盖所有统筹地区，支付比例提高到50%以上；稳步推进职工医保门诊统筹。

二　管理体制和服务

1. 完善基本医保管理体制。加快建立统筹城乡的基本医保管理体制，逐步缩小全省城乡医疗保障差距。通过开展试点，探索整合职工医保、城镇居民医保和新农合制度的管理职能和经办资源，鼓励开展统筹城乡综合配套改革试点的地区探索建立城乡统筹的居民基本医疗保险制度，积极探索跨年度自动续保机制。按照管办分开原则，优化和完善基本医疗保险服务管理和经办运行机制，明确界定职责，进一步落实医保经办机构的法人自主权，加强对医疗保险经办机构的监管，提高经办能力和效率。在确保基金安全和有效监管的前提下，鼓励以政府购买服务的方式，委托具有资质的商业保险机构经办各类医疗保障管理服务。这使得统筹城乡基本医疗保险制度，成为“十二五”期间深化基本医疗保险制度的首要任务。

2. 提高基本医保管理服务水平。加快推进基本医保和医疗救助即时结算，使患者看病只需支付自付部分费用，其余费用由医保经办机构与医疗机构直接结算。2013年全面实现统筹区域内医疗费用的即时结算。建立异地就医结算机制，2015年全面实现省内医疗费用异地即时结算，初步实现跨省医疗费用异地即时结算。做好基本医保和医疗救助结算衔接，积极开展“一站式”医疗救助费用即时结算服务。完善医保关系转移接续政策，2015年基本实现职工医保制度内跨区域转移接续，推进各项基本医疗保险制度之间的衔接。加快建立具有基金管理、费用结算与控制、医疗行为管理与监督等复合功能的医保信息系统，实现与定点医疗机构信息系统的对接。积极推广医保就医“一卡通”，方便参保人员就医。

三　基金管理

加强基本医保基金收支管理。各类医保基金要坚持以收定支、收支平衡、略有结余的原则，强化基金的收支管理，职工医保基金结余过多的地区要把结余降到合理水平，城镇居民医保和新农合基金结余过多的，可结合实际重点提高高额医疗费用支付水平。增强基本医保基金共济和抗风险能力，实现市级统筹，逐步建立省级风险调剂金制度，积极推进省级统筹。完善基本医保基金管理监督和风险防范机制，防止基本医保基金透支，保障基金安全。改革完善医保支付制度。加大医保支付方式改革力度，制定我省医保支付方式改革的实施方案，结合疾病临床路径实施，在全省范围内积极推行按病种付费、按人头付费、总额预付等医保支付方式改革，增强医保对医疗行为的激励约束作用。建立医保对统筹区域内医疗费用增长的制约机制，制定医保基金支出总体控制目标并分解到定点医疗机构，将医疗机构次均（病种）医疗费用增长控制和个人负担定额控制情况列入医保分级评价体系。积极推动建立医保经办机构与医疗机构、药品供应商的谈判机制和购买服务的付费机制。医保支付政策进一步向基层倾斜，鼓励使用中医药服务，引导群众首诊到基层，促进分级诊疗制度形成。将符合资质条件的私人诊所等非公立医疗机构和零售药店纳入医保定点范围，逐步将医保对医疗机构医疗服务的监管延伸到对医务人员医疗服务行为的监管。加强对定点医疗机构和零售药店的监管，加大对骗保欺诈行为的处罚力度。

四　多层次进行医疗保障机制方面的改革

1. 完善城乡医疗救助制度。加大救助资金投入，筑牢医疗保障底线。资助低保家庭成员、五保户、重度残疾人以及城乡低收入家庭参加城镇居民医保或新农合。取消医疗救助起付线，提高封顶线，到 2015 年对救助对象政策范围内住院自付医疗费用救助比例提高到 70%以上。积极探索符合我省实际的重特大疾病医疗救助机制，在试点基础上，全面推进重特大疾病救助工作。建立通过医疗救助基金、政府补助等渠道解决无负担能力病人发生急救医疗费用的救助机制。鼓励和引导社会力量发展慈善医疗救助。鼓励工会等社会团体开展多种形式的医疗互助活动。

2. 积极发展商业健康保险。完善商业健康保险产业政策，鼓励商业保险机构发展基本医保之外的健康保险产品，积极引导商业保险机构开发长期护理保险、特殊大病保险等险种，满足多样化的健康保险需求。鼓励企业、个人参加商业健康保险及多种形式的补充保险，落实税收等相关优惠政策。简化理赔手续，方便群众结算。加强商业健康保险监管，促进其规范发展。

3. 探索建立重特大疾病保障机制。充分发挥基本医保、医疗救助、商业健康保险、多种形式补充医疗保险和公益慈善的协同互补作用，切实解决重特大疾病患者的因病致贫问题。在提高基本医保最高支付限额和高额医疗费用支付比例的基础上，统筹协调基本医保和商业健康保险政策，开展城乡居民大病保险工作，积极探索利用基本医保基金购买商业大病保险或建立补充保险等方式，有效提高重特大疾病保障水平。加强与医疗救助制度的衔接，加大对低收入大病患者的救助力度。①

依据上述规划，贵州省各地州（市）在经济社会实现跨越赶超的基础上，也加大加快基本医疗保障制度的改革，如在前面分析的，毕节市威宁县2013年1月1日起，整合新型农村合作医疗保险制度和城镇居民医疗保险制度，实施统一的城乡医疗保险制度，同时统筹标准确定为330元/人·年，其中财政补助280元/人·年。基本上接近380元的2015年目标。此外，有些市（州）实施试点了“大病”医疗保险制度的改革等，医疗卫生体制深化改革“十二五”规划的实施，极大地推动了基本医疗保险制度的逐步健全和发展。但我们认为，我国经济体制改革的实践表明，任何一项改革，都带有综合性，只有综合考虑统筹安排利益关联的各方面，制度的改革才会取得最佳效果，从而实现预期的改革目标。

第二节　社会基本医疗保险制度的综合改革探讨

一　社会医疗保险体系的建立和运行机制分析

前面的分析表明，我国基本医疗保险制度是适应社会主义市场经济

① 《贵州省“十二五”期间深化医药卫生体制改革规划暨实施方案》（黔府发〔2012〕36号）。

运行机制的。社会医疗保险制度的建设始于 1998 年 12 月国务院发布的《关于建立城镇职工基本医疗保险制度的决定》（国发〔1998〕44 号），该文件要求在全国范围内建立以城镇职工基本医疗保险制度为核心的多层次的医疗保障体系。此后，2002 年 10 月，《中共中央、国务院关于进一步加强农村卫生工作的决定》明确指出：要“逐步建立以大病统筹为主的新型农村合作医疗制度”，2003 年 1 月 16 日国务院办公厅正式发布了《国务院办公厅转发卫生部等部门关于建立新型农村合作医疗制度意见的通知》（国办发〔2003〕3 号），覆盖全体农村劳动者的医疗社会保险制度的建设正式全面铺开。随后在 2007 年 7 月 24 日，国务院又发布了《国务院关于开展城镇居民基本医疗保险试点的指导意见》（国发〔2007〕20 号），为此，构建起了涵盖全体城乡劳动者的社会保险医疗制度体系。到 2010 年年底，“三项”基本社会医疗保险制度覆盖人口超过了 12.6 亿，实现了“全民医疗保险”的建设目标。

（一）“三项基本”社会医疗保险制度的运行机制

根据我国经济社会发展情况，“三项”基本社会保险制度分属于人力资源和社会保障部门和卫生部门进行管理。运行机制如下：（见图 7—2—1）

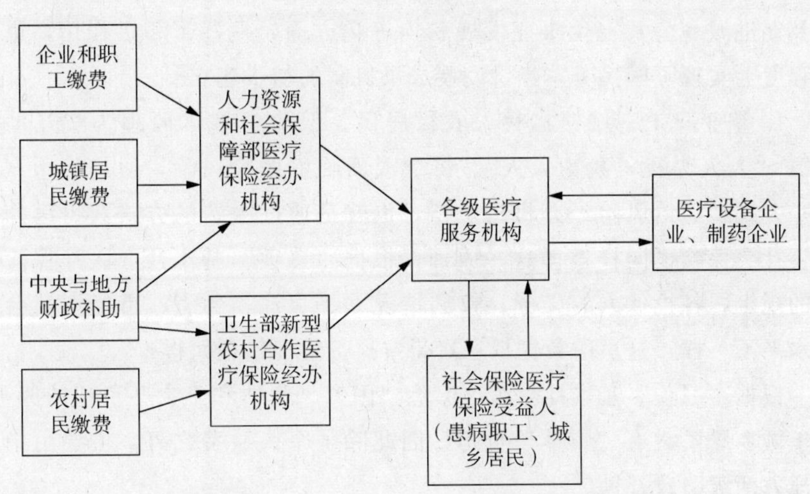

图 7—2—1　“三项”基本社会医疗保险运行机制图

从图 7—2—1 可以看出，在整个“三项”基本社会医疗保险的运行机制构架中，我们可以得出如下几点认识。

首先，“三项”基本社会医疗保险是按照“国家、集体和个人”三方负担的模式构建的，是总结发达国家构建社会医疗保险的成功经验、教训和实践，结合我国社会经济发展的水平状况而构建，也是符合现代社会医疗保险改革发展的趋势和必然要求的。

其次，反映出“三项”基本社会医疗保险制度的基本运行流程：社会医疗保险经办机构依法开办社会医疗保险业务筹集资金，在投保人享受医疗保障服务后，按照法定比例将保险费支付给医疗服务机构，医疗服务机构与医疗设备和制药企业之间实现利益分配，从而完成一次运行流程。依据该流程，进行各个环节的分析，为进一步深化改革和提高社会医疗保险服务效率和水平提供了切入点。

最后，该运行机制图还揭示了社会医疗保险制度和其他医疗保险模式，如商业医疗保险、储蓄医疗保险等的区别，并实现了社会医疗保险的社会福利性和市场经济体制下实现经济社会发展成果公平分享的运行机制。

（二）“三项”基本社会医疗保险制度的成效分析

通过近十年的逐步构建，与中国特色社会主义市场经济体制相适应的“三项”基本社会医疗保险制度在解决经济社会转轨过程中突出的“看病难”、“看病贵”、“看不起病”等医患矛盾而引发的社会问题方面，以及促进城乡公共卫生事业发展和均等化方面，发挥了积极作用，也一定程度上实现了国民分享经济发展成果机制的初步建立。

1. 企业职工、城镇居民、农村居民。保险的基本原理为“互助共济”、“人人为我，我为人人”，将个人面临的医疗风险，通过货币（缴费）方式转嫁给风险经办机构承担，也就是通过缴费的方式获得医疗保障，社会保险也同样遵循这一原理，根据“三项”基本社会医疗保险制度的规定，各投保人的义务、权利情况如下（注：各省、市经济社会发展水平不一样，这里的数据根据贵州省执行情况整理而得）。

根据“三项”基本社会医疗保险“国家、集体和个人”负担的原则，由于城乡居民没有“集体”负担，因此除了个人缴费之外，主要由中央和地方两级财政补助。

2. 中央和地方财政补助。我国经济实现从计划经济向市场经济转轨，并日益融入世界经济全球化的进程中，取得了举世瞩目的成就，和谐社会的构建、民生工程的实施，使得中央和地方财政在“三项”基本社会医疗保险制度的构建中发挥了建设和保障作用。

表 7—2—2 贵州省"三项"基本社会医疗保险投保人权利与义务表

基本情况 制度类型	个人负担	年筹资水平	权利享受封顶线	2008 年报销比例	2009 年报销比例	2010 年国家目标
企业职工医疗保险	缴费率 2%	1500 元以上	4 万—6 万元	65%	67%	75%
城镇居民医疗保险	个人交费 120 元	200 元	4 万—6 万元	36%	39%	60%
新型农村合作医疗保险	个人缴费 20 元	100 元	1 万—3 万元	46.6%	53.4%	50%

注：这里主要是用制度设计之初的标准为例，随后各个统筹地区的标准都发生了变化，但国家、集体和个人三方付费的原则没有变。

一方面，在城镇居民社会医疗保险的 200 元筹资水平中，居民个人承担 120 元，财政补助 80 元，在新型农村合作医疗保险制度的 100 元筹资水平中，农民承担 20 元，财政补助 80 元。

另一方面，在 2011 年 3 月 9 日下午全国人大四次会议举行的记者会上，由卫生部、财政部、人力资源和社会保障部、国家发展和改革委员会四部委负责人提供的数据显示，2008 年、2009 年、2010 年这三年各级财政对城镇居民的医疗补助为 460 亿元，对职工医疗保险制度的补助为 608 亿元，并从 2011 年开始，对新型农村合作医疗保险的补助将从人均 120 元提高到 200 元，政策范围内报销比例将提升到 70%，报销上限从 3 万元提升到 5 万元，此外，通过民政部门的大病救助基金根据家庭情况给予 20%的补偿。

从财政支出上看 2008 年到 2010 年，全国医改增加投入 11342 亿元，医疗卫生支出占全国财政支出的比重从 2008 年的 4.57%提高到 2011 年的 5.35%。同时中央财政还加大了一般性转移支出的力度，对财政困难的县给予财力上的支持。

可以看出中央和地方财政支出对社会医疗保险的投入和建设，体现了社会保险制度建设的根本，同时也是实现社会公平分配的具体体现。

3. 各级医疗服务机构。这是将社会保险制度具体落实到每一个参保人员看病就医实现健康的实体。通过为社会提供医疗服务，使得患者康复的同时，决定着医疗服务事业的发展和水平。在整个经济体制改革进程中，各级医疗服务机构在满足社会医疗服务需要的同时，也在探讨与具有中国特色市场经济相适应的医疗服务运行机制。由于财政支出、集体和个人的缴费，最终都要体现在医疗服务上。因此，它是社会医疗保险能否健康运行和发展的关键，同时也是"三项"基本社会医疗保险制度得以深化完善发展的根本。

4. 医疗设备企业和制药业。通过向各级医疗服务机构及市场提供医疗专业设备和药品、药剂，促进医疗服务水平和效率的提高来实现利润目标，提供的医疗设备、药品、药剂是医疗成本构成的重要因素之一。追求利润最大化是他们经营管理的首要目标。

从社会医疗保险管理的角度看，上述四个要素之间构成了一个完整的有机运行整体，分析它们之间的关系和存在的问题，并构建起相应的约束和规制机制，是确保社会医疗保险制度健康发展的根本。

这里应该指出的是，2013 年以来全国各地都根据国家和地方的有关文件精神试点了“大病医疗”保险，我们认为这是商业保险的问题，并不构成基本医疗保险制度的利益关联问题和关系问题。换句话说，“大病医疗”保险实质上是商业保险行为，只不过是缴费的主体变成掌管社会医疗保险基金的部门和个人共同构成商业保险行为中的投保人，其他一切都按照商业保险的运行机制进行。在一些地区由于保险公司缺乏精算基础在责任期财务出现“亏损”而终止续保合同的情况时有发生，就给予了证明。所以这里不将“大病医疗”保险反映在整个社会医疗保险关联关系中。

二　当前社会医疗保险制度存在的问题分析

“三项”基本医疗保险制度的构建，奠定了“全民医保”的坚实基础，在此基础上进一步完善、理顺并建立约束各要素的规制，是具有中国特色社会医疗保险制度得以深化发展的前提。为此，对上述运行机制中存在的问题进行深入分析，有利于采取相应的对策措施，使其按照自身的运行规律得以健康发展。

（一）公平性问题

根据相关规定，城镇居民参加医疗保险缴费中个人负担是 120 元，新型农村合作医疗保险中农民只负担 20 元，尽管封顶线高于新型农村合作医疗保险，但城镇居民的实际报销比例却低于新型农村合作医疗保险，形成了制度内的不公平。此外，一些疾病来自生活中的不良嗜好，如吸烟、酗酒等，众所周知这些不良嗜好人群患慢性疾病的概率远远高于非嗜好的人群，而在同等筹资水平条件下，这部分人一旦患病就会占有更多的医疗资源和费用，这也形成了社会保险中的不公平。

（二）医疗服务机构的改革问题

在整个社会医疗保险的运行机制中，从资金链的角度看，医疗服务机构是资金分配的枢纽，它不仅直接决定了医疗服务水平的质量和效率，更为重要的是决定了医疗服务成本费用的高低。因此决定社会医疗保险资金是否能最大限度地发挥其制度建设的功效及健康运行的根本，就在于医疗服务机构的定性与改革。尽管医疗服务机构的公益性已是不争的共识，但由于历史的原因和医疗资源的欠缺，使得“以药养医，以医养医”成为当前医疗服务机构运行模式。这就造成了：一方面，社会医疗保险被滥用。不仅成为医疗机构的收入来源，而且医保卡成为投保人的生活消费卡；另一方面，引发了医患矛盾，一定程度地带来了社会问题。

（三）管理体制问题

从上述“三项”基本社会医疗保险运行机制可以看出，职工和城镇居民社会医疗保险由人力资源和社会保障部门管理，新型农村合作医疗保险是由卫生部门管理，也就是说同质的“三项”制度，有两套管理体制，这不仅导致管理成本的上升，也与我国经济社会发展的趋势所决定的社会管理不相适应，因为，在“十二五”结束时，我国城市化率将达到51.7%（目前为47.3%）。因此，构建统一的“三项”基本社会医疗保险制度管理体制，降低管理成本，是我国经济社会发展中构建高效的服务型政府和人力资源管理发展及变化的必然要求。关于这一点，在前面的分析中已经作了比较透彻的分析。

（四）基金管理统筹及预算问题

当前“三项”社会医疗保险制度在资金统筹管理上，省属企业的职工医疗保险的管理在省级社会保险部门，其他企业职工医疗保险在市、县级社会保险部门，新型农村合作医疗保险由县级卫生部门统筹管理，再加上地区间的差异，呈典型的“碎片化”。保险的基本原理在于“大数”法则，体现在具体业务中，统筹管理层次越高，越有利于分散风险，获取财务平衡，确保经营稳定。因此，确立统筹基金管理层次是实现社会医疗保险稳定经营，解决“碎片化”的根本。另一方面，只有解决了基金统筹管理层次，才有利于根据社会保险自身的原理，实施科学合理的预算管理制度，这样不仅可以提高管理的科学性，还有利于资金的有效运用和监督。

（五）医疗设备与药品、药剂问题

作为生产医疗设备和药品、药剂的企业，通过其产品的销售获取利益最大化，这是无可非议的，也是市场经济的必然。但如果利用制度方面的缺失和不完善，与医疗服务机构形成利益共同体，将公共资源转化成企业利润，是有违社会公允的，因此，建立相应的约束规制，也是“三项”基本医疗保险制度健康发展的必然要求。

上述问题的存在既是我国经济社会发展在制度建设上的客观反映，也是制度建设的必然过程，只有在不断的改革和完善中，才能使制度健康有序地运行。我们不主张一项制度建设遇到问题就谁是谁非，或另辟蹊径，因为，即便是福利化国家也未妄称自身的社会医疗保险制度是最完美的。

三　完善社会医疗保险基本制度健康有序发展的路径分析

根据上述揭示的社会医疗基本保险制度运行中存在的问题，结合我国经济发展的状况，应从如下几个方面予以完善。

（一）公平问题

首先在市场经济条件下的公平在于通过制度建设来缩小待遇上的差距，而非平均。当前“三项”社会医疗保险基本制度是基于我国经济体制改革进程中经济社会状况所做的制度性安排。但伴随我国“十一五”规划各项经济社会指标所取得的成效，公共产品供给逐渐形成体系，在农村“种地不纳税，上学不缴费，看病少花钱，养老有津贴，贫困有低保”，使得城乡在公共服务方面的差距进一步缩小。为此，应根据各地经济发展情况，开展城乡社会医疗保险一体化的试点工作，将“三项”社会基本医疗保险制度合并为企业职工和城乡居民“两项”医疗保险制度，最终实现统一的、全覆盖的全民基本医疗保险制度，达到社会医疗保险方面的公平待遇；其次，在确定个人社会保险缴费比例的同时，应该将社会保险费（税）的负担比例与所得税、商品税的税率进行综合统筹考虑。如在提高社会保险费（税）率的同时，相应降低商品税税率，从而不至于影响个人收入和消费水平，以及导致企业成本上升而影响竞争；最后针对特殊嗜好开征相应的税收，实现社会医疗保险筹资和待遇的公平享受。如2000年加拿大魁北克省，为了弥补社会医疗保险基金的不足，体现制度构建的公平性，每包香烟附加1元钱的医疗保险费，起到了一举两得的功效。我国是卷烟和酒的消费大国，也应该设计开征相应的附加税。这不仅可以起到公平负担的作用，更重要的是有利于促进和改善人们的健康生活习惯。在增加社会医疗保险基金来源的同时，也实现了利用经济手段达到禁烟的目的。

（二）医疗服务机构的改革

鉴于我国公共医疗资源的短缺，引入私人资本进入医疗服务领域，不仅可以弥补医疗服务资源的不足，还有利于促进医疗服务水平的提高和该项事业的发展。为此，要将医疗服务机构的公益性落实到实处，不管是从国外的实践还是国内的情况看，根本的改革措施在于医药分离，彻底根除以药养医的现行模式。在药与医分离后，对公立医疗机构来说，对医务工作者根据事业单位专业技术考核和人事制度安排，实施绩效管理和相应的所得税制（包括个人收入）。对于住院和医疗设施和药、药剂的使用在扣除折旧和成本后的收益用所得税给予规范；对于私立医疗机构，根据服务行业平均利润率水平，确定其所得税的起征点，并采取累进税制予以征收，收入越高，税负越重，以此遏制医疗费用的上升。由于从事医疗服务的收入主要来自社会保险费支付，而社会保险费中财政补充部分来自各项税收，因此对医疗服务机构征收的所得税，转为补充社会医疗保险基金，以增强社会医疗保险基金的平衡能力。

（三）关于管理体制问题

“三项”基本社会医疗保险制度，两条管理线路是基于历史原因，新型农村合作医疗保险的实施在于农村乡镇建立的医疗卫生院，但随着农村公共服务供给机制的建立，从2010年起，伴随新型农村养老保险制度试点工作的全面铺开，试点各县乡镇都建立了社会保险所。因此，基于农村公共服务的政府公共服务平台的构建，势在必行。这一方面可以降低公共服务成本，另一方面可以极大地提高服务效率，便利服务对象。因此，可将新型农村合作医疗保险的业务经办并入乡镇一级社会保险所统一经办。这不仅有利于节约管理成本，还有利于发挥监督作用，确保新型农村合作医疗保险基金使用的安全和效率的提高。

（四）实施“碎片”整理

“三项”基本社会医疗保险制度应该最终统筹到省一级进行管理。这既是保险“大数”法则自身规律的客观要求，也是城镇化发展和行政管理体制的必然要求。承保面越大，保险财务平衡的可能就越高。此外，由于城市化的发展，一方面，农村人口向城镇转移，有利于政策的保障与落实，同时省管县已经成为行政管理体制改革发展的趋势。另一方面统筹到省一级在确保社会医疗保险基金安全运行的同时，也有利于统筹解决一些地方性的特殊医疗服务的需求。

将社会医疗保险基金统筹到省一级管理，还有利于建立医疗社会保险基金的复式预算管理模式，科学、严谨的复式预算不仅可以看出社会医疗保险各项收支之间的对应平衡关系，还有利于提升管理的透明度，便于加强监督。

（五）实施药与医分家

药与医分家从根本上切断了医疗服务机构与医疗设备、药业等的利益关系，有利于规范各自的服务与经营行为，有助于回归市场的理性，确保各自健康有序地发展。

在结束整个研究之际，需要说明的是这里没有涉及公务员和事业单位的社会医疗保险制度的原因在于：当前制度建设中主要矛盾不是改不改的问题，而是待遇上的差距问题，也就是说公务员和事业单位的社会医疗保险制度与“三项”基本医疗保险制度最根本的矛盾集中表现于待遇水平上的差距，差距如果不是建立在一个合理而公正的水平上，就会造成心理上的“不公平”，如果不注重这种“不公平”的社会心理，市场化国家的教训表明，结果就是社会的动荡，或失去社会稳定的基础。因此我们认为如果理顺、健全和完善好“三项”基本社会医疗保险制度，再缩小它们与行政、事业单位在医疗保险待遇上的差异，问题就会迎刃而解，也会极大地降低改革成本和代价。

参考文献

1. [印] 阿玛蒂亚·森:《以自由看待发展》,中国人民大学出版社 2002 年版。
2. [印] 阿玛蒂亚·森:《印度:经济发展与社会机会》,社会科学文献出版社 2006 年版。
3. 樊明:《健康经济学健康对劳动市场表现的研究》,社会科学文献出版社 2002 年版。
4. 世界银行:《1990 年世界发展报告》,中国财政经济出版社 1990 年版。
5. 世界银行:《2000/2001 年世界发展报告》,中国财政经济出版社 2001 年版。
6. 卫生部统计信息中心:《第三次国家卫生服务调查分析报告》,中国协和医科大学出版社 2004 年版。
7. 卫生部统计信息中心:《2008 年中国卫生服务调查研究》,中国协和医科大学出版社 2009 年版。
8. 陈迎春:《我国农村健康贫困及农村医疗保障制度理论与实践研究》,博士学位论文,华中科技大学,2005 年。
9. 陈迎春等:《新型农村合作医疗减缓因病致贫效果测量》,《中国卫生经济》2005 年第 8 期。
10. 樊桦:《农村居民健康投资不足的经济学分析》,《中国农村观察》2006 年第 1 期。
11. 高云红、张建华:《贫困概念的演进》,《改革》2006 年第 6 期。
12. 高梦滔、姚洋:《健康风险冲击对农户收入的影响》,《经济研究》2005 年第 12 期。
13. 高建民、周忠良:《互助医疗与新型农村合作医疗缓解因病致的效果比较》,《中国卫生经济》2007 年第 10 期。

14. 贾晓蓉等：《上海市郊区新型农村合作医疗防止“因病致贫”能力研究》，《卫生经济研究》2006 年第 1 期。
15. 李小云、唐丽霞：《艾滋病与贫困的关系研究》，《中国农村观察》2005 年第 3 期。
16. 刘洪钟、刘贵生：《乌盟贫困地区“因病致贫”、“因病返贫”的调查》，《卫生经济研究》1998 年第 8 期。
17. 刘国恩等：《中国的健康人力资本与收入增长》，《经济学季刊》2004 年第 4 卷第 1 期。
18. 马敬东、张亮：《农村贫困家庭健康风险及其干预策略》，《中国初级卫生保健》2005 年第 5 期。
19. 孟庆国、胡鞍钢：《消除健康贫困应成为农村卫生改革与发展的优先战略》，《中国卫生资源》2000 年第 6 期。
20. 孙昂、姚洋：《劳动力的大病对家庭教育投资行为的影响——中国农村的研究》，《世界经济文汇》2006 年第 1 期。
21. 魏众、B. 古斯塔夫森：《中国居民医疗支出不公平性分析》，《经济研究》2005 年第 12 期。
22. 汪燕敏：《居民健康对我国农村居民相对贫困影响的实证研究》，《卫生软科学》2009 年第 8 期。
23. 解垩：《医疗保险与城乡反贫困：1989—2006》，《财经研究》2008 年第 12 期。
24. 朱玲：《农村医疗救助项目的效果》，《卫生经济研究》2006 年第 12 期。
25. 赵忠：《我国农村人口的健康状况及影响因素》，《管理世界》2006 年第 3 期。

附录一

贵州省城镇职工基本医疗保险主要政策

1.《贵州省城镇职工基本医疗保险诊疗项目管理暂行办法》

2.《贵州省城镇职工基本医疗保险诊疗项目范围》

3.《贵州省城镇职工基本医疗保险用药范围管理暂行办法》

4.《贵州省城镇职工基本医疗保险医疗服务设施范围和支付标准暂行办法》

5.《贵州省城镇职工基本医疗保险定点医疗机构管理暂行办法》

6.《贵州省城镇职工基本医疗保险定点零售药店管理暂行办法》

7.《贵州省城镇职工基本医疗保险转诊转院暂行规定》

贵州省城镇职工基本医疗保险诊疗项目管理暂行办法

贵州省劳动和社会保障厅、财政厅、卫生厅、中医药管理局、物价局于2000年12月19日印发（黔劳社厅发〔2000〕22号）。

第一条　为了规范全省城镇职工基本医疗保险诊疗项目，加强基本医疗保险基金的支出管理，根据《关于印发城镇职工基本医疗保险诊疗项目管理、医疗服务设施范围和支付标准意见的通知》（劳社部发〔1999〕22号）结合我省实际，制定本暂行办法。

第二条　基本医疗保险诊疗项目是指符合以下条件的各种医疗技术劳务项目和采用医疗仪器、设备与医用材料进行的诊断、治疗项目：

（一）临床诊疗必需安全有效、费用适宜的诊疗项目；

（二）由省物价部门制定了收费标准的诊疗项目；

（三）由定点医疗机构为参保人员提供的定点医疗服务范围内的诊疗项目。

第三条　基本医疗保险诊疗项目通过制定基本医疗保险诊疗项目范

围和目录进行管理。制定基本医疗保险诊疗项目范围和目录既要考虑临床诊断、治疗的基本需要，也要兼顾我省不同地区经济状况和医疗技术水平的差异，做到科学合理，方便管理。

第四条　贵州省基本医疗保险的诊疗项目范围（见附件），是在国家基本医疗保险诊疗项目范围规定的基础上，由省劳动和社会保障行政部门会同财政、卫生、物价等部门，结合我省实际进行制定和调整，分别列出基本医疗保险不予支付费用的诊疗项目和基本医疗保险支付部分费用的诊疗项目范围。

基本医疗保险不予支付费用的诊疗项目，主要是一些非临床诊疗所必需、效果不确定的诊疗项目以及属于特需医疗服务的诊疗项目。

基本医疗保险支付部分费用的诊疗项目，主要是一些临床诊疗必需、效果确定但容易滥用或费用昂贵的诊疗项目。

第五条　各统筹地区劳动保障部门要严格执行我省制定的基本医疗保险诊疗项目目录。对于我省基本医疗保险诊疗项目目录中所列的基本医疗保险支付部分费用的诊疗项目，各统筹地区劳动保障部门要根据当地实际规定具体的个人自付比例，个人自付比例为15％—20％。

第六条　参保人员发生的诊疗项目费用，属于基本医疗保险不予支付费用诊疗项目目录以内的，基本医疗保险基金不予支付。属于基本医疗保险支付部分费用诊疗项目目录的，先由参保人按规定比例自付后，再按基本医疗保险的规定支付。

第七条　贵州省基本医疗保险诊疗项目范围根据基本医疗保险基金的支付能力和医学技术的发展进行适时调整。

第八条　未列入当地区域卫生规划和按国家有关质量管理规定技术检测不合格的大型医疗设备不得纳入基本医疗保险支付范围。社区卫生服务中的基本医疗服务项目纳入基本医疗保险范围。

第九条　各统筹地区劳动保障部门对基本医疗保险支付部分费用的诊疗项目范围管理，应制定相应的管理办法。

第十条　对基本医疗保险诊疗项目的管理工作，各统筹地区劳动保障部门要和财政、卫生、物价、中医药管理部门密切配合，听取有关专家的意见，共同做好城镇职工基本医疗保险诊疗项目的管理工作。

第十一条　本办法适用于全省各统筹地区。

第十二条　本办法由省劳动和社会保障厅负责解释。

贵州省基本医疗保险诊疗项目范围

贵州省劳动和社会保障厅、财政厅、卫生厅、中医药管理局、物价局于 2000 年 12 月 19 日印发（黔劳社厅发〔2000〕22 号）。

一、基本医疗保险不予支付费用的诊疗项目范围

（一）服务项目类

1. 挂号费、院外会诊费、病历工本费等。

2. 出诊费、检查治疗加急费、点名手术附加费、优质优价费、自请特别护士等特需医疗服务。

（二）非疾病治疗项目类

1. 各种美容、健美项目以及非功能性整容、矫形手术等。

2. 各种减肥、增胖、增高项目。

3. 各种健康体检。

4. 各种预防、保健性的诊疗项目。

5. 各种医疗咨询、医疗鉴定。

（三）诊疗设备及医用材料类

1. 应用正电子发射断层扫描装置（PET）、电子束 CT、眼科准分子激光治疗仪等大型医疗设备进行的检查、治疗项目。

2. 眼镜、义齿、义眼、义肢、助听器等康复性器具。

3. 各种自用的保健、按摩、检查和治疗器械。

4. 省物价部门规定不可单独收费的一次性医用材料。

（四）治疗项目类

1. 各类器官或组织移植的器官源或组织源。

2. 除肾脏、心脏瓣膜、角膜、皮肤、血管、骨、骨髓移植外的其他器官或组织移植。

3. 近视眼矫形术。

4. 气功疗法、音乐疗法、保健性的营养疗法、磁疗等辅助性治疗项目。

（五）其他

1. 各种不育（孕）症、性功能障碍的诊疗项目。

2. 各种科研性、临床验证性的诊疗项目。

二、基本医疗保险支付部分费用的诊疗项目范围

（一）诊疗设备及医用材料类

1. 应用X—射线计算机体层摄影装置（CT）、立体定向放射装置（γ—刀、X—刀）、心脏及血管造影X线机（含数字减影设备）、核磁共振成像装置（MRI）、单光子发射电子计算机扫描装置（SPECT）、彩色多普勒仪、医疗直线加速器等大型医疗设备进行的检查、治疗项目。

2. 体外震波碎石与高压氧治疗。

3. 心脏起搏器、人工关节、人工晶体、血管支架等体内置换的人工器官、体内置放材料。

4. 我省物价部门规定的可单独收费的一次性医用材料。

（二）治疗项目类

1. 血液透析、腹膜透析。

2. 肾脏、心脏瓣膜、角膜、皮肤、血管、骨、骨髓移植。

3. 心脏激光打孔、抗肿瘤细胞免疫疗法和快中子治疗项目。

（三）省劳动保障部门规定的价格昂贵的医疗仪器与设备的检查、治疗项目和医用材料。

贵州省城镇职工基本医疗保险用药范围管理暂行办法

贵州省劳动和社会保障厅、物价局、经济贸易委员会、财政厅、卫生厅、药品监督管理局于2000年12月6日印发（黔劳社厅发〔2000〕8号）。

第一条　根据《城镇职工基本医疗保险用药范围管理暂行办法》（劳社部发〔1999〕15号），结合贵州省的实际情况，制定本办法。

第二条　基本医疗保险用药范围按国家制定的《基本医疗保险药品目录》（以下简称《药品目录》）和我省制定的《贵州省基本医疗保险药品目录》进行管理。

第三条　以下药品不得纳入基本医疗保险用药范围：

（一）主要起营养滋补作用的药品；

（二）部分可以入药的动物及动物脏器、干（水）果类；

（三）用中药材和中药饮片炮制的各类酒制剂；

（四）各类药品中的口服果味制剂、泡腾剂；

（五）外用护肤药品；

（六）血液制品、蛋白类制品（特殊适应症与急救抢救除外）；

（七）健字号、食字号药品；

（八）劳动保障部及贵州省劳动和社会保障厅规定基本医疗保险基金不予支付的其他药品。

第四条 已列入基本医疗保险用药范围内的药品，有下列情况之一的，予以删除：

（一）药品监管局撤销批准文号的；

（二）药品监管局吊销《进口药品注册证》的；

（三）药品监管局禁止生产、销售和使用的；

（四）经主管部门查实，在生产、销售过程中有违法行为的；

（五）以各种生活用具包装的药品；

（六）在评审过程中有弄虚作假行为的。

第五条 《药品目录》分为“甲类目录”和“乙类目录”。“甲类目录”的药品是临床治疗必需，使用广泛，疗效好，同类药品中价格低的药品。“乙类目录”的药品是可供临床治疗选择使用，疗效好，同类药品中比“甲类目录”药品价格略高的药品。

第六条 药品“甲类目录”由国家统一制定，完全列入贵州省基本医疗保险用药范围，各地不得调整。使用“甲类目录”的药品所发生的费用，按基本医疗保险的规定支付。

第七条 药品“乙类目录”由国家制定，由省根据情况进行相应调整，调整幅度不超过15%，各统筹地区不得自行调整。调整后的“乙类目录”列入贵州省基本医疗保险用药范围。

第八条 调整“乙类目录”遴选的基本原则为临床必需、安全有效、价格合理、使用方便、市场能保证供应的药品，并具备以下条件之一：

（一）《中华人民共和国药典》（现行版）收载的药品；

（二）符合国家药品监督管理部门颁发标准的药品；

（三）国家药品监督管理部门批准正式进口的药品；

（四）在国家基本用药范围内的药品。

在符合以上基本条件的基础上，优先选择质优价廉药、国产药、本地药。

第九条 对“乙类目录”中易滥用、毒副作用大的药品，根据药品的适应症和医院级别分别予以限定使用。

第十条 使用“乙类目录”的药品所发生的费用，先由参保人员自付一定比例（具体比例各统筹地区掌握在15%—20%内确定后，报省劳动和社会保障厅备案），再按基本医疗保险的规定支付，今后视情况作相应调整。

第十一条　中药饮片在《药品目录》中列基本医疗保险基金不予支付的药品目录，药品名称采用药典名。

第十二条　各统筹地区根据以下原则确定医院制剂是否进入当地的用药范围：

（一）统筹地区药品监管部门许可、劳动保障部门批准；

（二）有规范的制剂标准、可靠的有效期限；

（三）临床必需、安全有效、价格合理、使用方便、能保证供应。

第十三条　使用“医院制剂”所发生的费用，先由参保人员自付30%，其余部分按基本医疗保险的规定支付。

第十四条　《贵州省基本医疗保险药品目录》按劳动和社会保障部有关规定作定期调整。

第十五条　《贵州省基本医疗保险药品目录》的组织制定工作由劳动和社会保障厅负责，并成立由有关部门参加的药品目录评审领导小组，下设办公室。评审领导小组在全省范围内选择有关专家，组成药品遴选专家组，负责遴选药品。办公室负责其中的具体工作。

第十六条　本办法自发布之日起施行。

贵州省城镇职工基本医疗保险医疗服务设施范围和支付标准暂行办法

贵州省劳动和社会保障厅、财政厅、卫生厅、物价局于2000年12月19日印发（黔劳社厅发〔2000〕21号）。

一、基本医疗保险医疗服务设施是指由定点医疗机构提供的，参保人员在接受诊断、治疗和护理过程中必需的生活服务设施。

二、基本医疗保险医疗服务设施费用主要包括住院床位费及门（急）诊留观床位费，对已包含在住院床位费或门（急）诊留观床位费中的日常生活用品、消毒费、院内运输用品和水、电等费用，基本医疗保险基金不另行支付，定点医疗机构也不得再向参保人员单独收费。

三、基本医疗保险基金不支付的生活服务项目和服务设施费用，主要包括：

（一）就（转）诊交通费、急救车费；

（二）空调、电视、电话、婴儿保温箱、食品保温箱、电炉、电烤箱、微波炉、电冰箱、炉灶等生活设施使用费及损坏公物赔偿费；

（三）陪护费、护工费、洗理费、门诊煎药费；

（四）膳食费；

（五）文娱体育活动费、报纸杂志费以及其他特需生活服务费用。

四、基本医疗保险住院床位费支付标准分为以下三类：

（一）普通住院病房床位费标准；

（二）需隔离以及危重病人的住院床位费标准；

（三）门（急）诊留观床位费标准。

以上床位费收费标准由各统筹地区按照省和当地物价部门规定的床位费标准执行。

门（急）诊留观床位费支付标准不得超过普通住院病房床位费标准。

五、定点医疗机构要公开上述床位费收费标准，在安排床位时，应将其收费标准告知参保人员或家属。参保人员可以根据定点医疗机构的建议，自主选择不同档次的床位。

六、参保人员的实际床位费低于基本医疗保险住院床位费的，按实际费用支付；高于基本医疗保险住院床位费的，超出部分由参保人员自付。

七、各统筹地区社会保险经办机构要加强对医疗服务设施费用的审核工作，严格按照基本医疗保险医疗服务设施项目范围和支付标准支付费用。对因医疗机构管理不当，导致不合理的费用，可通报批评或扣减基本医疗保险结算费用直至取消定点资格。

八、劳动保障部门在组织制定基本医疗保险医疗服务设施范围和支付标准时，要充分征求财政、卫生、物价等部门的意见。物价部门在组织制定有关基本医疗保险医疗服务设施项目收费标准时，也要充分征求上述部门的意见。各有关部门要加强联系，密切协作，共同做好基本医疗保险医疗服务设施项目的管理工作。

贵州省城镇职工基本医疗保险定点医疗机构管理暂行办法

贵州省劳动和社会保障厅、卫生厅、中医药管理局于2000年4月3日印发（黔劳社厅发〔2000〕7号）。

第一章 总 则

第一条 根据劳动和社会保障部、卫生部和国家中医药管理局印发的《城镇职工基本医疗保险定点医疗机构管理暂行办法》规定（劳社部发〔1999〕14号），制定本办法。

第二条　定点医疗机构是指经统筹地区劳动保障部门审查，并经社会保险经办机构确定的，为城镇职工基本医疗保险参保人员提供医疗服务的医疗机构。

第三条　定点医疗机构审查和确定的原则是：方便参保人就医并便于管理；兼顾专科与综合、中医与西医，注重发挥社区卫生资源的利用效率，合理控制医疗服务成本和提高医疗服务质量。

第四条　本办法适用于全省各统筹地区。

第二章　定点医疗机构申报

第五条　定点医疗机构的申报范围是：经卫生行政部门、中医行政部门批准并取得《医疗机构执业许可证》的医疗机构和经军队主管部门批准有资格对外服务的军队医疗机构：

（一）综合医院、中医医院、中西医结合医院、民族医院、专科医院；

（二）中心卫生院、乡（镇）卫生院、街道卫生院、妇幼保健院（所）；

（三）综合门诊部、专科门诊部、中医门诊部、中西医结合门诊部、民族医院门诊部；

（四）诊所、中医诊所、民族医院诊所、卫生所、医务室；

（五）专科疾病防治所（院、站）；

（六）经地级以上卫生行政部门批准设置的社区卫生服务机构。

第六条　下列医疗机构暂不属于定点医疗机构申报范围：

（一）各种疗养院、康复院；

（二）外商独资、中外合资办的医疗机构；

（三）私立（含股份制）医疗机构（院、所、站）；

（四）各类性病医疗机构。

第七条　愿意承担城镇职工基本医疗保险定点服务的医疗机构，应按照统筹地区劳动保障行政部门统一印制的《定点医疗机构申请书》填报书面申请。并提供以下材料：

（一）执业许可证副本；

（二）大型医疗仪器设备清单（三级医院20万元以上、二级医院10

万元以上、一级医院1万元以上）；

（三）上一年度业务收支情况及医院会计年度报表，其中收入支出总表（会医02表）、医疗收支明细表（会医02表附表1）、药品收支明细表（会医02表附表2）；

（四）上一年度医疗服务量及基层卫生单位统计表2（卫统2表）；

（五）医疗机构等级评审标准的证明材料（等级证书）；

（六）门诊部、诊所、医务室要附执业医师证书（或职称证书）、执业护士证书复印件；

（七）药品监督管理和物价部门监督检查合格的有关证明材料；

（八）主管部门下达的药品收入控制指标的证明材料（原件及复印件）。

（九）由劳动保障行政部门规定的其他材料。

第八条　各医疗机构的分设机构如分院（站、所）、协作医院（站、所）应独立申报。

第九条　定点医疗机构的申报受理工作由各统筹地区劳动保障行政部门负责；省级统筹定点医疗机构申报工作由省级劳动保障行政部门负责。

第十条　申报定点的医疗机构必须全员参加基本医疗保险。

第十一条　申报定点的医疗机构必须实行医、药分开管理，分别核算。药品收入应严格控制在主管部门和卫生行政部门规定范围内。

第三章　定点医疗机构的资格审查及认定

第十二条　定点医疗机构的审查和资格认定由各统筹地区劳动保障行政部门负责。审查工作实行公开、公平、公正的原则。

第十三条　各统筹地区应组建由劳动保障、卫生、中医管理等部门参加的定点医疗机构资格审查委员会或工作小组。

第十四条　定点医疗机构资格审查委员会或工作小组的职责主要是根据医疗机构的申请和提供的各项材料，对医疗机构的定点资格进行审查。审查结果和建议报各统筹地区劳动保障行政部门。各统筹地区劳动保障行政部门依照定点医疗机构审查委员会或工作小组提供的审查结果和建议，结合本统筹地区基本医疗保险的实际需要，认定资格，并发放定点医疗机构资格证书。

第四章　定点医疗机构的确定

第十五条　各统筹地区社会保险经办机构在获得定点资格的医疗机构范围内确定定点医疗机构。同时发放定点医疗机构标牌，并向社会公布，供参保人员选择定点。

第十六条　各统筹地区社会保险经办机构要与确定的定点医疗机构签订包括服务范围、服务内容、服务质量、费用审核与控制等内容的协议，明确双方的责任、权利和义务。

第十七条　定点医疗机构和社会保险经办机构要认真履行协议所规定条款。协议双方发生争议时，应首先报统筹地区劳动保障行政部门调解或仲裁。协议有效期二年。任何一方违反协议，对方有权解除协议，但须提前3个月通知对方和有关参保人。

第五章　参保人员对定点医疗机构的选择

第十八条　参保人员在本统筹地区社会保险经办机构确定的定点医疗机构（含专科医院、中医及中西医结合医院）范围内，选择个人就医的定点医疗机构。

第十九条　参保人所在单位按照参保人员对定点医疗机构的选择意向填入参保人员登记表（花名册），统一汇总后报送统筹地区社会保险经办机构，社会保险经办机构根据参保人员的选择意向统筹确定定点医疗机构。

第二十条　参保人员选择定点医疗机构的数量原则上为2至4家。具体数量由各统筹地区社会保险经办机构根据管理能力确定。其中必须有1至2家基层医疗机构（包括一级医院以及各类卫生院、门诊部、诊所、卫生所、医务室和社区医疗服务机构）。今后随着管理能力的提高，各统筹地区社会保险经办机构可逐步扩大参保人员选择定点医疗机构的数量。

第二十一条　参保人员对选定的定点医疗机构，可在1年后提出更改要求报本人所在单位，由单位统一报送统筹地区社会保险经办机构办理变更手续。

第六章　定点医疗机构管理

第二十二条　定点医疗机构必须严格遵守《中华人民共和国医疗机

构管理条例》及相关法律、法规。遵守基本医疗保险的有关制度规定。

第二十三条　定点医疗机构应组建与基本医疗相适应的管理机构并配备专（兼）职管理人员，与社会保险经办机构共同做好定点医疗服务管理工作：

（一）地、州、市级及二级以上医院要组建相应的医疗保险管理机构；

（二）县级及一级医院要有一名院领导具体负责，并指定2至4名专（兼）职管理人员；

（三）各类门诊部、诊所要有一名负责人具体负责。

第二十四条　定点医疗机构要严格执行医疗服务与药品管理分开核算、分别管理的原则。要加强药品管理工作，保证药品质量。严格执行国家、贵州省各级物价部门规定的药品价格政策。药品的进销价要张榜公布，并接受物价部门及社会保险经办机构的监督检查。

第二十五条　各定点医疗机构要根据基本医疗保险病种目录，制定参保人员的入、出院标准，严格入、出院登记手续。符合入院标准的，不得推诿；达到出院标准的，不得拖延出院时间。

第二十六条　定点医疗机构要建立健全各项质量管理制度，提高医务人员服务质量和技术水平。对参保人的入院治疗做到三级查房、三查七对、病例分析讨论、病例备案、处方及病案书写质量管理等制度。

第二十七条　定点医疗机构要严格医疗规范，坚持因病施治，合理用药，合理检查，合理收费。严禁“大处方”“人情方”，严禁滥用大型医用仪器设备检查，严禁乱收费：

（一）参保人员因病用药必须在基本医疗保险用药目录内选择，凡能使用甲类药品就能达到治疗效果，原则上不得使用乙类药品。门诊处方一般不超过三天量；慢性病不超过七天量；慢性肝炎、结核病不超过一个月量。

（二）参保人员医疗检查必须符合基本医疗保险诊疗项目和基本医疗保险医疗服务设施标准规定。凡能使用一般性检查就能满足诊断治疗需要的，严禁使用大型医用仪器设备检查。大型医用仪器设备检查，要按规定逐级审批。

（三）医疗收费要严格执行物价部门制定的收费标准。应将收费项目和收费标准张榜公布，并报社保经办机构备案。严禁超标准收费、分解收费、重复收费和巧立名目乱收费。

第二十八条　参保人员应严格按照基本医疗保险有关规定，规范自己的就医行为，就医时要主动出示医疗保险证。不得点名要药或提其他不合理要求，对点名要药或提其他不合理要求者，定点医疗机构有权拒绝。

第二十九条　定点医疗机构对参保人员实行首诊医师负责制，严格转诊转院手续。参保人员省内转院由统筹地区社会保险经办机构批准；省外转院按《贵州省基本医疗保险转诊转院规定》办理。

第三十条　定点医疗机构对基本医疗保险参保人员要单独建账，对诊疗项目、费用发生要逐一登记，并统一使用统筹地区劳动保障部门印制的医疗保险专用处方。参保人出院时要附一份各项收费项目清单。

第三十一条　定点医疗机构在参保人员就医时，应严格对证（医疗保险证）对相片。凡冒名就医所发生的医疗费用社会保险经办机构不予支付。

第三十二条　参保人应在选定的定点医疗机构就医并可自主决定在定点医疗机构购药或持处方到定点零售药店购药。

第三十三条　除急诊和急救外，参保人员在非选定的定点医疗机构就医发生的费用，不得由基本医疗保险基金支付。对急诊和急救的参保人员，均需附上病例，处方和院方疾病证明。凡不属急诊的参保人，经查实给予相应处罚。

第三十四条　按照基本医疗保险规定，属于参保人员个人负担的费用，由定点医疗机构向参保人员收取。属于基本医疗保险费支付部分，由定点医疗机构与社会保险经办机构结算，具体结算办法由各统筹地区劳动保障行政部门制定。

第三十五条　社会保险经办机构负责对定点医疗机构参保人员医疗费用进行检查和审核，定点医疗机构负责提供检查、审核所需的全部诊治资料及账目清单，对不符合规定的医疗费用，社会保险经办机构不予支付。

第三十六条　各统筹地区劳动保障部门要与卫生、物价等有关部门配合，加强对定点医疗机构的监督检查，对违反规定的定点医疗机构可视不同情况，责令限期改正，或通报卫生部门给予批评，直至取消定点资格。

第七章　其　他

第三十七条　本办法由省劳动保障行政部门负责解释。

第三十八条　本办法自发布之日起执行。

贵州省城镇职工基本医疗保险定点零售药店管理暂行办法

贵州省劳动和社会保障厅、药品监督管理局于2000年6月12日印发（黔劳社厅发〔2000〕10号）。

第一章　总　则

第一条　根据劳动保障部和国家药品监督管理局制定的《城镇职工基本医疗保险定点零售药店管理暂行办法》（劳社部发〔1999〕16号），制定本办法。

第二条　定点零售药店是指经统筹地区劳动保障行政部门审查，并经社会保险经办机构确定的，在基本医疗保险用药范围内为城镇职工基本医疗保险参保人员提供处方外配服务的零售药店。

第三条　定点零售药店审查和确定的原则是：保证基本医疗保险用药的品种和质量；引入竞争机制，合理控制药品服务成本；方便参保人员就医后购药和便于管理。

第四条　本办法适用于全省各统筹地区。

第二章　定点零售药店的申报

第五条　定点零售药店应具备以下资格与条件：

（一）持有《药品经营企业许可证》《药品经营企业合格证》和《营业执照》，经药品监督管理部门年检合格；

（二）遵守《中华人民共和国药品管理法》《国务院关于建立城镇职工基本医疗保险制度的决定》《贵州省建立城镇职工基本医疗保险制度改革实施规划》及有关法规，有健全和完善的药品质量保证制度，能确保供药安全、有效和服务质量；

（三）严格执行国家、省及当地规定的药品价格政策，经物价部门监督检查合格；

（四）有足够的注册资金、自有资金和稳定可靠的营业场地，具备及时供应基本医疗保险用药、24小时提供服务的能力；

（五）能保证营业时间内至少有1名药师在岗，营业人员需经地级以上药品监督管理部门培训合格；

（六）严格执行城镇职工基本医疗保险制度有关政策规定，有规范的内部管理制度，配备必要的管理人员和设备。

第六条　愿意承担城镇职工基本医疗保险定点服务的零售药店，应按省劳动保障行政部门统一印制的定点零售药店申请书填报书面申请，并提供以下证明材料：

（一）《药品经营企业许可证》《药品经营企业合格证》和《营业执照》副本；

（二）药师以上药学技术人员的职称证书复印件；药品营业人员培训合格证明材料；

（三）药品经营品种清单及上一年度财务报表；

（四）药品监督管理、物价部门监督检查合格的证明材料；

（五）工商部门提供的注册资金和金融部门提供的自有资金证明材料；

（六）营业场地房产证或租用契约证书复印件；

（七）店内的法人代表和基本医疗保险管理人员、联系人，以及营业人员的花名册；

（八）劳动保障行政部门规定的其他材料。

第七条　零售药店应以营业点（分店、门市部）为单位申报。

第八条　定点零售药店申报受理工作由各统筹地区劳动保障行政部门负责。

第三章　定点零售药店的审查及资格认定

第九条　定点零售药店的审查和资格认定由各统筹地区劳动保障行政部门负责。审查工作实行公开、公平、公正。资格认定结果向社会公布。

第十条　各统筹地区应组建有劳动保障、药品监督、工商、物价和经贸委等部门参加的定点零售药店资格审查委员会或工作小组。

第十一条　定点零售药店资格审查委员会或工作小组根据劳动保障行政部门提交的零售药店的申请和各项材料，对零售药店的定点资格进行审查。审查结果和建议报各统筹地区劳动保障行政部门。

第十二条　各统筹地区劳动保障行政部门依照定点零售药店资格审查委员会或工作小组提供的审查结果和建议，结合本统筹地区基本医疗保险的实际需要，认定资格，并发放资格证书。

第四章　定点零售药店的确定

第十三条　统筹地区社会保险经办机构在获得定点资格的零售药店范围内，根据基本医疗保险的实际需要确定定点零售药店，并发放定点零售药店标牌，向社会公布，供参保人员选择购药。

第十四条　各统筹地区社会保险经办机构在确定定点零售药店的同时与其签订包括服务范围、服务内容、服务质量、药费审核与控制等内容的协议，明确双方的责任、权利和义务。

第五章　定点零售药店管理

第十五条　定点零售药店应严格遵守以下规定：

（一）遵守《中华人民共和国药品管理法》和《药品商业销售质量管理规范》等有关法律、法规；

（二）严格执行规定的药品价格政策，药品的进、销价要张榜公布，接受物价及社会保险经办机构的监督检查；

（三）严格执行基本医疗保险用药管理规定，在基本医疗保险用药目录内，向参保人员提供处方外配服务；

（四）严格药品质量管理，有稳定可靠的进货渠道。属于各级医药公司或连锁药店管辖的定点零售药店，应实行药品统配制度；

（五）提供整洁的营业场所和必需的服务设施，保证基本医疗保险用药的供应和 24 小时提供服务；

（六）保证营业时间内至少有 1 名药师在岗；

（七）严格执行城镇职工基本医疗保险制度有关政策规定，建立和健全规范的与社会医疗保险相适应的内部管理制度，配备必要的管理人员和设备。

第十六条　社会保险经办机构与定点零售药店的协议有效期一般为一年。任何一方违反协议，对方均有权解除协议，但须提前通知对方和参保人，并报劳动保障行政部门备案。

第十七条　外配处方必须由定点医疗机构的在职医师开具，有在职医师签名和定点医疗机构盖章。处方要有营业员签字、药师审核签字，并保存 2 年以上以备核查。

第十八条　由于处方外配造成的责任事故按《医疗事故处理办法》

处理或承担相应的法律责任。

第十九条　定点零售药店对外配处方要分别管理、单独建账。要定期向统筹地区社会保险经办机构报告处方外配服务及费用发生情况。

第二十条　社会保险经办机构要加强对定点零售药店处方外配服务情况的检查和费用的审核。定点零售药店有义务提供与费用审核相关的资料及账目清单。

第二十一条　社会保险经办机构要按照基本医疗保险有关政策规定，进行费用结算。参保人员持外配处方在定点零售药店购药：

（一）个人账户有资金时由个人账户支付；

（二）个人账户无资金时由个人支付；

（三）乙类药品自付部分和非基本医疗保险用药费用由定点零售药店直接向参保人员收取；

（四）定点零售药店与经办机构的费用结算按协议支付；

对违反规定的费用，社会保险经办机构不予支付。

第二十二条　劳动保障行政部门要会同药品监督管理局、物价局、经贸委等部门，加强对定点零售药店处方外配服务和管理的监督检查。劳动保障行政部门要对定点零售药店的资格进行年度审核，对违反规定的定点零售药店，可视不同情况，责令其限期改正，或取消其定点资格。

第二十三条　本办法自发布之日起执行。

贵州省城镇职工基本医疗保险转诊转院暂行规定

贵州省劳动和社会保障厅、卫生厅于2000年11月8日印发（黔劳社厅发〔2000〕9号）。

第一条　为加强和规范城镇职工基本医疗保险转诊转院管理工作，特制定本规定。

第二条　本规定适用范围是参加贵州省城镇职工基本医疗保险的人员（以下简称参保人员）及所有城镇职工。

第三条　转诊转院是指参保人员及城镇职工因病在定点医疗机构诊治时，定点医疗机构因医疗仪器设备条件或技术方面原因，必须转由上一级医疗机构、专科医疗机构或有特长的医疗机构进一步诊治。

第四条　转诊转院分同地、省内异地和省外转诊转院三类：同地转诊转院指参保人员由本人定点医疗机构转往所在地上一级医疗机构或专科医疗机构或有特长的医疗机构；省内异地转诊转院指下级医疗机构转往异地上一级医疗机构（即县转地、地转省）；省外转诊转院原则上指转往国家卫生部部属医疗机构或有特长的其他省、自治区、直辖市级专科医疗机构。

第五条 转诊转院的基本原则是：凡属定点医疗机构能够诊治的，不得转往其他医疗机构；凡属省内医疗机构能够诊治的，不得转往省外；确需转诊转院的，要逐级往上转，不得越级。

精神病、法定传染病、截瘫、晚期癌症患者原则上不能转省外治疗。

第六条 转诊转院按以下程序办理：

（1）同地转诊转院由定点医疗机构提出转诊转院建议（疾病证明书），并附病历摘要和检查结果报告书，送社会保险经办机构审批即可；

（2）省内异地转诊转院，县转地按（1）要求办理；地转省（含贵阳地区以外的省属医疗机构），由统筹地区社会保险经办机构指定的有转诊转院资格的医疗机构出具转诊转院证明书，并附病历摘要和检查结果报告书，经统筹地区社会保险经办机构审批、出具省内基本医疗保险转诊转院介绍信即可；

（3）省外转诊转院，由贵州省人民医院、贵阳医学院附属医院、遵义医学院附属医院、贵阳市第一人民医院和贵阳中医学院第一附属医院（只能转往部属中医医院）其中一家医院按上述要求并出具转诊转院证明书，经参保人员所在单位同意和统筹地区社会保险经办机构审核同意后，报省社会保险经办机构审批、出具转诊转院介绍信。

第七条 全省各医疗机构要按转诊转院的基本原则，认真做好参保人员转诊转院管理工作，基层医疗机构（含一级医院及各类门诊部、诊疗所、医务室等）要有一名负责人负责这项工作；二级以上医院由主治医师提出转诊转院建议（疾病证明书），科主任签字，医务（医教）科方能办理转诊转院证明书。

因医疗机构管理不当，导致转出本可诊治的疾病患者，各统筹地区社会保险经办机构可通报其主管部门给予批评，或核减基本医疗保险结算费用，或报劳动保障行政部门取消定点资格。

第八条 省内各医疗机构对转诊转院来的基本医疗保险参保人员，应严格按照基本医疗保险规定提供医疗服务。凡原转诊医疗机构检查结果已能满足诊断治疗要求的，接收医疗机构不得重做。诊疗终结后，应提供所有费用结算清单。社会保险经办机构有权查询、复核，医疗机构有义务提供审核医疗费用所需的全部诊治资料及账目清单。对不属于基本医疗保险支付的费用，社会保险经办机构可拒付或由收治医疗机构所在地社会保险经办机构在结算费用中扣减。

第九条　参保人员转诊转院后，应严格遵守医疗机构的各项管理规定，主动配合治疗，不得提出与治疗不相符的医疗服务要求。

第十条　参保人员转诊转院期间的医疗费，诊疗终结后，持发票及费用结算清单回统筹地区社会保险经办机构按《基本医疗保险费用结算办法》报销。交通费及在医疗机构以外的住宿费按（卫计字〔89〕第138号）文件规定处理。

凡转省外医疗的人员，可适当增加个人自付比例，具体比例由各统筹地区自定。

第十一条　本暂行规定自发布之日起执行。

附录二

《贵州省基本医疗保险和工伤保险药品目录》(简称《药品目录》)是基本医疗保险、工伤保险基金支付药品费用的标准。临床医师根据病情开具处方及参保人员购买和使用药品不受《药品目录》的限制。“凡例”是《药品目录》的组成部分，是对《药品目录》中药品的分类与编号、名称与剂型、使用范围限定等内容的解释和说明。

一、目录构成

(一)《药品目录》中的药品分西药、中成药和中药饮片三部分。其中，基本医疗保险、工伤保险基金准予支付费用的西药品种分别为 1148 个和 1152 个，中成药品种 930 个，民族药品种 47 个。医疗保险、工伤保险基金不予支付费用的中药饮片 127 种及 1 个类别，其中，单方不予支付的有 99 种，单、复方均不予支付的有 28 种和 1 个类别。

(二)基本医疗保险药品分甲、乙类。西药部分甲类品种有 315 个，乙类品种有 833 个；中成药部分的甲类品种有 135 个，乙类品种有 795 个。工伤保险药品不分甲、乙类。

二、编排与分类

(三)西药、中成药、民族药分别按药品品种编号，不同剂型的同一品种只编一个号，重复出现时标注“★”，并在括号内标注该品种编号。药品编号的先后次序无特别含义。

(四)西药主要依据临床药理学和临床科室用药分类，中成药主要依据临床科室用药和功能主治分类。临床各科医师依据病情用药，不受《药品目录》分类的限制。

三、名称与剂型

(五)除在“备注”一栏标有“◇”的药品外，西药名称采用中文通用名和英文国际非专利药名(INN)中表达化学成分的部分，未包括命名中的盐基、酸根部分，剂型单列。

中成药名称采用药品标准中的正式品名。为使编排简洁，在甲乙分类、给药途径相同的情况下，对正式品名相同但剂型不同的药品并列。如藿香正气丸、藿香正气颗粒、藿香正气胶囊、藿香正气软胶囊、藿香正气片、藿香正气滴丸、藿香正气口服液 7 个品种表达为藿香正气丸（颗粒、胶囊、软胶囊、片、滴丸、口服液）。

（六）西药剂型在《中国药典》（2000 年版）“制剂通则”规定的基础上进行归类处理，未归类的剂型以《药品目录》标注的为准。

归类后标注的剂型所包含的具体剂型见下表：

标注的剂型	包含的剂型
口服常释剂型	普通片剂（片剂、肠溶片、包衣片、薄膜衣片、糖衣片、浸膏片、分散片、划痕片）、硬胶囊、软胶囊（胶丸）、肠溶胶囊
缓释控释剂型	缓释片、缓释包衣片、控释片；缓释胶囊、控释胶囊
口服液体剂	口服溶液剂、口服混悬剂、口服乳剂、胶浆剂、口服液、乳液、乳剂、胶体溶液、合剂、酊剂、滴剂、混悬滴剂
丸剂	丸剂、滴丸
颗粒剂	颗粒剂、肠溶颗粒剂
口服散剂	散剂、药粉、粉剂
外用散剂	散剂、粉剂、撒布剂、撒粉
软膏剂	软膏剂、乳膏剂、霜剂、糊剂、油膏剂
贴剂	贴剂、贴膏剂、膜剂、透皮贴剂
外用液体剂	外用溶液剂、洗剂、漱口剂、含漱液、胶浆剂、搽剂、酊剂、油剂
硬膏剂	硬剂、亲水硬膏剂
凝胶剂	乳胶剂、凝胶剂
涂剂	涂剂、涂膜剂、涂布剂
栓剂	栓剂、肛门栓、阴道栓
滴眼剂	滴眼剂、滴眼液
耳剂	滴耳剂、滴耳液
滴鼻剂	滴鼻剂、滴鼻液
吸入剂	喷剂、气雾剂、喷鼻剂、喷粉剂、喷雾剂、雾化吸入剂、雾化混悬液、雾化溶液剂、雾化吸入液、吸入性粉剂、干粉剂、干粉吸入剂、粉末吸入剂、干粉吸剂、吸入性溶液剂、吸入性混悬液
注射剂	注射剂、注射液、注射用溶液剂、静脉滴注用注射液、注射用混悬液、注射用无菌粉末、静脉注射针剂、水针、注射用乳剂、粉针剂、针剂、无菌粉针、冻干粉针

（七）有关名称与剂型的解释：

1. 通用名称中主要化学成分部分与《药品目录》中名称一致且剂型相同，而商品名或规格不同的西药，属于《药品目录》的药品。

2. 通用名称中主要化学成分部分与《药品目录》中的名称一致且剂型相同，而不同酸根或不同盐基的西药，属于《药品目录》的药品。

3. 正式品名中剂型前的部分与《药品目录》中名称剂型前的部分一致且剂型相同，而商品名或规格不同的中成药，属于《药品目录》的药品。

（八）“备注”栏标有“◇”的药品，因其组成和适应症类似而进行了归类，所标注的名称为一类药品的统称。具体如下：

1. 西药部分第 191 号“动物骨多肽注射制剂”包括骨肽注射剂和鹿瓜多肽注射剂。

2. 西药部分第 199 号“缓解感冒症状的复方 OTC 制剂”，是指 2003 年 12 月 31 日之前国家食品药品监督管理局公布的第一至第六批非处方药目录中呼吸系统用药范围的成人用复方制剂，包括的具体品种见下表（复方成分及剂量参见非处方药目录）。

序号	药品名称	序号	药品名称
1	氨酚咖黄烷胺片	50	复方桔梗麻黄碱糖浆（Ⅱ）
2	氨酚美伪滴剂	51	复方桔梗远志麻黄碱片Ⅰ
3	氨酚美伪麻片	52	复方桔梗远志麻黄碱片Ⅱ
4	氨酚美伪麻片与苯酚伪麻片	53	复方氯丙那林鱼腥草素钠片
5	氨酚那敏三味浸膏胶囊	54	复方麻黄碱糖浆
6	氨酚烷胺咖敏胶囊	55	复方枇杷氯化铵糖浆
7	氨酚烷胺那敏胶囊	56	复方氢溴酸右美沙芬胶囊
8	氨酚伪麻胶囊	57	复方氢溴酸右美沙芬糖浆
9	氨酚伪麻咀嚼片	58	复方忍冬藤阿司匹林片
10	氨酚伪麻颗粒剂	59	复方锌布颗粒剂
11	氨酚伪麻美那敏片	60	复方盐酸伪麻黄碱缓释胶囊
12	氨酚伪麻那敏胶囊	61	复方银翘氨敏胶囊
13	氨酚伪麻那敏胶囊（夜用）	62	复方愈创木酚磺酸钾口服溶液
14	氨酚伪麻那敏咀嚼片	63	复方愈酚喷托那敏糖浆
15	氨酚伪麻那敏片	64	咖酚伪麻片
16	氨酚伪麻那敏溶液	65	科达琳
17	氨酚伪麻片	66	柳酚咖敏片

续表

序号	药品名称	序号	药品名称
18	氨金黄敏颗粒	67	美尔伪麻溶液
19	氨咖黄敏胶囊	68	美酚伪麻片
20	氨咖黄敏片	69	美敏伪麻口服液
21	氨咖麻敏胶囊	70	美扑伪麻口服液
22	氨咖愈敏溶液	71	美扑伪麻片
23	贝敏伪麻片	72	美息伪麻片
24	布洛伪麻分散片	73	美愈伪麻胶囊
25	布洛伪麻胶囊	74	美愈伪麻口服溶液
26	布洛伪麻颗粒剂	75	美愈伪麻口服液
27	布洛伪麻片	76	喷托维林氯化铵片
28	酚咖麻敏胶囊	77	喷托维林氯化铵糖浆
29	酚咖片	78	扑尔伪麻片
30	酚麻美敏胶囊	79	双分伪麻胶囊
31	酚麻美敏片	80	双分伪麻片
32	酚麻美软胶囊	81	双扑口服液
33	酚美愈伪麻口服液	82	双扑伪麻分散片
34	酚明伪麻片	83	双扑伪麻胶囊
35	复方氨酚美沙糖浆	84	双扑伪麻颗粒
36	复方氨酚那敏颗粒	85	双扑伪麻片
37	复方氨酚葡锌片	86	双扑伪麻片
38	复方氨酚葡锌片	87	伪麻那敏胶囊
39	复方氨酚烷胺胶囊	88	伪麻那敏片
40	复方氨酚烷胺颗粒	89	锌布片
41	复方氨酚烷胺片	90	右美沙芬愈创甘油醚糖浆
42	复方北豆根氨酚那敏片	91	愈创维林那敏片
43	复方贝母氯化铵片	92	愈酚喷托异丙嗪颗粒
44	复方布洛伪麻缓释片	93	愈酚维林片
45	复方酚咖伪麻胶囊	94	愈酚伪麻颗粒
46	复方甘草氯化铵糖浆	95	愈酚伪麻片
47	复方甘草麻黄碱片	96	愈美胶囊
48	复方甘草浙贝氯化铵片	97	愈美颗粒剂
49	复方桔梗麻黄碱糖浆	98	愈美片

以上药品，若今后国家食品药品监督管理局从非处方药目录中调整删除，则自动从该表中调出。

3. 西药部分第 7.2 类下的氨基酸型肠内营养剂、短肽型肠内营养剂、整蛋白型肠内营养剂和疾病特异型肠内营养剂 4 类药品，包括符合条件的各个品种。

4. 西药部分第 356 号的“动物源胰岛素”包括：短效胰岛素（如普通胰岛素）、中效胰岛素（如低精蛋白锌胰岛素）、长效胰岛素（如鱼精蛋白锌胰岛素）及预混胰岛素。

5. 西药部分第 358 号的“重组人胰岛素”包括：短效胰岛素、中效胰岛素（如低精蛋白锌重组人胰岛素）和不同比例预混人胰岛素（如混合重组人胰岛素）。不包括除甘精胰岛素以外的重组人胰岛素类似物（如门冬胰岛素、赖脯胰岛素）。

6. 西药部分第 397 号“α—干扰素”包括经国家食品药品监督管理局在 2003 年 12 月 31 日之前批准的所有 α—干扰素及其亚型。

7. 西药部分第 751 号“缓解消化道不适症状的复方 OTC 制剂”，是指 2003 年 12 月 31 日之前国家食品药品监督管理局公布的第一至六批非处方药目录中消化系统用药范围的成人用复方制剂。具体品种见下表（复方成份与剂量请参照非处方药目录）：

序号	药品名称	序号	药品名称
1	铋镁豆蔻片	25	复方消化酶胶囊
2	铋镁碳酸氢钠片	26	复方溴丙胺太林铝镁片
3	车前番泻复合颗粒	27	复方延胡索氢氧化铝片
4	复方丙谷胺西咪替丁片	28	复方胰酶散
5	复方颠茄铋镁片	29	复合乳酸菌胶囊
6	复方颠茄氢氧化铝片	30	盖胃平片
7	复方颠茄氢氧化铝散	31	甘镁颠茄片
8	复方淀粉酶口服溶液	32	海藻酸铝镁颗粒
9	复方甘铋镁片	33	硫糖铝小檗碱片
10	复方碱式硝酸铋片	34	龙胆碳酸氢钠片（健胃片）
11	复方雷尼替丁胶囊	35	龙胆碳酸氢钠散
12	复方龙胆碳酸氢钠片	36	铝镁颠茄片
13	复方芦荟维 U 片	37	铝镁混悬液

续表

序号	药品名称	序号	药品名称
14	复方铝酸铋胶囊	38	铝镁加混悬液
15	复方铝酸铋片	39	鞣酸蛋白酵母散
16	复方铝酸铋片	40	神黄钠铝胶囊
17	复方木香铝镁片	41	鼠李铋镁片
18	复方木香小檗碱片	42	碳酸钙甘氨酸胶囊
19	复方尿囊素片	43	维U颠茄铝胶囊
20	复方嗜酸乳杆菌片	44	维U颠茄铝胶囊Ⅱ
21	复方碳酸钙咀嚼片	45	维U颠茄铝镁胶囊
22	复方维U颠茄铋镁片	46	维U颠茄铝镁片
23	复方维生素U胶囊	47	维U颠茄铝镁片Ⅱ
24	复方胃蛋白酶颗粒		

以上药品，若今后国家食品药品监督管理局从非处方药目录中调整删除，则自动从该表中调出。

8. 西药部分第1140号的“抗蛇毒血清注射制剂”包括：抗蝮蛇毒血清注射剂、抗眼镜蛇毒血清注射剂、抗银环蛇毒血清注射剂、抗五步蛇毒血清注射剂、抗蝰蛇毒血清注射剂、抗蛇毒血清注射剂等。

9. 中成药部分第332号的“三七皂苷注射制剂”包括：血塞通注射液、血栓通注射液、注射用血塞通（冻干）、注射用血栓通（冻干）。

10. 中成药部分第347号“三七皂苷口服制剂”包括：血塞通胶囊、血塞通软胶囊、血塞通片、血栓通胶囊、三七通舒胶囊。

11. 中成药部分第399号的“薯蓣皂苷口服制剂”包括：地奥心血康胶囊、薯蓣皂苷片。

12. 中成药部分第402号的“银杏叶口服制剂”包括：杏灵颗粒、银杏叶胶囊（片、口服液）、银杏叶提取物胶囊（片、滴剂）、银杏叶标准化萃取物片（口服液）、银杏蜜环口服溶液、心脑宁胶囊、复方银杏叶标准化萃取物胶囊。

13. 中成药部分第403号的“银杏叶注射制剂”包括：银杏叶提取物注射液、注射用银杏叶提取物、舒血宁注射液（银杏叶注射液）、杏丁注射液。

14. 中成药部分第410号的“灯盏细辛注射制剂”包括：灯盏细辛注

射液、灯盏花素注射液、注射用灯盏花素。

15. 中成药部分第 539 号的“雷公藤口服制剂”包括：雷公藤多苷片、雷公藤片、雷公藤双层片。

16. 中成药部分第 706 号的“虫草菌发酵制剂”包括百令胶囊、金水宝胶囊、至灵胶囊、宁心宝胶囊。

四、限定支付范围

（九）“备注”一栏标有“△”的药品，为限定在门诊使用时由基本医疗保险基金按规定支付的药品。工伤保险用药不受此限定。

（十）“备注”一栏标为“限工伤保险”的药品，是仅限于工伤保险基金支付的药品，不属于基本医疗保险基金支付范围。未作此限定的药品，既属于基本医疗保险基金支付范围，也属于工伤保险基金支付范围。

（十一）“备注”一栏标注了适应症的药品，是指基本医疗保险、工伤保险的参保病人，在出现符合适应症限制范围的情况下，使用该药品所发生的费用可以按规定支付。

《药品目录》对部分药品适应症的限制，不是对该药品法定说明书的修改，临床医师应依据病情需要，按照药品法定说明书用药。具体说明如下：

1. 标注了适应症的药品，应有相应的临床体征、实验室和辅助检查证据，以及相应的临床诊断依据。

2. 标注为“限二线用药”的药品，应有使用《药品目录》一线药品无效或不能耐受的依据。

附录三

本书撰写分工

第一章　社会医疗保险的原理　王飞跃

第二章　企业职工基本医疗保险的构建与深化　王飞跃 刘占浩

第三章　集中连片特困地区新型农村合作医疗保险制度完善探讨　王飞跃

第四章　城镇居民基本医疗保险制度的改革与完善　王飞跃

第五章　“三项”基本医疗保险制度的衔接机制构建探讨　王飞跃　曹涵

第六章　医疗保障与贫困　王飞跃　田宋

第七章　深化“三项”基本社会医疗保险制度改革探讨　王飞跃